Udo Lange · Thomas Stadelmann

Spielplatz ist überall

Ideen für Kindergarten, Krippe, Schule und öffentlichen Raum

Für unsere Kinder
David,
Julian
und Yannic

Udo Lange · Thomas Stadelmann

Spielplatz ist überall

Ideen für Kindergarten, Krippe, Schule und öffentlichen Raum

verlag das netz
Weimar

Bitte richten Sie Ihre Wünsche, Kritiken und Fragen an:
service@verlagdasnetz.de
verlag das netz GmbH
Nummer 51
99441 Kiliansroda/Weimar
Telefon: +49 36453.71 40
Telefax: +49 36453.71 412

ISBN 978-3-86892-064-2

Gestaltung: Jens Klennert, Tania Miguez
Fotos: S. 141: Gertraud Finger, S. 130, 150, 151, 152, 153: Marcel Kalberer, alle anderen Fotos: Udo Lange und Thomas Stadelmann
Zeichnungen: Klaus Scheuber
Druck und Bindung: Förster & Borries, Zwickau
Printed in Germany

Weitere Informationen finden Sie unter www.verlagdasnetz.de.

Inhalt

Einleitung 7

Kinder als Gestalter 12
- Gedicht vom Spinatesser 14
- Versuch einer Annäherung 16
- Sammler und Jäger 19
- Kultplätze 24
- Erfinder und Baumeister 27
- Die vier Elemente 30
- Spurensicherung 33

Kinder und Erwachsene als Gestalter 36
- Platz nehmen 38
- Ein Haus für das Feuer 40
- Materialkunde Kuppelofen 42
- Arbeitsschritte Kuppelofen 45
- Nutzung 50
- Weiterführende Ideen 53
- Ofenlandschaft 56
- Kuppelbauten, Flechtzäune und Laubengänge 58
- Weiden sind lebendig 59
- Materialkunde 62
- Wachstum und Pflege 65
- Die Kuppelbauten 68
- Arbeitsschritte für Kuppelbauten 70
- Naturhäuser mit Zukunft 75
- Laubengänge 76
- Kriechtunnel 77
- Flechtzäune 78
- Ein Bauwerk besonderer Natur 80
- Gärten für Kinder 82
- Im kleinsten Garten liegt das Paradies 82
- Der Beerengarten 86

Der Obstgarten 88
Hochbeete sind Spitze 89
Der Bambusgarten 90
Der Pilzgarten 91
Die Kräuterspirale 92
Die Trockenmauer 94
Der Schaukelgarten 95
Wildsträucher 98
Der Skulpturengarten 100
Mehr als nur ein Zaun 101
Das klassische Amphitheater 102
Das Grasamphitheater 104
Arbeitsschritte für das Grasamphitheater 106
Die Terrasse 108
Die Sitzspirale 110
Die Mosaikschlange 114
Arbeitsschritte für die Mosaikschlange 116
Vergesst das Feiern nicht! 118
Und zu guter Letzt: die Sicherheit 120

Fachleute als Gestalter 122
Landschaftsfenster 124
Rund um den Sand 126
Gestaltete Sandlandschaften 127
Vom Sand zum Wasser 128
Sonnenschutz und vieles mehr 130
Ein naturnahes Gelände, das Landschaft ist 132
Hügelketten und Spielmulden 134
Die Kunst des Kletterns 136
Kunst im Spiel 137
Wege 138
Der Garten der Sinne (Gertraud Finger) 140
Die Wasserlandschaft 144
Außenspielflächen für Kindergärten 146
Erwachsene als Spielende (Marcel Kalberer) 150
Und am Schluss noch immer kein Ende 154

Anhang 158

Einleitung

Doch das Paradies ist verriegelt.
Wir müssen die Reise um die Welt machen
und sehen, ob es vielleicht von hinten
irgendwo wieder offen ist.

Heinrich von Kleist

In den Kindheitserinnerungen der meisten Erwachsenen finden wir selten Berichte über Erlebnisse auf öffentlichen Spielplätzen. Stattdessen ist bei den Beschreibungen beliebter Spielorte immer wieder vom »Draußen« die Rede. Die Haustür war der magische Spalt, durch den der Zutritt ins Paradies möglich erschien. Dort lagen die Orte, an denen man sich mit

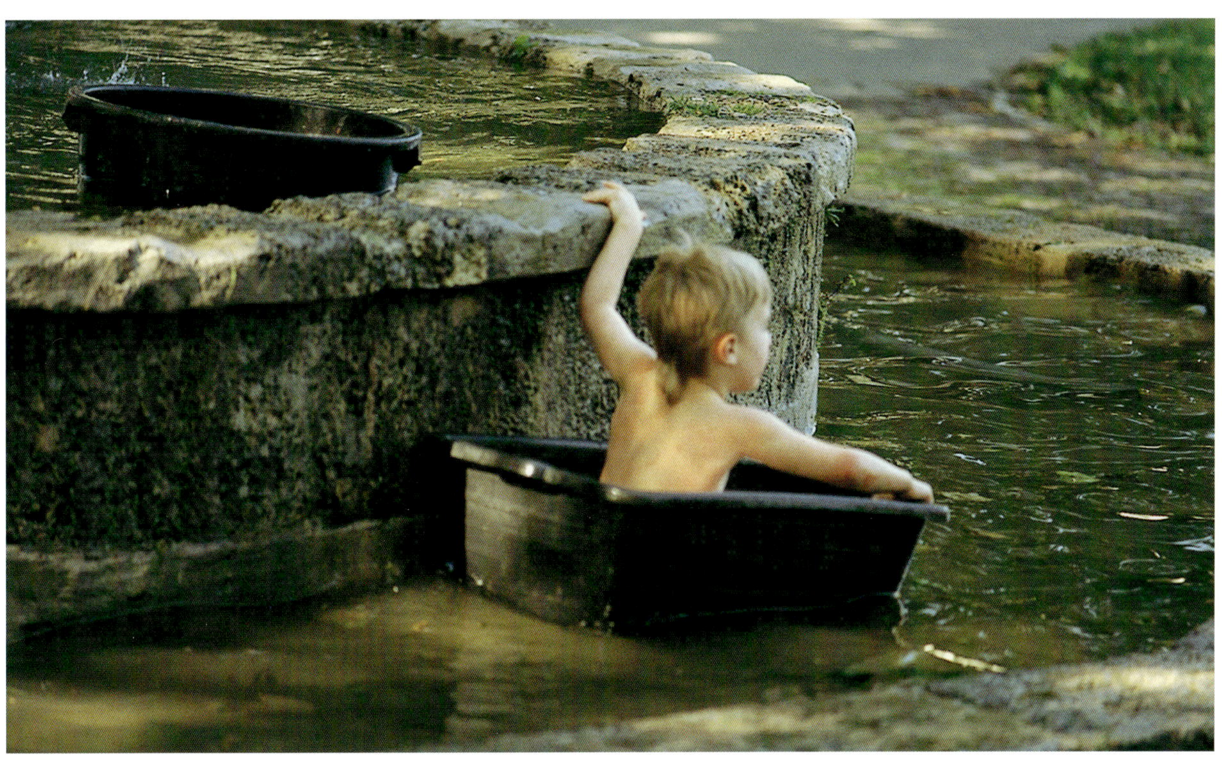

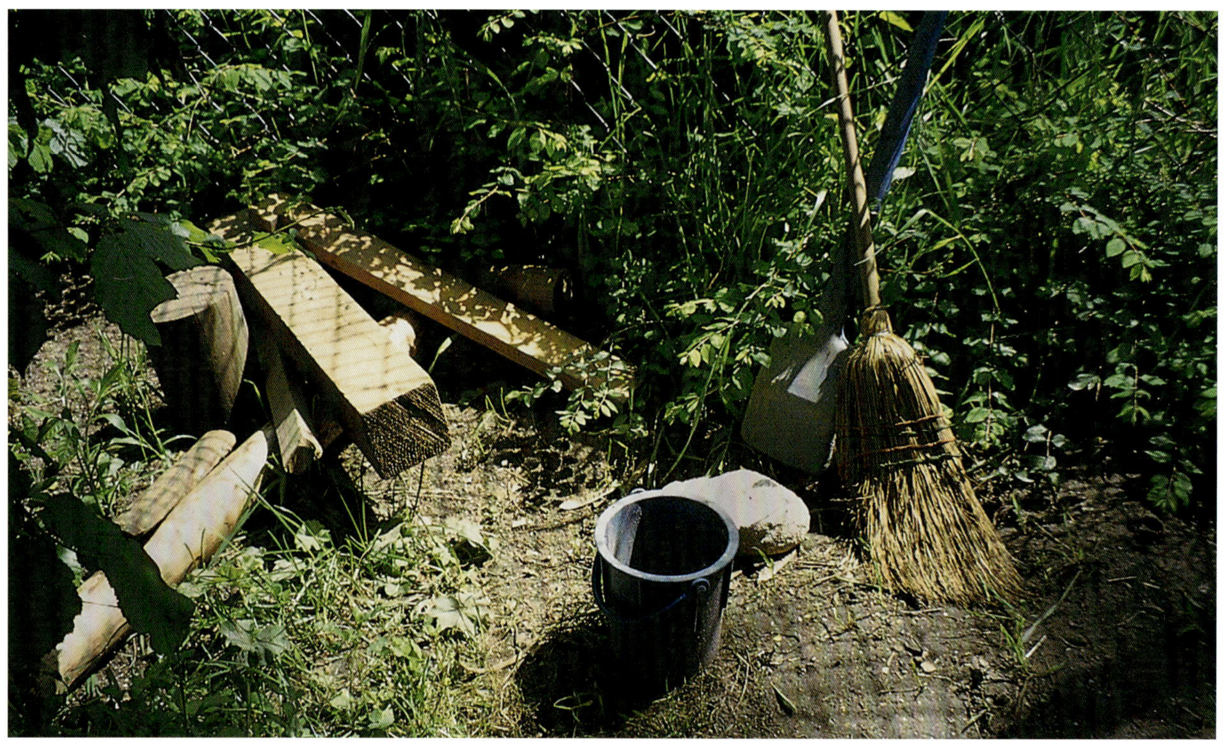

den anderen Kindern traf, auf der Straße, im Hof, am Waldrand, auf einer Baustelle oder am Ufer eines Baches. Dort war all das zu finden, was zum Spielen benötigt wurde. Es gab Stöcke und Steine, ausrangierte Bretter, rußschwarze Ofenrohre, federnde Matratzen, verbeulte Kochtöpfe und andere kostbare Beutestücke, die ständig vor irgendjemandem in Sicherheit gebracht werden mussten. Die wenigen Dinge, die dort nicht zu finden waren, wurden heimlich von zuhause mitgebracht und wie ein Schatz gehütet. Manches galt als unerlaubt oder gar verboten und war somit ein Quell besonderen Reizes. In geheimen Verstecken wurden die Fasern einer Liane geraucht, der Sprung vom Garagendach des Nachbarhauses galt als unerlässliche Mutprobe, die Kletterpartie auf dem verlassenen Baugerüst brachte viel Anerkennung, und an geschützten Orten wurde »Vater-Mutter-Kind« gespielt. Auf diesen inoffiziellen Spielplätzen warteten Wildnis, Rückzug und Abenteuer, da wurde die Welt gemeinsam mit Spielgefährten erobert, und überall

Spielplätze müssten sich eigentlich mit den Fantasien ihrer Nutzer verändern und somit in ständiger Bewegung sein.

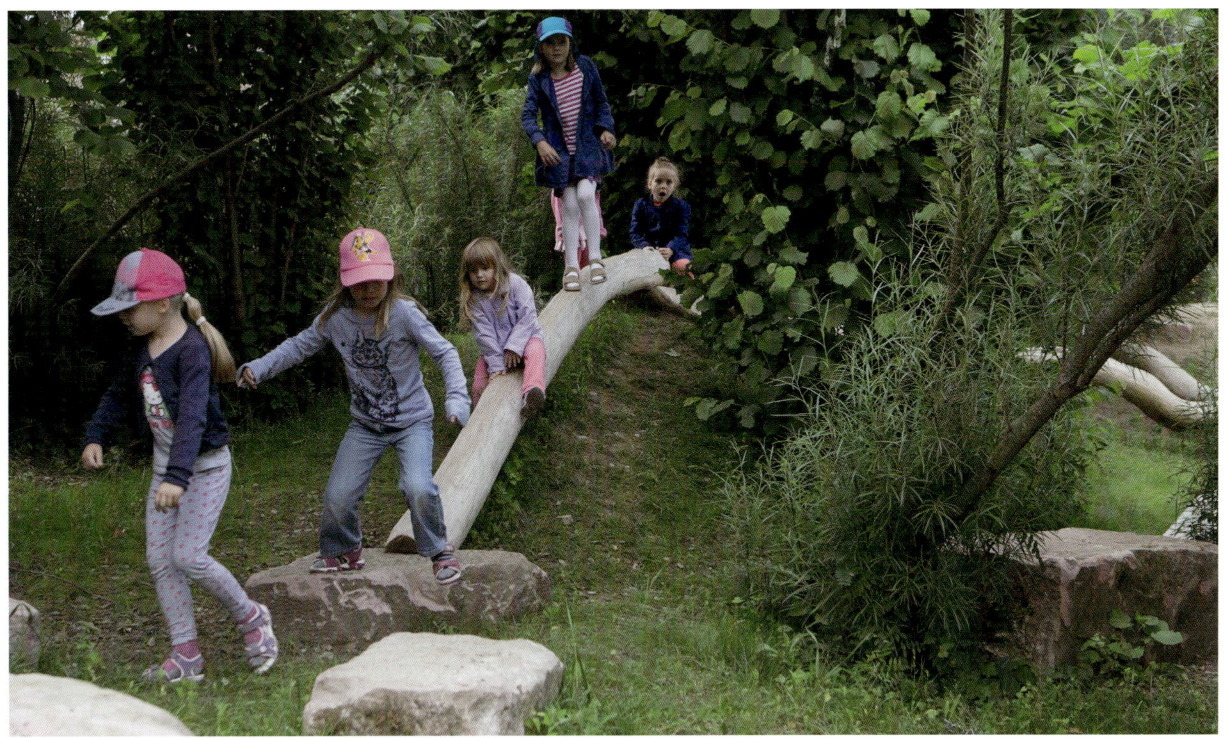

gab es kleine Geheimnisse, die allenfalls mit den besten Freundinnen und Freunden geteilt wurden. Die kleinen Paradiese waren zu Fuß, mit dem Tretroller oder dem ersten Fahrrad erreichbar, und wenn sie überhaupt verteidigt werden mussten, dann gegen Eindringlinge, die nicht mitspielen durften oder gegen verständnislose Erwachsene, die alles besser wussten und Verbote aussprachen.

Paradiesisch war es in der eigenen Vergangenheit, und düster wird es, wenn wir über die oft bedrückende Spielsituation heutiger Kinder diskutieren. Es existieren mittlerweile eine Vielzahl von guten Analysen und Beschreibungen zu den rasanten und einschneidenden Veränderungen im Lebensalltag vieler Kinder und Jugendlicher. Doch sollten wir uns davor hüten, hieraus platte Verallgemeinerungen abzuleiten, die an der tatsächlichen Lebenssituation der Betroffenen vorbeigehen. Wir neigen häufig dazu, unsere eigenen Kindheitserinnerungen zu verklären und all das auszugrenzen, was Kinder aktuell fasziniert und anzieht.

Innerhalb der Spielraumplanung ergibt sich somit auch immer die Option, nichts zu tun, um Kinder zum Tun kommen zu lassen.

Bei allen Generationen bestand die größte Freiheit darin, als Kind selbst zu entscheiden, wo es sich gut spielen lässt. Zu allen Zeiten mussten sich Kinder gegen eine dominante Erwachsenenwelt behaupten, die wenig Verständnis für Selbstbestimmung zeigt und ständig versucht ist, allzu Verspieltes auszugrenzen und zu reglementieren. Doch gilt noch immer, dass Kinder erstaunlich widerstandsfähige Wesen sind und mit einem zielsicheren Instinkt Orte aufstöbern, an denen sie unbeaufsichtigt ihre eigenen Erfahrungen sammeln können. Dass diese Schauplätze außerhalb der monotonen Neuauflage genormter Kinderspielplätze – möbliert mit gezähmten Wipp-Pferdchen, quadratischem Sandkasten, pädagogisch besonders wertvoller Rutsche und integriertem Beobachtungssitz einer Aufsichtsperson – liegen, versteht sich von selbst.

Wir verzichten in diesem Buch bewusst auf die Beschreibung veränderter Sozialisationsbedingungen von Kindern. Es werden auch keine Gründe benannt, warum der Spielraum für eigenständige und vertiefte Erfahrungen der heranwachsenden Generation in einem beunruhigenden Maße enger geworden ist. Die Auswirkungen dieser Entwicklung sind inzwischen hinlänglich dokumentiert und können an anderer Stelle nachgelesen werden.

Vielmehr wollen wir im Sinne des Eingangszitates unser Augenmerk auf die vielfältigen Erfahrungen derer richten, welche jene Reise um die Welt angetreten haben, um zu schauen, wo »das Paradies vielleicht von hinten irgendwo wieder offen ist«. So können die folgenden Kapitel auch als eine Art Reisetagebuch verstanden werden. Dieses Reisetagebuch unserer Erfahrungen will nicht missionieren, es liegt uns fern, zu proklamieren, wie der ideale Spielplatz auszusehen hat. Unsere Ideen sind in Bewegung, und wir laden zu einer Entdeckungsreise ein, die einige an das erinnern wird, was wohl in allen verschüttet schlummert. Manchmal sind es die ganz kleinen Bewegungen, welche eine große Reise auszeichnen. In diesem Sinne warnen wir vor einem aufgesetzten Aktionismus und dem übereilten Versuch, für Kinder Paradiese planen und bauen zu wollen.

Wir neigen häufig dazu, unsere eigenen Kindheitserinnerungen zu verklären und all das auszugrenzen, was Kinder aktuell fasziniert und anzieht.

Der Ausgangspunkt unserer Reise wird zunächst eine Art Spurensuche sein, um damit einen Perspektivenwechsel einzuleiten. Im ersten Kapitel berichten wir über die subtile Fähigkeit vieler Kinder, selbst als Gestalter von Spielräumen aufzutreten. Die Misere und Begrenztheit der traditionellen Spielraumplanung liegt u.a. darin begründet, dass noch immer künstlich zwischen Nutzern und Gestaltern bespielbarer Orte getrennt wird. Häufig bleiben die Dynamik und der Gestaltungswille der Kinder unberücksichtigt. Spielplätze müssten sich eigentlich mit den Fantasien ihrer Nutzer verändern und somit in ständiger Bewegung sein. Kinder lieben Spielsituationen, in denen sie herausgefordert sind, sich als Baumeister und Akteure ihrer Wirklichkeit zu betätigen. Innerhalb der Spielraumplanung ergibt sich somit auch immer die Option, nichts zu tun, um Kinder zum Tun kommen zu lassen. Es ist erfahrungsgemäß eine der schwersten Prüfungen für Erwachsene, sich auf diese Erkenntnis einzulassen und Kindern genügend Raum und Zeit zu überlassen, damit sie ihre Kompetenzen voll ausspielen können.

Im zweiten Kapitel berichten wir dann sehr praxisnah, wie Erwachsene und Kinder gemeinsam Spielorte gestalten und kultivieren. Die Auswahl der reich bebilderten Aktionen war für uns nicht immer einfach; auch hier gilt der Grundsatz, dass wir nicht den Anspruch erheben, möglichst lückenlos alle Möglichkeiten des gemeinsamen Tuns darzustellen. Wir wollen vielmehr Mut machen, eigene Erfahrungen anzugehen und etwas von den unvergesslichen Stimmungen zu spüren, die viele dieser Bau- und Gestaltungsaktivitäten begleitet haben. Immer waren es Erwachsene und Kinder, die sich beim gemeinsamen Arbeiten auf ungewöhnliche Weise kennen lernten und viel voneinander lernen durften. Die vorgestellten Beispiele sind in ihren Arbeitsschritten so beschrieben, dass sie auch ohne besondere Vorkenntnisse und handwerkliche Fähigkeiten nachvollziehbar sind. Besondere Beachtung fanden hierbei traditionelle Bauweisen mit Naturmaterialien, die teilweise auf alten Gestaltungstechniken basieren.

Vor allem die so genannten sanften Baustoffe wie Erde, Lehm, Bruchsteine, Haselnuss und Weide wurden über viele Jahrhunderte hinweg in unserem Kulturkreis geschätzt und sind dann trotz ihrer kinderleichten Handhabung zunehmend in Vergessenheit geraten. Mit der Wiederbelebung dieser elementaren Handwerkstechniken soll gleichzeitig ein Stück kulturelles Erbe an die Nachfolgenden vermittelt werden, um auch innerhalb der Architektur unsere Wurzeln nicht aus dem Blick zu verlieren. Zudem konnten wir immer wieder beobachten, dass während dieser Bauaktionen plötzlich Helfer auftauchten, die erstaunliche Erinnerungen an die alten Techniken einbrachten und uns kleine Tricks und Kniffe verrieten, die wir innerhalb dieses Buches gerne weitergeben.

Im dritten Kapitel berichten wir schließlich über Planungsbeispiele und Lösungsansätze innerhalb der Spielraumplanung, die auf Grund jahrelanger Erfahrungen gemeinsam mit Fachfrauen und -männern entwickelt wurden. Viele der vorgestellten Ideen zeichnen sich durch die Tatsache aus, dass hier der konsequente Versuch unternommen wurde, fächerübergreifend Gestaltungsideen umzusetzen. Nur die enge und situationsabgestimmte Zusammenarbeit zwischen Betroffenen, Planern und Handwerkern ermöglichte die sensible Umsetzung von Ideen, die sonst häufig ins Reich der Träumer und Fantasten verbannt werden. An dieser Stelle sei nochmals ganz herzlich all denen gedankt, von denen wir hinzulernen konnten und die uns durch ihr Engagement bestärkt haben, an manch konkreten Utopien festzuhalten.

Zum Schluss dieses Buches werden wir über Tendenzen und Perspektiven der Spielraumplanung berichten und einen kleinen Ausblick wagen.

Spielplatz ist überall, und es muss nicht alles neu erfunden werden. Deshalb sind die folgenden Seiten all den Kindern gewidmet, die uns durch ihren ungestümen Gestaltungswillen etwas von diesem Geheimnis mitgeteilt haben, das normalerweise unaussprechbar ist.

Kinder als Gestalter

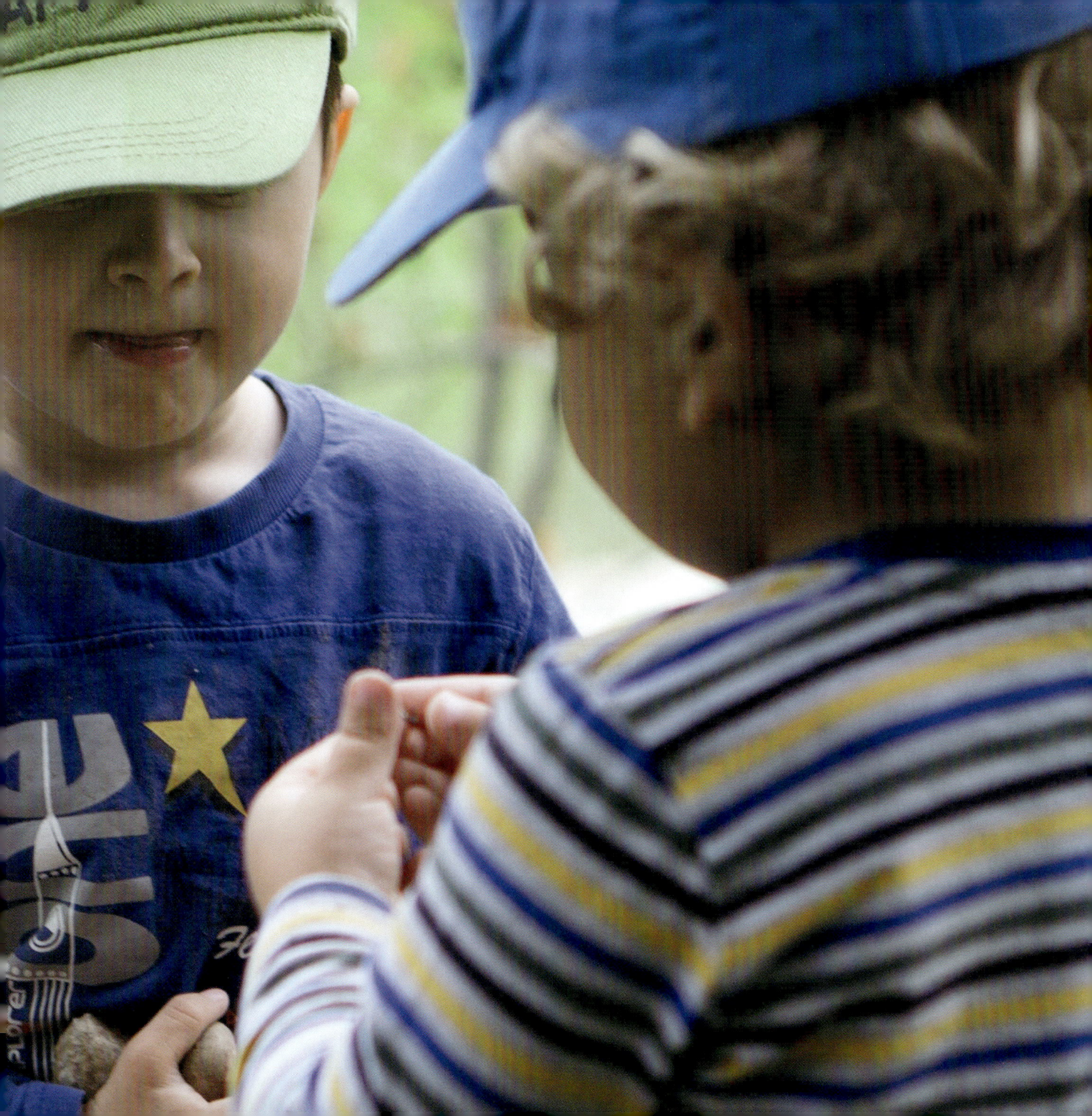

Gedicht vom Spinatesser

Bevor Olaf Grunnholm
die Brücke über den
hellgrünen, reißenden Fluss Tra-Um
vollenden kann, wird er verschleppt.
Als er nach langer Zeit
zu seiner Arbeit zurückkehren darf,
hat er das Geheimnis vergessen;
die Brücke wird nie mehr zu Ende gebaut.
Olaf ist drei Jahre alt.
Man hat ihn
von seinen Bausteinen
zum Spinatessen geholt.
Es stehen viele halbfertige Brücken
am hellgrünen, reißenden Fluss Tra-Um.

J. Reding

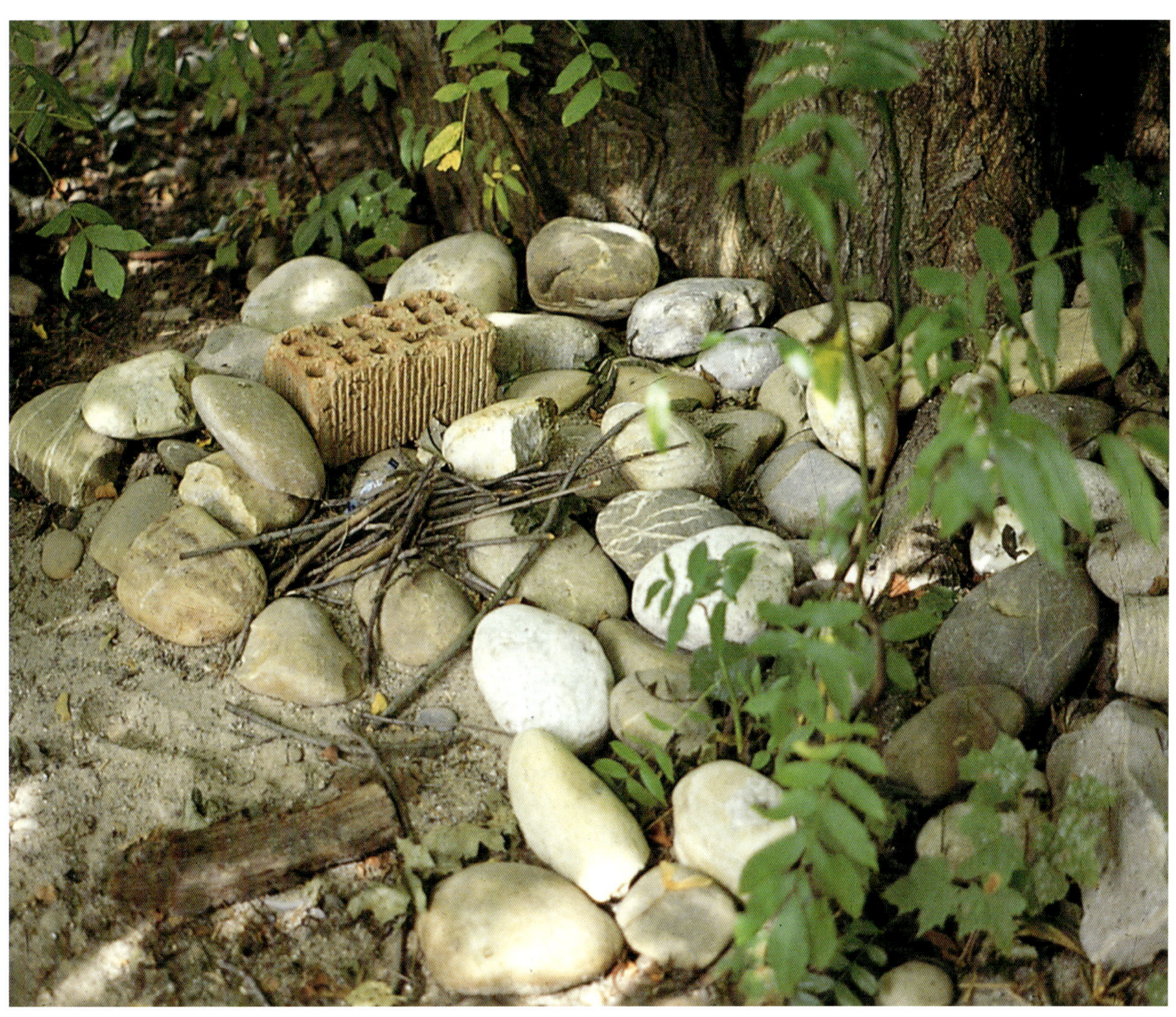

Versuch einer Annäherung

Kinder spielen überall und mit allem. Spielplatz ist immer dort, wo sie sich niederlassen und einer Idee folgen. Ihre Gestaltungskraft ist dabei so radikal wie vergänglich. Es beeindruckt immer wieder, mit welcher Klarheit und Einfachheit Kinder die Orte gestalten, an denen sie sich zum Spielen treffen. In ihrem naiven Gestaltungswillen zeigt sich die erstaunliche Fähigkeit, zielstrebig einen räumlichen Bezug zum Spiel herzustellen. Unsere unmittelbare Nachbarschaft ist voller Spuren, wenn wir die Fähigkeit besitzen, diese wahrzunehmen.

Auf den folgenden Seiten wollen wir zum genaueren Hinsehen verführen. Ähnlich einem Fährtensucher werden wir unseren Blick auf das nahe Liegende richten und im Alltag Orte aufspüren, die von Gestaltungsspuren der Kinder geprägt wurden.

Es sind keine Großbauwerke, die wir erwarten dürfen. Wir erheben an dieser Stelle nicht den Anspruch, dass Kinder als Planer und Gestalter eines kompletten Spielplatzes anzusehen sind. Vielmehr sind es die kleinen, unscheinbaren Schauplätze, in denen Kinder kleinräumige Veränderungen vornehmen, um jene Bedingungen zu schaffen, die ihr jeweiliges Spiel benötigt.

Schon der Blick ins nächste Gebüsch kann uns zeigen, was hiermit gemeint ist. Manche Anwohner oder geplagte Hausmeister wissen von Hecken zu berichten, in denen sich Kinder verewigt haben. Trotz aller Verbote und Ermahnungen entstehen inmitten einer Zuchthecke plötzlich grüne Höhlen, die beharrlich durch die dazugehörigen Trampelpfade und geheimen Fluchttunnel von Kindern geformt werden. In diesen »pädagogenfreien Zonen« finden Spiele unter Ausschluss der Öffentlichkeit statt. Hierhin wird all das geschafft, was an Fund- und Beutestücken vor der Ordnungswut der Erwachsenen in Sicherheit gebracht werden muss. Innerhalb dieser oft extrem kleinen Spielfläche können sich mit Brettern, Steinen, Plastikplanen und Sperrmüll großartige Ideen entwickeln, die nur im Schutz eines Dickichts denkbar sind.

Ein weiteres Beispiel sind die inoffiziellen Wegführungen, die sich unübersehbar in das Erdreich bespielter Hügel eingegraben haben. Dem geübten Auge offenbart sich schnell, wo die schönsten Rutschpartien möglich sind, wo rasante Abfahrtsstrecken für das BMX-Rad herausfordern und wo sich eine Abkürzung anbietet, wenn es die überstürzte Flucht benötigt.

In diesen Alltagssituationen sind Kinder wahre Meister der Landschaftsarchitektur und entwickeln eine gestalterische Sprache, die von ihren Spielgefährten sofort verstanden wird.

Häufig markieren die Spuren auch territoriale Ansprüche einzelner Kinder oder ganzer Gruppen. Sie belegen die Inbesitznahme von Raum und signalisieren den Außenstehenden, dass ohne Einwilligung

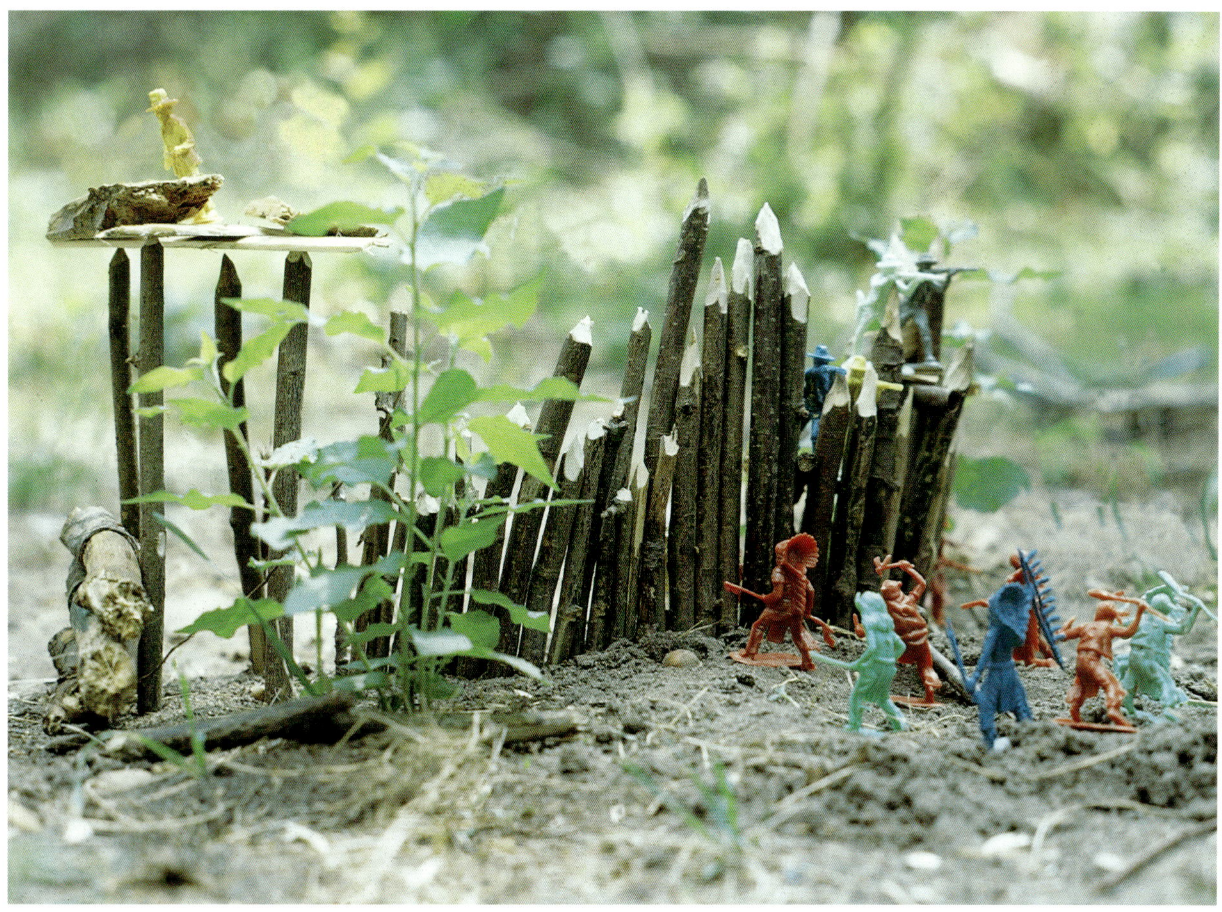

hier nicht gespielt werden darf. Dies gilt vor allem für Gebietsansprüche, die von einer »Bande« erhoben werden und allen Kindern aus der unmittelbar angrenzenden Nachbarschaft bekannt sind. In diesen Territorien können eine Straßenkreuzung, die angrenzenden Bahngleise, die Baumgruppe am Ende der Häuserzeile oder der kaputte Kaugummiautomat an der Hauswand deutlich anzeigen, wo die Grenzen des »besetzten« Spielgeländes verlaufen. Die versteckten Hüttenbauten oder geheimen Lager im Gebüsch ermöglichen immer die Zuordnung zu einer bestimmten Gruppe und sind Treffpunkt, Versammlungsort und Spielraum zugleich.

Es sind aber auch Spuren und Zeichen zu entdecken, die zum Mitspielen auffordern und fast einer Einladungskarte gleichen. Auf dem Asphalt des Bürger-

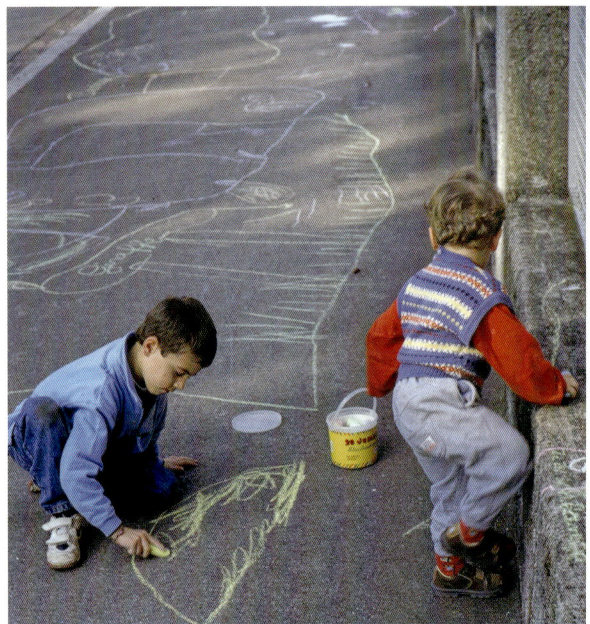

steiges, den Platten eines Vorplatzes oder an Haus- und Bretterwänden sind noch immer Kinder-Graffities in Form von Kreidezeichnungen zu finden.

Beim genauen Betrachten wird deutlich, dass sich an diesen Orten oft unterschiedliche Kinder verewigt haben und die öffentlichen Gemälde zum Weitermachen auffordern. Auch die bekannten Hüpfspielzeichnungen laden zum Mitspielen ein und entwickeln sich eine Zeit lang zum nachbarschaftlichen Spieltreff.

Ein weiteres Beispiel für informelle und von Kindern markierte Spielorte sind die »wilden Bolzplätze«. Aufgrund der kleinen Senken im Torbereich und der Abnutzungsspuren auf der Rasenfläche wird auch ohne Hinweistafel deutlich, dass sich hier ein Fußballplatz befindet.

Fehlende Torkonstruktionen werden durch Alltagsmaterialien wie Stöcke, Steine oder abgelegte Kleidungsstücke schnell ersetzt. Die abgesteckten Grenzen des Spielfeldes sind selten beliebig, sie bestimmen sich aus den vorangegangenen Spielerfahrungen und werden als genau festgelegte Regel an die Mitspieler weitergegeben. Veränderungen bedürfen häufig einer langen Diskussion und setzen sich nur schwer durch.

Viele dieser Gestaltungsspuren wirken fast zufällig und vergänglich, andere haben sich über Kindergenerationen hinweg in das Bild einer Landschaft oder eines Stadtteils förmlich eingegraben. Manchmal sind es die Erwachsenen, die auf Nachbarschaftstreffs berichten, dass sie in der eigenen Kindheit an ähnlichen Orten spielten, und die fast stolz erzählen, dass manch ein Trampelpfad oder Versteck bereits von ihnen in frühen Kindertagen genutzt wurde.

Sammler und Jäger

In der Architekturgeschichte ist die These zu finden, dass viele unserer heutigen Gestaltungsideen im Hausbau eine kontinuierliche Weiterentwicklung von Tierbehausungen darstellen. Als Beispiel sei hier nur der Wabenbau von Bienen genannt.

Greifen wir diesen Gedanken auf, so erinnern vor allem Kleinkinder in ihrer unbändigen Lust am Graben, Wühlen, Klettern und Kriechen an die »tierhaften« Anfänge der Menschheitsentwicklung. Das Spiel mit einem großen Verpackungskarton zeigt deutliche Parallelen zum Spiel von Tierkindern, auch hier rückt das Verkriechen, Verstecken, Einrollen und abschließende Zerreißen oder Eindrücken des Kartons zunächst in den Vordergrund. Ähnlich einer Höhle oder einem Erdloch wird der Karton als Behausung genutzt, wobei wahrscheinlich der besondere Reiz darin besteht, dass die Maße der Papphöhle der des Körpers angepasst sind.

Der Höhlen- oder Nestcharakter verspricht Schutz und Geborgenheit, ein aufwendiger Hüttenbau ist in dieser Entwicklungsstufe noch nicht gefragt, es wird spontan bespielt, was in der näheren Umgebung zu finden ist.

Mit zunehmenden Alter erinnern manche der Spiele und Rituale plötzlich an frühe Jäger- und Sammlerkulturen. Fast könnte man meinen, dass die Kinder mit ihrer Entwicklung im Schnellgang die Evolution der Menschheitsgeschichte durchlaufen. Vor allem im Kindergartenalter sperren sich viele Kinder gegen die

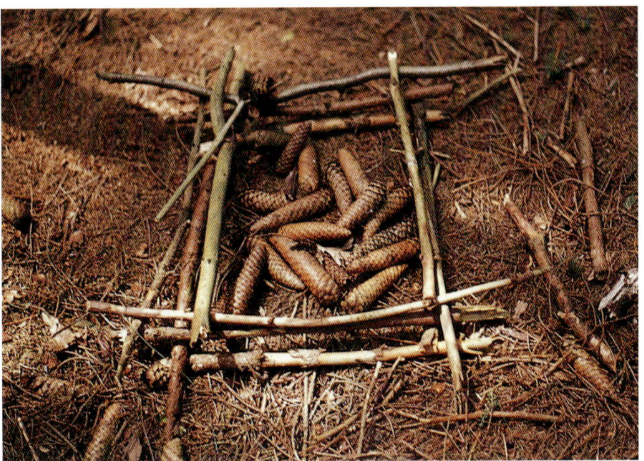

vorschnellen Versuche, sie zur Sesshaftigkeit anzuleiten. In ihren Spielaktivitäten gleichen sie eher umherstreifenden Nomaden, die sich ihre Welt über Bewegung aneignen und fürs Spiel nutzbar machen. Die Kulturstufe der sesshaften Ackerbauern scheint noch weit entfernt und ist in der Regel erst dem Schulalter zuzuordnen.

Diese Betrachtungsweise von kindlichen Entwicklungsprozessen erhebt weder den Anspruch auf Wissenschaftlichkeit noch den einer umfassenden Erklärung für das Phänomen, warum bestimmte Spielthemen und Spielorte über Generationen von Kind zu Kind weitervermittelt wurden. Die scheinbar so zufälligen Gestaltungsspuren, welche diese Spiele begleiten und teilweise überhaupt erst möglich machen, zeugen hiervon.

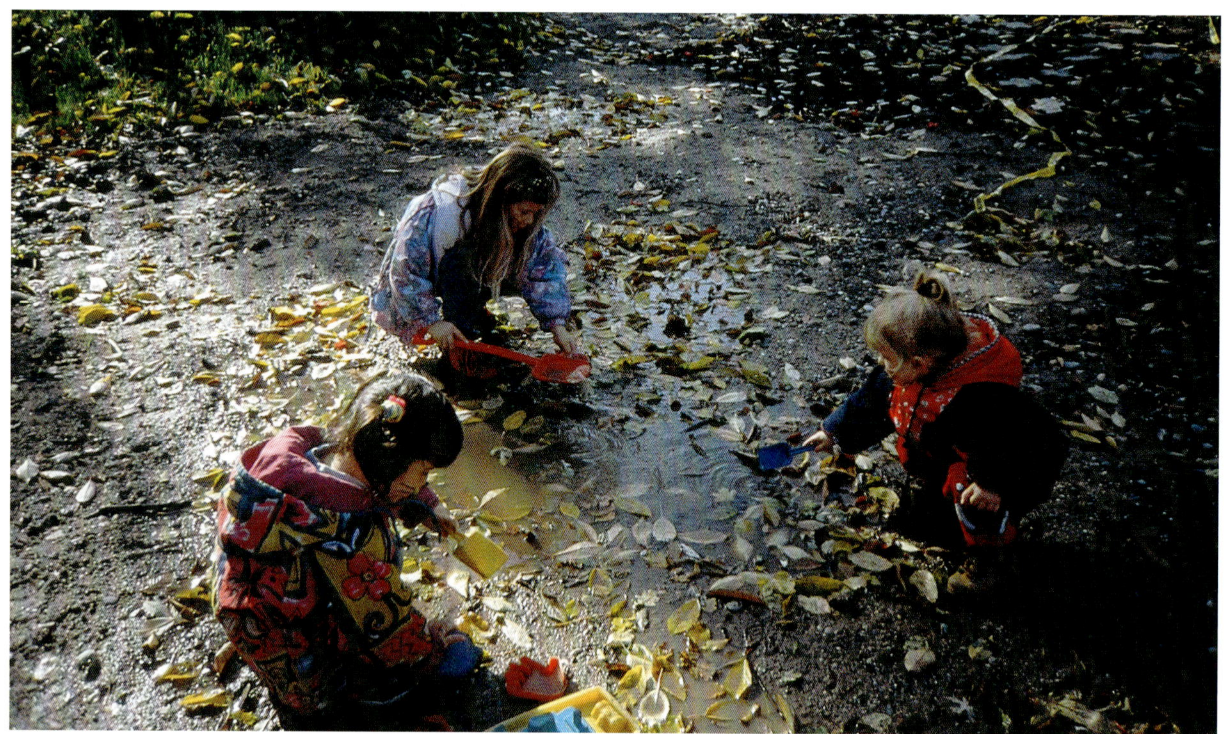

Bleiben wir beim Vergleich mit nomadisierenden Jäger- und Sammlerkulturen, so erinnert der Drang vieler Kinder, nach Höhlen zu suchen, aus Blattwerk und Zweigen einfachste Nester zu bauen und das Dickicht als Schutz und Rückzug zu nutzen, an frühe archaische Wohnformen. Diese Behausungen sind noch sehr vergänglich und dienen zumeist nur kurzfristig dem Spiel. Die Gestaltung dieser Räume beschränkt sich auf das Notwendigste und ist für Außenstehende kaum sichtbar. Die Baumaterialien werden noch sehr unsystematisch zusammengefügt und beschränken sich auf Rohstoffe, die vor Ort zu finden und ohne größeren Aufwand zu besorgen sind. Mit primitiven Grabstöcken werden Löcher gebuddelt, scharfkantige Steine und Hölzer dienen als Klingen zum Schneiden von Pflanzen und Blättern. Klassische Rollenspiele wie das bekannte »Vater-Mutter-Kind-Spiel« finden bei der symbolischen Essenzubereitung über die beschriebenen Naturmaterialien ihren Ausdruck. Blätter und Rindenstücke dienen als Teller, Äste und Gras werden für den Bau von nestartigen Betten genutzt. Typisch für diese Spiele ist, dass die unmittelbare Umgebung des Lagers vor allem dazu genutzt wird, um sich mit Stöcken, Ästen, Blättern, Steinen und all den anderen Fundstücken zu versorgen.

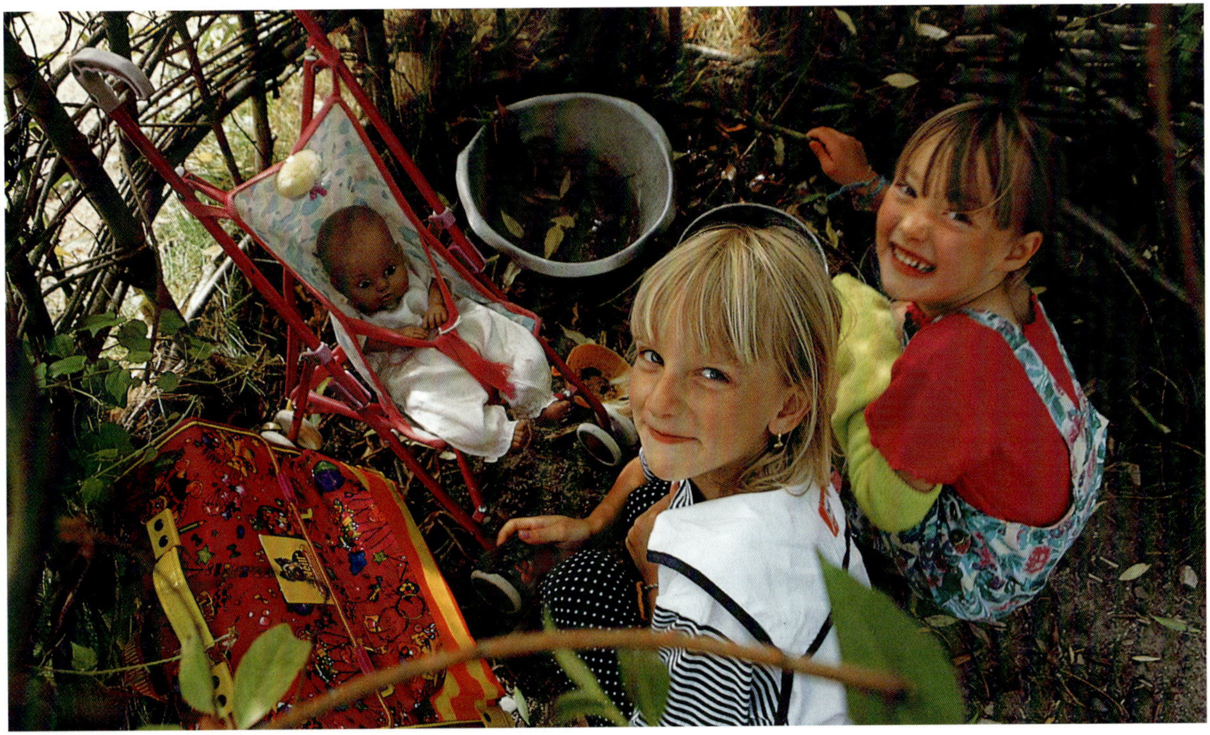

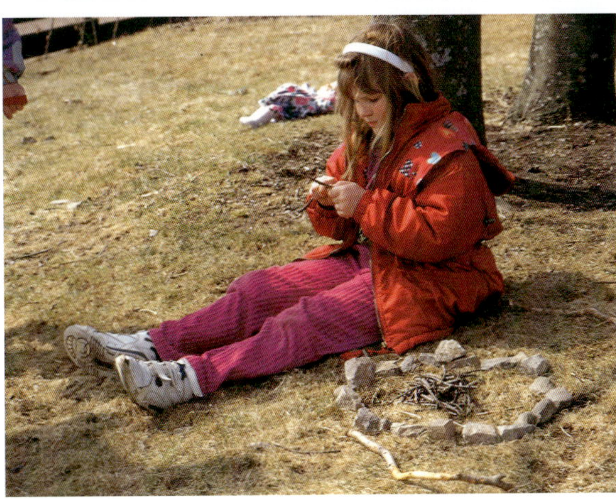

Vor allem bei den Bauaktivitäten existieren noch keine konkreten Vorstellungen über Statik, die Größe richtet sich nach dem vorhandenen Material, und die Form ergibt sich aus den zufälligen Steckverbindungen und den Materialeigenschaften. Es wird selten überdimensional gebaut, viele der Spielaktivitäten müssen im Sitzen, Kriechen und sogar Liegen stattfinden, und der Raum reicht selten für mehr als die Kleinstgruppe. Der Eingang besteht aus einer Art Schlupfloch, alle Aktivitäten finden auf dem blanken Erdboden statt.

Die verwendeten Baumaterialien zeigen keine Bearbeitungsspuren, und dementsprechend ist in die-

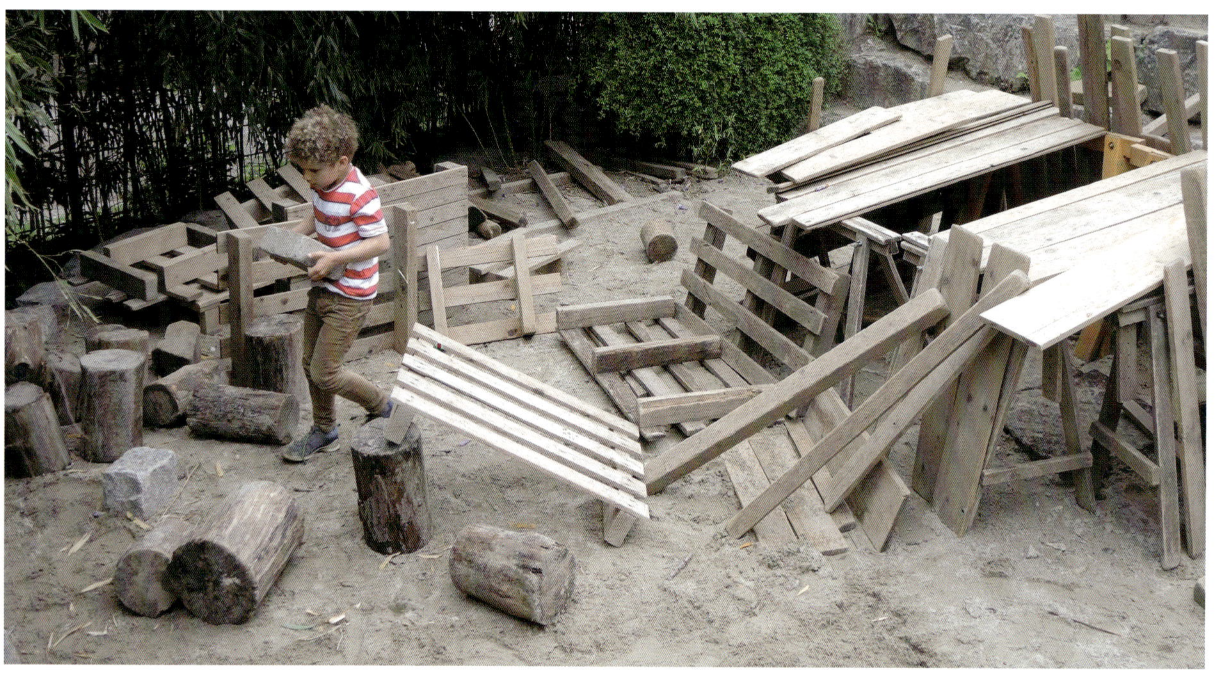

ser Altersgruppe der Werkzeuggebrauch nahezu unbedeutend.

Mit zunehmenden Alter und wachsenden organisatorischen Fähigkeiten entwickeln sich allmählich systematische Bauformen, die in ihren Grundzügen an Tipi, Iglu und andere Zeltformen erinnern.

Es ist typisch für diese Art des Bauens und Gestaltens, dass Astgabeln für einfache Trägerkonstruktionen und Steckverbindungen genutzt werden, wobei sich diese zunehmend durch Verschnürungen ergänzen lassen. In diesem Stadium wird nun auch Wert darauf gelegt, die Tür- und Fensteröffnungen funktional anzulegen. Weiterhin ist zu beobachten, dass bei den beschriebenen Bauaktivitäten das Dach deutlicher thematisiert wird. Aus Rindenstücken, Grasbüscheln, Brettern und Plastikplanen entsteht ein Schutz vor Regen und Wind. Baumscheiben, Paletten und alte Obstkisten dienen als Sitzgelegenheiten, der Anspruch an Wohnlichkeit und Komfort nimmt zu. Die Feuerstelle – und sei es in symbolischer Form darf an dieser Stelle nicht fehlen.

Diese Art des Gestaltens setzt bereits einiges an Werkzeugkenntnissen voraus, zumindest sind ein Messer oder eine scharfkantige Klinge notwendig, um Äste und Fasern zu bearbeiten. Dementsprechend nimmt die Stabilität der Bauten zu und ist bereits für längerfristige Spiele nutzbar.

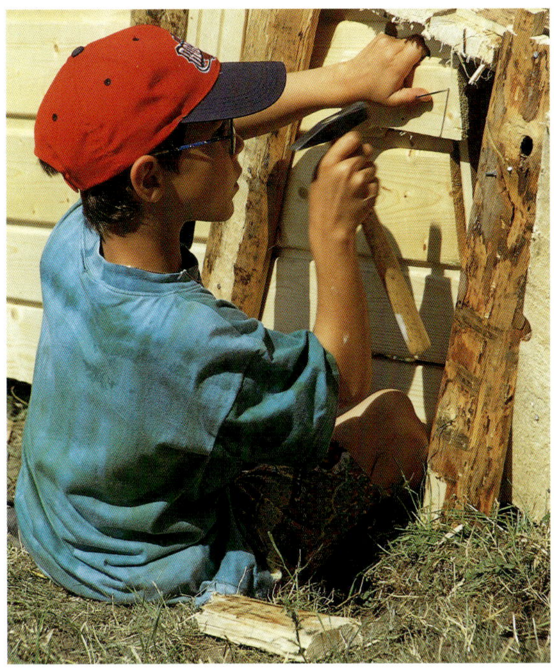

Die Gebietsansprüche im Umfeld des Lagers sind deutlich markiert. Die Kinder ordnen sich über diese deutlich höher entwickelten Behausungen immer einer Gruppe, der Bande, dem Clan oder der Sippe zu. Der gestaltete Ort vermittelt so etwas wie Stammeszugehörigkeit, die wiederum territoriale Ansprüche begründet und ist anscheinend unerlässlich, um die Identifikation und Identität eines Gruppenverbandes herauszubilden.

Ähnlich den Jägerkulturen werden vom Lager aus Streifzüge in die Umgebung unternommen, Tiere und herannahende »Feinde« sind gut zu beobachten. Es erstaunt immer wieder, mit welcher Ausdauer und Intensität das Beobachten und Spähen betrieben wird. Im Anschluss daran finden häufig endlose Diskussionen und Spekulationen über das Gesehene statt.

Manchmal gleichen diese versteckten Lager einer Sperrmüllsammlung, in der alle brauchbaren Dinge des Lebensalltages systematisch gehortet werden und in immer neuen Kombinationen zur Anwendung kommen. Dies sind die geheimen Orte, welche weit ab vom Ordnungsbedürfnis einer aufgeräumten Erwachsenenwelt angesiedelt sind.

Das Bauen und Gestalten wird noch nicht durch die Trennung in »typisch Mädchen«, »typisch Junge« aufgespalten.

Entscheidender ist hier, ob überhaupt ansprechende Materialien vorhanden sind und wie die Zugänglichkeit und Verweildauer innerhalb des Geländes geregelt ist. Nicht Stadt oder Land, sondern Siedlungsdichte und Verkehrsführung entscheiden darüber, ob Kinder die Möglichkeit vorfinden, unbeobachtet Gelände zu erobern und sanfte Spuren zu hinterlassen.

Die älteren und wesentlich mobileren Kinder werden ihre Behausungen in immer größerer Distanz zur direkten Wohnumgebung bauen. Diese wilden Baustellen bestehen dann zunehmend aus Brettern, Balken, Wellblech und allen möglichen Baurecyclingmaterialien, die nun mit Werkzeugen bearbeitet werden. Diese Hütten sind manchmal in unterschiedliche Räume aufgeteilt und der Weg in die beginnende Sesshaftigkeit scheint sich abzuzeichnen. In dieser Phase entstehen die ersten Baumhäuser, welche bereits genaue statische Kenntnisse erfordern und eine gewisse Materialsicherheit voraussetzen.

Kultplätze

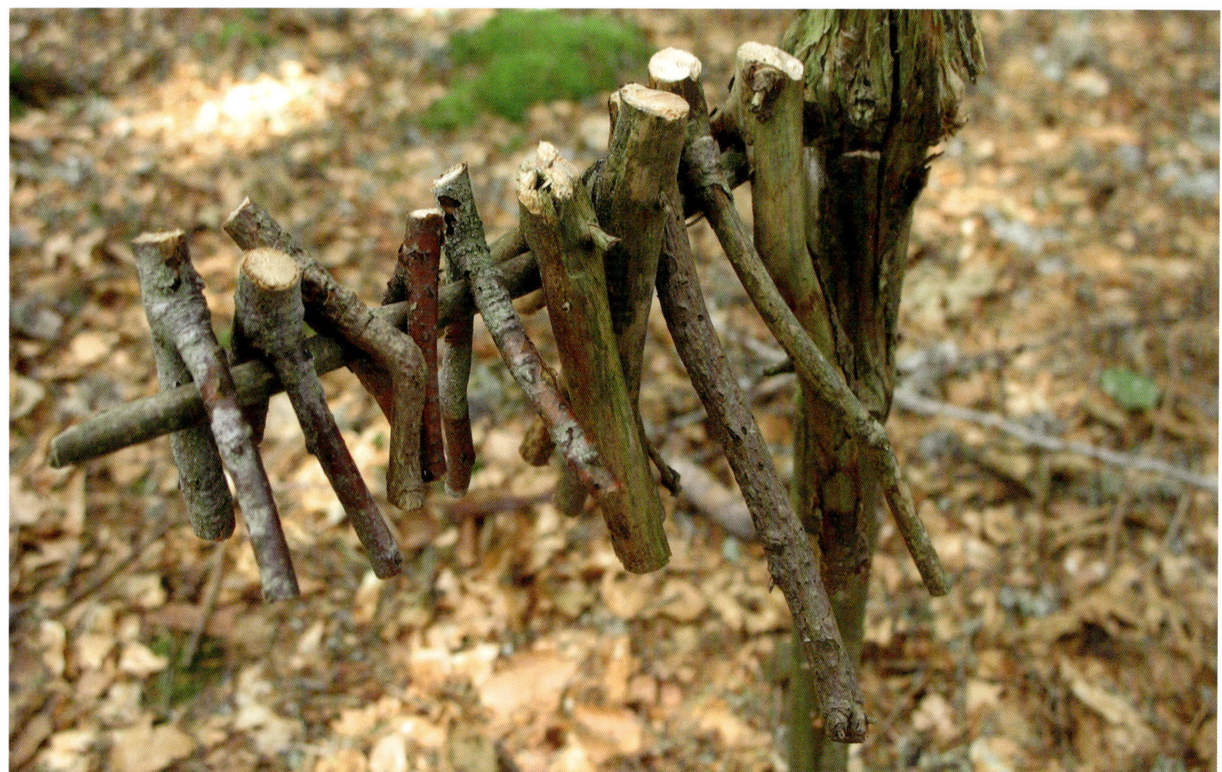

Wiesen und Waldränder, Parkanlagen und Vorgärten halten all die Rohstoffe bereit, die von Kindern genutzt werden, um Zeichen und Symbole in der freien Natur zu hinterlassen.

Diese gestalteten Botschaften haben oft nicht lange Bestand und wirken äußerst zerbrechlich. Da sie ungeschützt den Witterungseinflüssen ausgesetzt sind, verändern sie sich sehr schnell und sind anfällig für alle Arten der Zerstörung.

Uns erinnern diese Gestaltungsspuren häufig an Kultplätze, an denen Kinder zu Ausdrucksmitteln greifen, die schon unseren frühen Vorfahren nicht unbekannt waren. Für den außenstehenden Betrachter erschließt sich diese Welt bestimmt nicht auf den ersten Blick, und manche dieser Spuren werden nie ihre stille Rätselhaftigkeit verlieren.

Zumeist entstehen diese kleinen Werke auf dem blanken Erdboden. Außer den Händen sind zunächst keine Werkzeuge notwendig, es werden fast ausschließlich Fundstücke aus der näheren Umgebung zum Gestalten benutzt. So entstehen einfache geometrische Grundformen, die oftmals mandalaförmig angeordnet sind. Die Gebilde entstehen aus Blüten, Blättern, manchmal sind es dürre Äste, die hinzugefügt werden.

Kieselsteine und Rindenstücke sind weitere bevorzugte Materialien, mit denen sich einfachste Muster legen lassen. Oft werden die Ästchen in den Boden gebohrt, ergeben in ihrer Anordnung zaunartige Gebilde, die eine kleine Fläche markieren, eine besondere Pflanze umranden oder einfach auf eine Wurzel gestapelt werden. Aber immer sind es Werke, die von großer Hingabe und erstaunlicher Schlichtheit zeugen.

Mit zunehmendem Alter verliert sich die Fähigkeit vieler Kinder, in diese unbekümmerte und noch sehr urwüchsige Form des Gestaltens einzutauchen. Das Geheimnis dieser kleinen Kultplätze scheint darin zu liegen, dass sie nicht beliebig reproduzierbar und zunächst nur für die Gestalter von besonderer Bedeutung sind.

Sei es die kreisförmige Anordnung von Löwenzahnblüten auf einem Baumstumpf oder das strahlenförmige Muster aus Buchenblättern und Kieselsteinen, die Anordnung der Formen wirkt nie beliebig und verleiht diesen versteckten Plätzen fast eine rituelle Ausstrahlung. Sie fallen dem Betrachter auf, stören aber nicht, da sie immer von einem hohen Maß an Einfühlungsvermögen für die nähere Umgebung getragen sind. Nicht selten sind diese Plätze Begräbnisstätten, an denen die Kinder Kleinlebewesen vergraben. Ein zufällig gefundener toter Vogel oder ein einflügeliger bunt schillernder Käfer finden hier ihren letzten

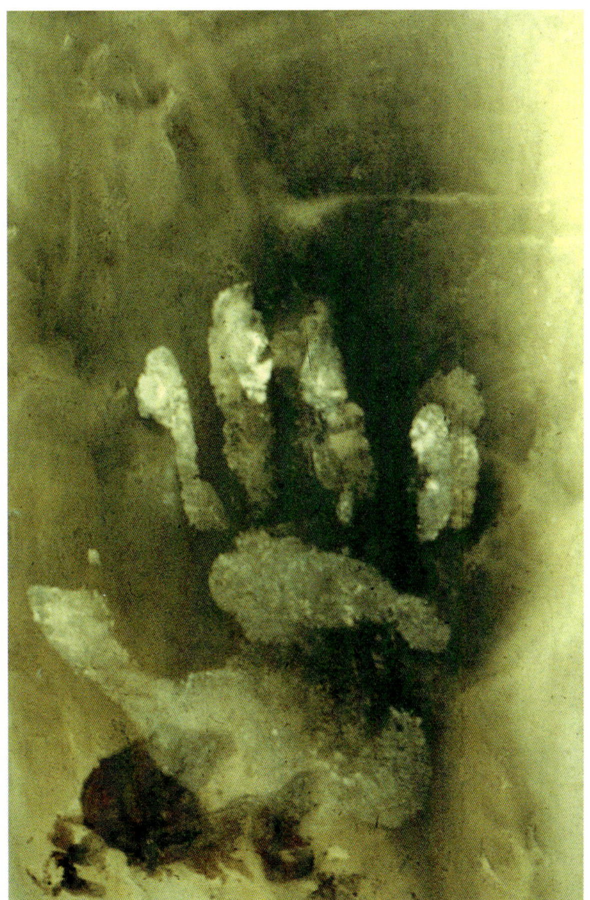

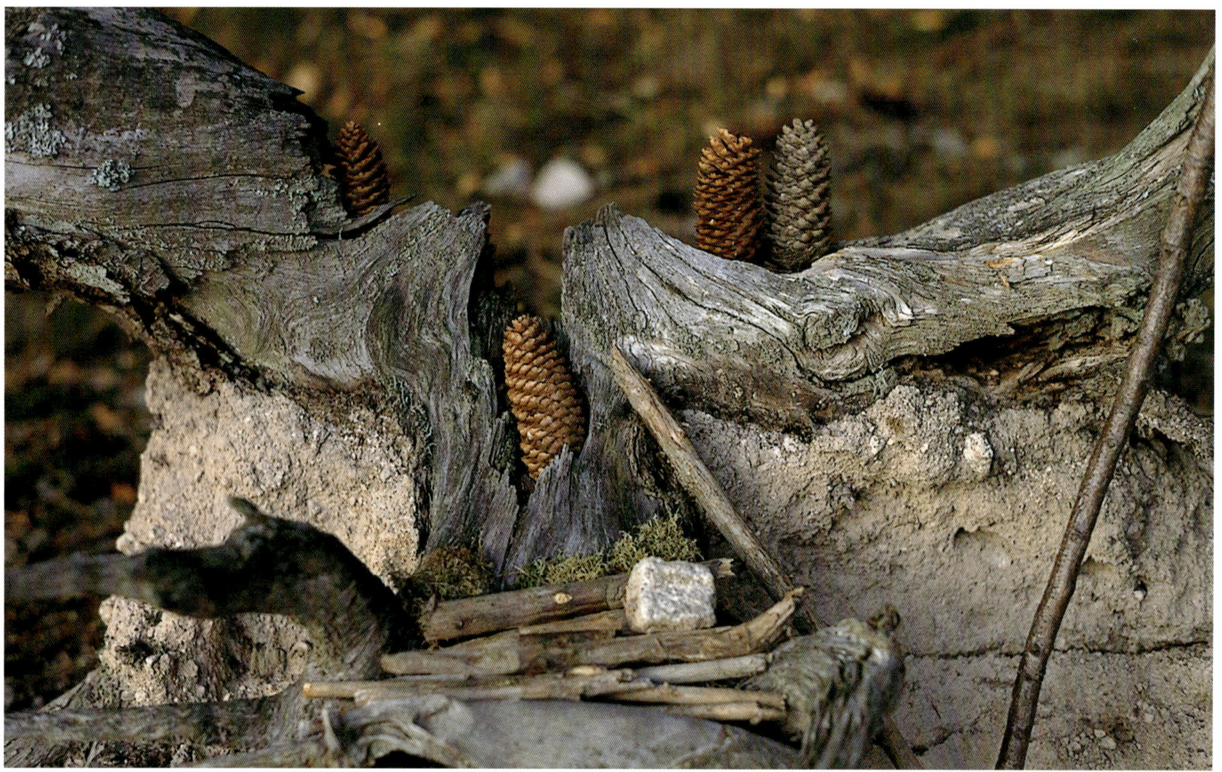

Ruheplatz. Oft sind diese Stellen mit Steinkreisen oder einem kleinen Zaun aus abgebrochenen Zweigen markiert, abgezupfte Blätter und Blüten schmücken das Grab.

Solche Kinderspiele, die genau diese Begräbnisrituale zum Inhalt haben, sind für einzelne Kinder Grund genug, diese Orte über einen Zeitraum hinweg immer wieder aufzusuchen.

Es sind aber auch Gestaltungsbeispiele zu finden, bei denen das rein Ornamentale aufgebrochen wird und regelrechte Zwergenlandschaften entstehen. Kleinste Geländeunebenheiten werden genutzt, um winzige Brücken über ein breites Tal zu bauen; zwergenhafte Häuser und Wohnhöhlen entstehen in Erdlöchern, und aus Zapfen und Rinden werden Zäune und Dächer konstruiert. Mit Kieselsteinen gesäumte Wege verbinden Plätze, die mit Zwergenwesen und Fabelgestalten bevölkert sind. In neuerer Zeit haben die Plastikfiguren, in Form eines Spiderman, der Barbie und des Power-Rangers in die Miniaturwelten Einzug gehalten.

So ist es immer die jeweilige Fantasie der Kinder, die diesen Spielorten Leben einhaucht.

Erfinder und Baumeister

Um an dieser Stelle nicht den Eindruck zu erwecken, dass die Spielkultur der Kinder allein von fast archaisch anmutenden Ausdrucksformen geprägt ist, wollen wir den Blick auf ein weiteres, sehr dominantes Spielmotiv richten. Im freien Experimentieren und Konstruieren mit verschiedenen Alltagsmaterialien wie Schläuchen, Röhren, Brettern oder Backsteinen bekunden Kinder ein regelrecht physikalisches Erkenntnisinteresse. Was für Außenstehende zunächst als ungeordnetes Sammelsurium an Bauschutt, ausrangierten Alltagsgegenständen und Sperrmüllfundstücken erscheint, entpuppt sich bei genauerem Hinsehen als ein Freiluftlabor, in dem erste elementare Kenntnisse über die Gesetze der Physik und Mechanik erworben werden.

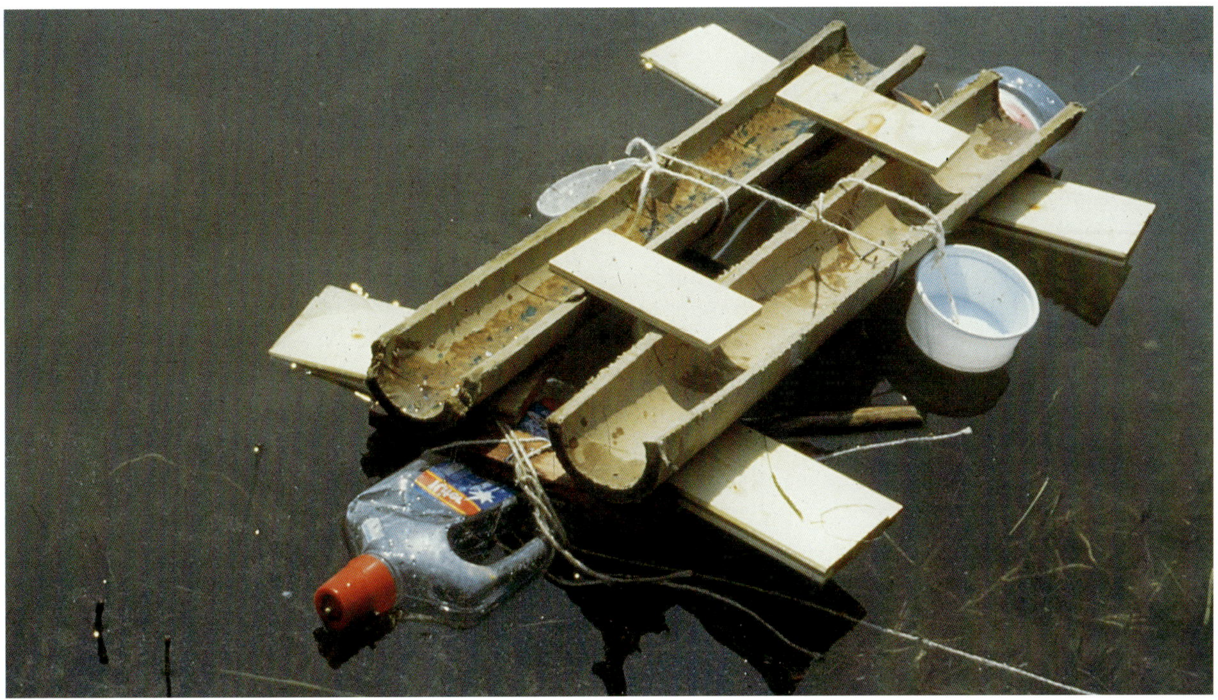

Aus Brettern und Backsteinen wird die erste schiefe Ebene in Form einer Startrampe für den Rennwagen konstruiert. Das Rad und die Rolle dienen als Transportmittel für die Puppenkinder. Beim Bau einer improvisierten Zugbrücke lässt sich das Prinzip des Flaschenzuges entdecken, die Erfindung des Pendels, der Waage und des Katapults liegt in greifbarer Nähe.

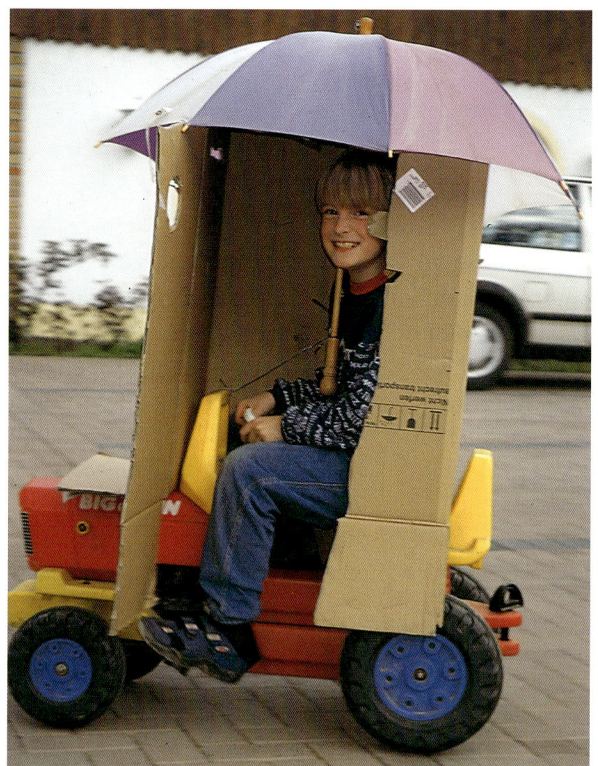

Diese verspielte Form des Weltbegreifens erhebt das Kind zum Akteur seiner Entwicklung und öffnet den Blick für selbstbewusste Formen einer elementaren Lernkultur, die auf Freiwilligkeit und Neugierde basiert.

Aufsteigendes und fließendes Wasser kann in Rohrsysteme geleitet werden, und die Beobachtung der Kapillarwirkung von Flüssigkeiten vermittelt auf der vorbegrifflichen Stufe handlungsbezogenes Sachwissen, das später im Physikunterricht wissenschaftlich benannt und vertieft wird. Die spielerische Auseinandersetzung mit physikalischen Phänomen und Gesetzen repräsentiert in vollendeter Form den Willen und die Kraft der Kinder, alles über die Welt zu erfahren, in die sie hineinwachsen.

Diese verspielte Form des Weltbegreifens erhebt das Kind zum Akteur seiner Entwicklung und öffnet den Blick für selbstbewusste Formen einer elementaren Lernkultur, die auf Freiwilligkeit und Neugierde basiert. Kinder verfügen über ein schier unerschöpfliches Entwicklungsbedürfnis und ergreifen neugierig jede Gelegenheit, sich im freien Experiment Kenntnisse darüber zu verschaffen, was bereits begreifbar ist und wo zusätzliche Fertigkeiten zu erwerben sind.

Das »Selbstbildungsbestreben« vieler Kinder zeigt sich auch in ihrem absoluten Beharren, beim Erproben bereits bekannter Phänomene eigene Erfahrungen machen zu wollen. Bestimmte Handgriffe und praktische Erfahrungen werden so lange wiederholt, bis die sichere Materialbeherrschung zur Fortsetzung oder sogar zur Steigerung herausfordert. Beim Bauen und Konstruieren von Türmen, Mauern oder Stau-

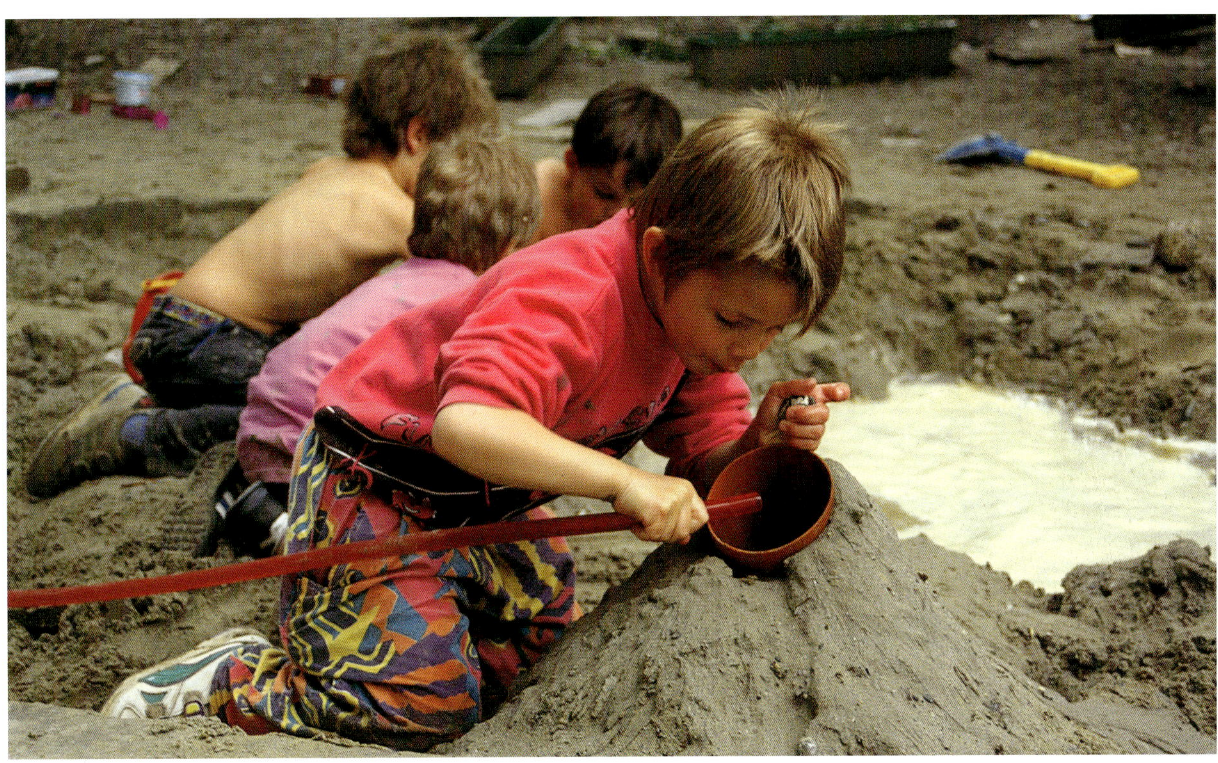

dämmen lassen sich ganz nebenbei statische Kenntnisse erwerben, die Gesetze der Schwerkraft, die Wirkung von Druckverhältnissen und die Funktion von Verstrebungen und Stützen kommen zunehmend ins Spiel und entscheiden über Erfolg oder Misserfolg eines Versuches.

Das eigenstände Entdecken der physikalischen Grundphänomene ist somit die schöpferische Form der Weltaneignung, die – fernab aller Pädagogisierungstendenzen – überhaupt denkbar ist. Im freien Spiel und Materialexperiment entfaltet sich somit die Basis für spätere Lernmotivationen. Kinder, die nie Zeit und Raum für eigene Fragen hatten, werden später auf die belehrenden Erwachsenen angewiesen sein, die mühsam versuchen, ihnen Dinge beizubringen, die früher »kinderleicht« erfahrbar gewesen wären.

Aus der Sicht der Kinder handelt es sich bei ihren experimentellen Materialaktionen tatsächlich um ein erstmaliges und sensationelles Entdecken von komplizierten Naturgesetzen. Kinder spielen nicht Erfinder, sie sind Erfinder und Eroberer des bis dahin Unbekannten!

Die vier Elemente

Feuer, Wasser, Luft und Erde sind die vier Urelemente, aus denen Leben entsteht und aus denen unsere Welt aufgebaut ist. Das eigenständige Entdecken, die spielerische Auseinandersetzung mit den Elementen ist somit immer als ein sinnlicher Akt der Weltaneignung zu begreifen. Das Spiel mit den vier Urkräften zieht alle Kinder magisch an, weil die Möglichkeiten der direkten Begegnung außerordentlich vielfältig sind.

Die aktuellen Entwicklungen zeigen leider, dass die früher so unkomplizierte und selbstverständliche Annäherung an eines der Elemente zunehmend pro-

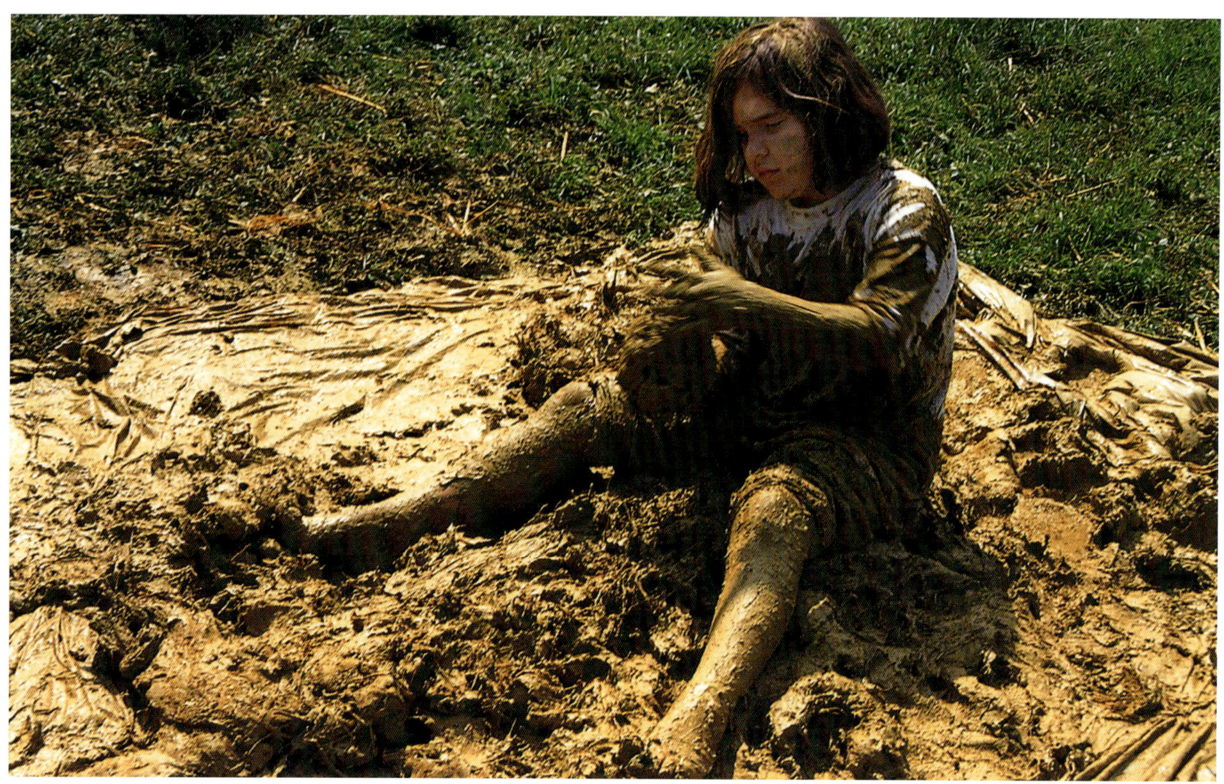

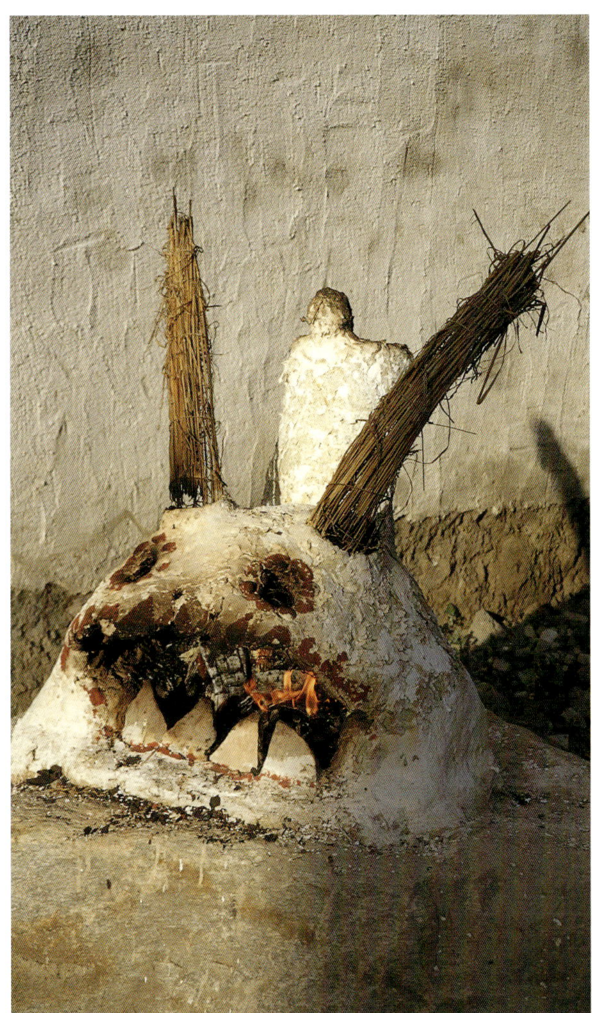

blematischer wird. Mit dem Begriff Erde stellt sich heute die Frage der Schadstoffwerte, Siedlungsdichte und großflächige Versiegelung leisten ihr übriges. Wasser wird nach seinem Reinheitsgrad beurteilt, und unbelastete Luft ist inzwischen ein Urlaubsziel.

Das Feuer unserer Sonne rückt bedrohlich näher und ist über den Ozonwert messbar. Auch Kinder erleben diese reale Gegenwart und äußern sich über Zukunftsängste. Umso mehr beeindruckt es, mit welcher Ausdauer und Intensität sie jede Gelegenheit ergreifen, sich den Elementen zu nähern und spielerisch zu gestalten.

In die Erde werden leidenschaftlich Löcher gebuddelt, manchmal getrieben von der Fantasie, dass einer der Gänge bis auf die andere Seite der Welt reichen könnte. Und immer ist es der fließende Übergang zwischen Realität und Fiktion, der das Wahrnehmungsmuster von Kindern bestimmt. Wunschtraum und Wirklichkeit liegen hier nah beieinander, das Buddelloch im Sandkasten wird bei entsprechender Tiefe plötzlich zum Schlot eines Vulkanes, aus dem jeden Augenblick feurige Lavaströme entweichen könnten.

Tonhaltige Erde in Verbindung mit Wasser ergibt den Werkstoff, aus dem alles Gestalten seinen Anfang nahm. Die erdige Substanz ist unbegrenzt formbar, das Dreckeln, Matschen und genüssliche Hervorholen von Schlamm aus den Untiefen einer Pfütze findet hockend an den Orten statt, an denen das Material zu finden ist. Hier sind es nicht die feinmotorischen Sitzaktivitäten, die dem Kind am Basteltisch abverlangt werden, vielmehr lassen sich in diesen Freiluftwerkstätten urige Ideen realisieren, die in Eigenregie zur Vollendung gelangen.

An Bachläufen stoßen wir an zugänglichen Stellen nicht selten auf kunstvolle Staudämme. Da sind große Flusskiesel aufeinander geschichtet und ähnlich dem Biberbau mit Ästen, Gras und Rindenstücken abgedichtet. Hafenähnliche Anlagen mit weit-

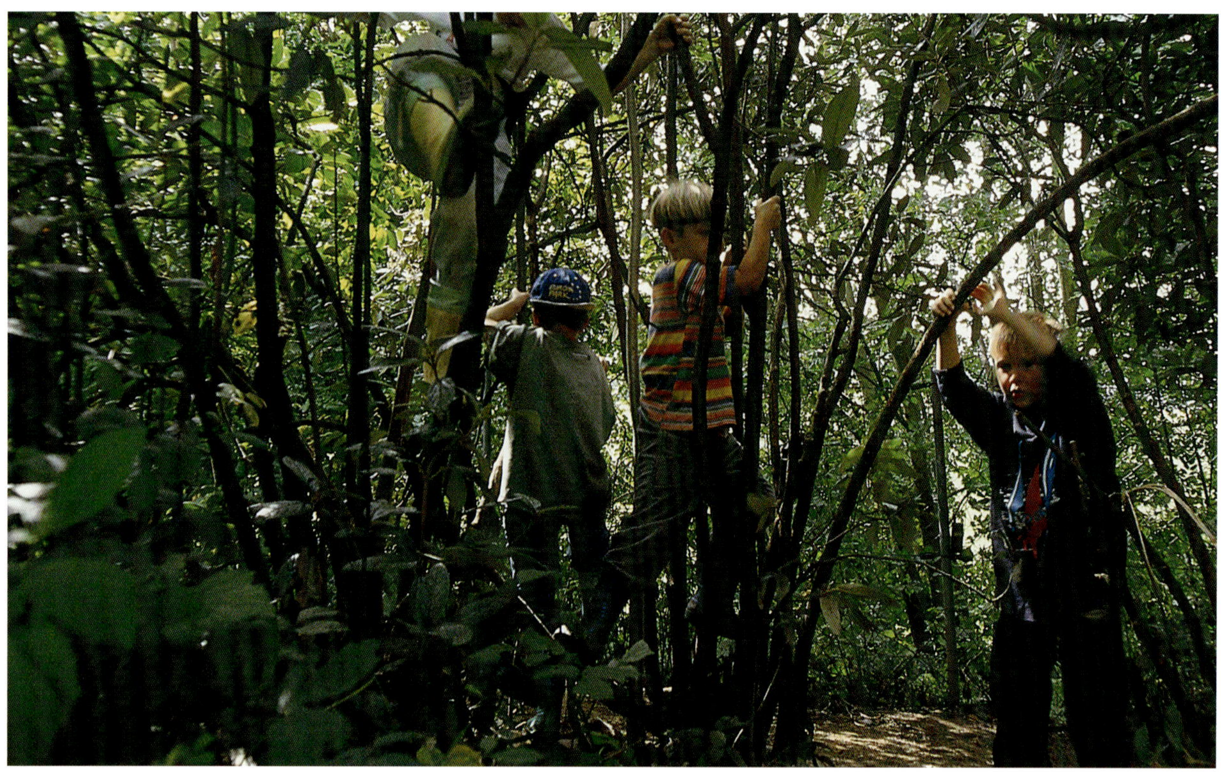

verzweigten Kanalsystemen können innerhalb eines Wochenendes entstehen, und mancher dieser Spielorte ist für einen ganzen Sommer lang Treffpunkt und Rückzugsort zugleich. Der Vergleich mit den Biberbauten bestätigt sich dann spätestens beim nächsten Hochwasser, wenn die Gemeindewiese geflutet wird.

Im Element Luft ist die Bewegung enthalten. Bereits das Hinabrennen von einem Hügel lässt leibhaftige Begegnung mit dem Urelement zu. Viele Bäume erlauben luftige Ausblicke und abenteuerliche Kletterpartien. An Form und Wuchs besonders beliebter Bäume lässt sich die subtile Art der Gestaltung von spielenden Kindern ablesen. Viele dieser Kletterbäume sind bereits von weitem an den speckigen Griffspuren erkennbar, keine Hinweistafel ist nötig, um zu signalisieren, dass hier ein Ort ist, der beharrlich von Kindern für Kinder gestaltet wurde.

Das Feuer zählt sicher zu den Elementen, die mit dem größten Tabu belegt sind, doch ist die Faszination des unbeobachteten Zündelns, Kokelns und der heimlichen Lagerfeuer ungebrochen. Zündende Ideen sind nicht nur in unserem Sprachgebrauch mit dem Feuer verbunden, Kinder benötigen und schätzen die elementare Natur, um sich selbst zu finden.

Spurensicherung

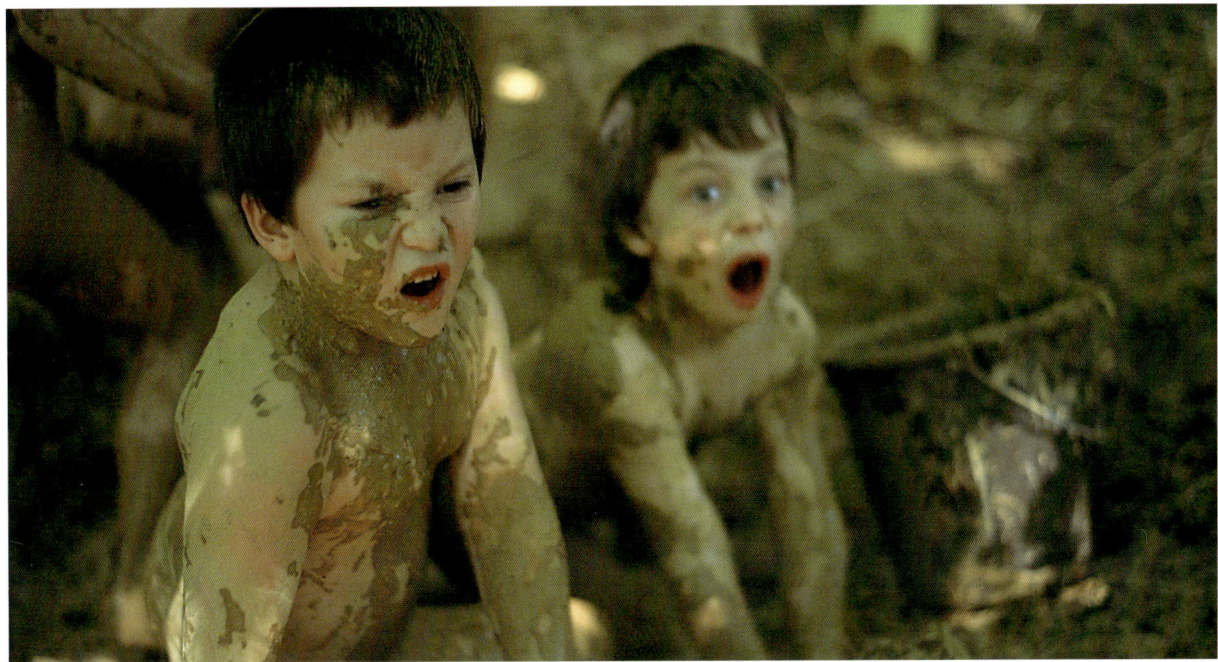

Kinder lieben das »Unfertige«, sie werden dort zum Gestalter und Akteur, wo es noch etwas zu entdecken gibt, wo sie vor allem eigene Ideen hinzufügen können.

Die zuvor beschriebenen Alltagssituationen haben uns an Orte geführt, an denen spielende Kinder ganz selbstverständlich ihre Spuren hinterlassen und uns Auskunft darüber geben, wie sich mit einfachsten Gestaltungsmitteln großartige Ideen realisieren lassen. Kinder sind die geborenen Experten, die uns in ihrem spontanen Eroberungsverhalten Auskunft darüber geben, wie Orte aussehen können, an denen erlebnistiefe Spiele möglich sind.

Der Zufall spielt hier als Gestaltungsfaktor eine zentrale Rolle und bewirkt, dass sich die Spielräume mit den Aktivitäten ihrer Nutzer verändern und somit optimal ihren Bedürfnissen entsprechen.

All diese Zonen sind unbedingt schützenswert und gegenüber jedem Gestaltungsanspruch einer aufgeräumten Erwachsenenwelt zu verteidigen.

Kinder besitzen genügend Kompetenzen, um als eigenwillige Gestalter ihres Wohnumfeldes anerkannt und vor allem mitbeteiligt zu werden.

Viele der »wilden« Spielplätze wie das Buddelloch im Erdaushub einer Baustelle oder die Trampelpfade im Gebüsch zeigen uns Qualitäten und Notwendigkeiten für die Spielraumplanung, die in ihrer Einfachheit und Erfahrbarkeit von vielen Planern schlichtweg vergessen oder unterschätzt wurde.

Vielleicht ist es aber auch nur kränkend, dass Kinder trotz aller wohlmeinenden Überlegungen und Planungen ihre eigenen Wege gehen und mit einfachsten Mitteln konsequent und unendlich verspielt das gestalten, was wir ihnen oftmals vorenthalten oder unnötig verkomplizieren. Wir müssen anerkennen, dass diese Spielorte nicht von Planern zu erfinden sind, da sie bereits vor Generationen von Kindern für Kinder erfunden wurden.

Somit sind Kinder auch immer als Erfinder ihrer eigenen Kultur zu betrachten. Erst im Rückblick wird deutlich, dass viele der traditionellen Spiele an ihre Zeit gebunden sind.

Es ist sicher nicht übertrieben, in diesem Zusammenhang von einem mittlerweile schützenswerten Kulturgut zu sprechen, welches heute nicht mehr so selbstverständlich weitergereicht wird. In einer Zeit, in der bestimmte Kinderspiele vom Aussterben bedroht sind

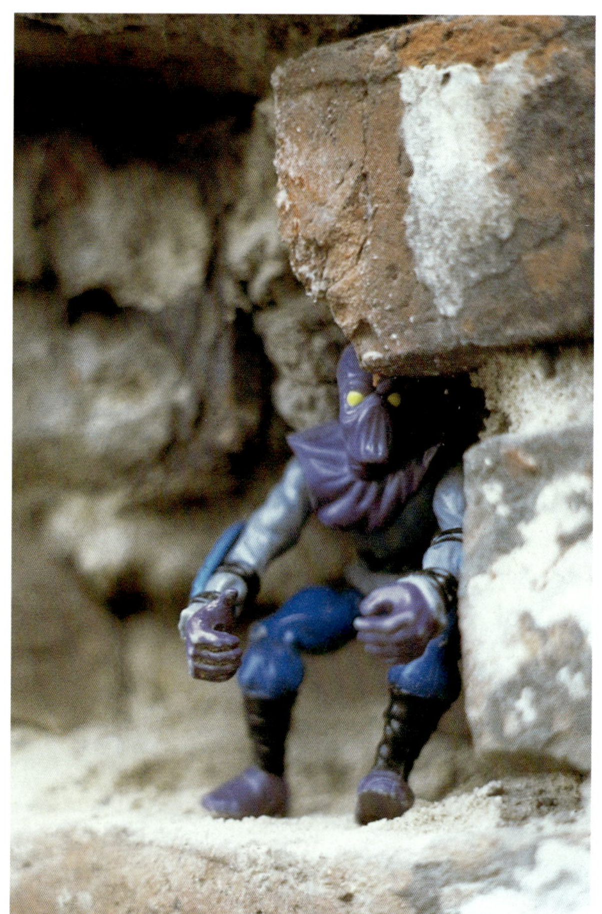

Kinder sind die geborenen Experten, die uns in ihrem spontanen Eroberungsverhalten Auskunft darüber geben, wie Orte aussehen können, an denen erlebnistiefe Spiele möglich sind.

und Jahr für Jahr traditionelle Treffpunkte und Aktionsräume gedankenlos wegsaniert werden, muss Spielraumplanung neu definiert werden. Neben der ökologischen Forderung, Biotope zu schaffen, um die Artenvielfalt bedrohter Lebewesen zu erhalten, werden wir uns ernsthaft damit auseinander setzen müssen, wie Spielorte geschützt werden können, die quasi als »Spielbiotope« die Vielfalt und den Reichtum von Kinderspielen garantieren. Diese Forderung darf sich nicht darin erschöpfen, lediglich über den Bau von naturnahen und kindgerechten Spielplätzen nachzudenken.

Vielmehr muss das originäre Spiel im ungestalteten öffentlichen Raum und im direkten Wohnumfeld zunehmend in unsere Überlegungen aufgenommen werden und hat nur dort eine Überlebenschance, wo Städte- und Landschaftsplaner genügend sozialen Wildwuchs zulassen.

Kinder lieben das »Unfertige«, sie werden dort zum Gestalter und Akteur, wo es noch etwas zu entdecken gibt, wo sie vor allem eigene Ideen hinzufügen können. Dass sie hierbei ganz eigene Vorstellungen von Zweckmäßigkeit und Ästhetik entwickeln, liegt im Wesen des Spiels begründet. Zudem stellt sich die Frage, ob Kinder in all ihrem Tun überhaupt den Anspruch erheben, von Erwachsenen verstanden zu werden. Somit können wir allenfalls vom respektvollen Versuch einer Annäherung sprechen, wenn wir versuchen, die Ausdrucksformen und Botschaften der Kinder zu entschlüsseln.

Abschließend bleibt festzuhalten, dass Kinder bei der Frage, was bespielbar ist, als die absoluten Experten zu betrachten sind. Mit zielsicherem Instinkt suchen sie sich ihre Lieblingsspielorte. Unsere Aufgabe wird darin bestehen, diesen Spuren zu folgen. Die Planungsarbeit wird erst da ansetzen müssen, wo auf Grund veränderter Lebenswirklichkeiten für Kinder kein selbstverständlicher Zugang zu ihrer unmittelbaren Spielwelt mehr möglich ist.

Kinder wollen dort spielen, wo sie sich normalerweise aufhalten und wohnen! Für sie bedeutet die räumliche Ausgrenzung ihrer Spiel- und Erfahrungsbereiche auch immer einen Verlust an komplexer Lebenserfahrung. Auf Grund ihres begrenzten Aktionsradius sind sie bis zu einem bestimmten Lebensalter existenziell darauf angewiesen, in ihrer direkten Umgebung jene Dinge vorzufinden, die ihrem Naturell entsprechen.

Im nächsten Kapitel werden wir Ideen vorstellen, die von Erwachsenen und Kindern umgesetzt wurden. Viele dieser Aktionen belegen eindrucksvoll, dass sich Kinder- und Erwachsenenbedürfnisse nur im Detail unterscheiden und die baulichen Veränderungen bei allen Beteiligten reizvolle Fantasien freisetzen. Die folgenden Anregungen und Erfahrungsberichte sind nicht als Fertigrezepturen für den idealen Spielplatz gedacht. Vieles davon wird im eigenen Vorgarten ebenso selbstverständlich seinen Platz finden wie auf dem Wohngelände einer Siedlungsgesellschaft. Manche der Ideen sind vergänglich und wiederholungsbedürftig. Andere hingegen markieren eine Art symbolischer Grundsteinlegung und signalisieren allen Beteiligten, dass hier ein kontinuierlicher Veränderungsprozess zu erwarten ist.

Aber immer sind es Aktionen, die nicht für Kinder, sondern mit Kindern durchgeführt wurden und die ihre besondere Kraft durch die generationsübergreifende Entstehungsgeschichte erhalten.

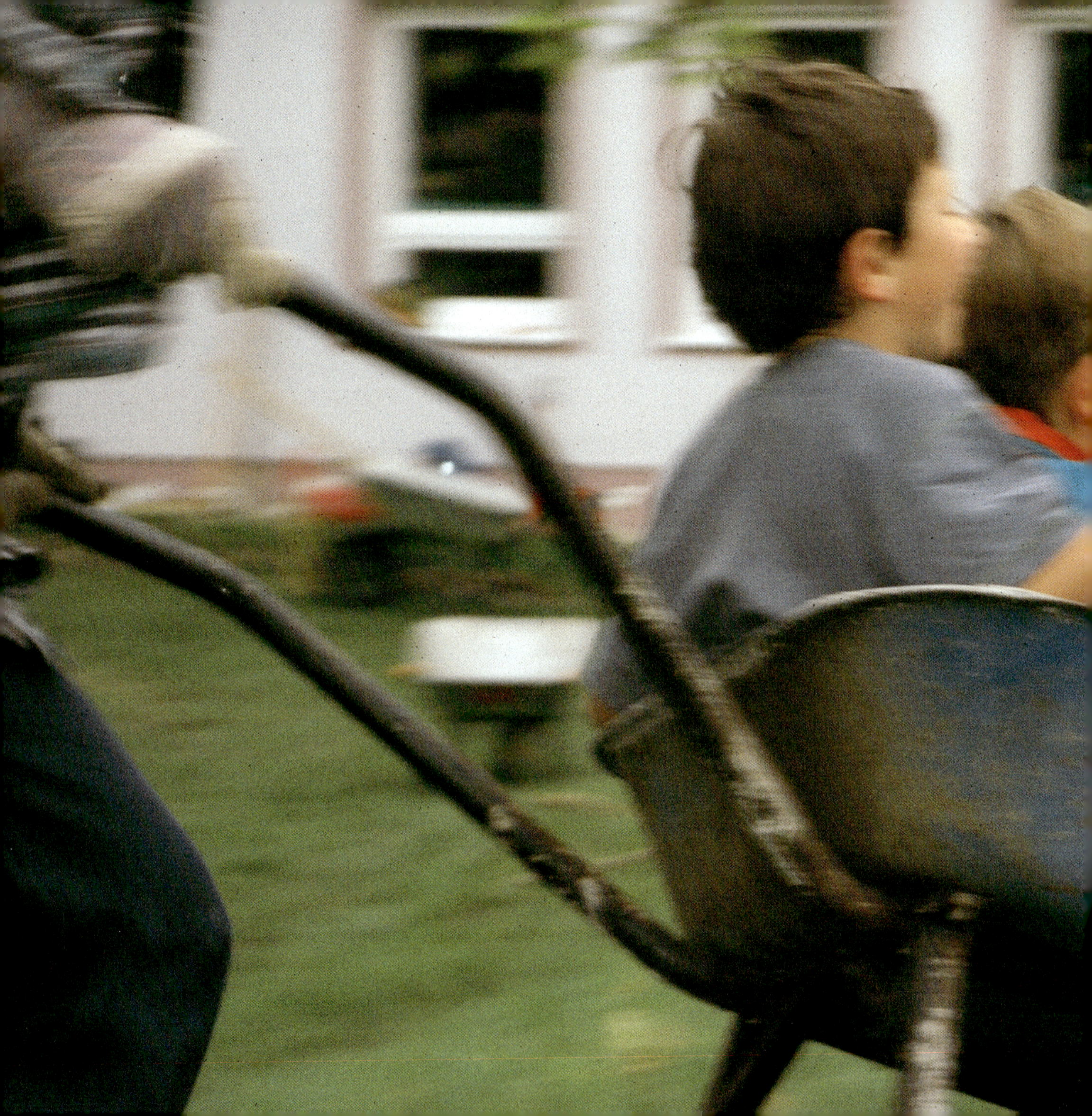

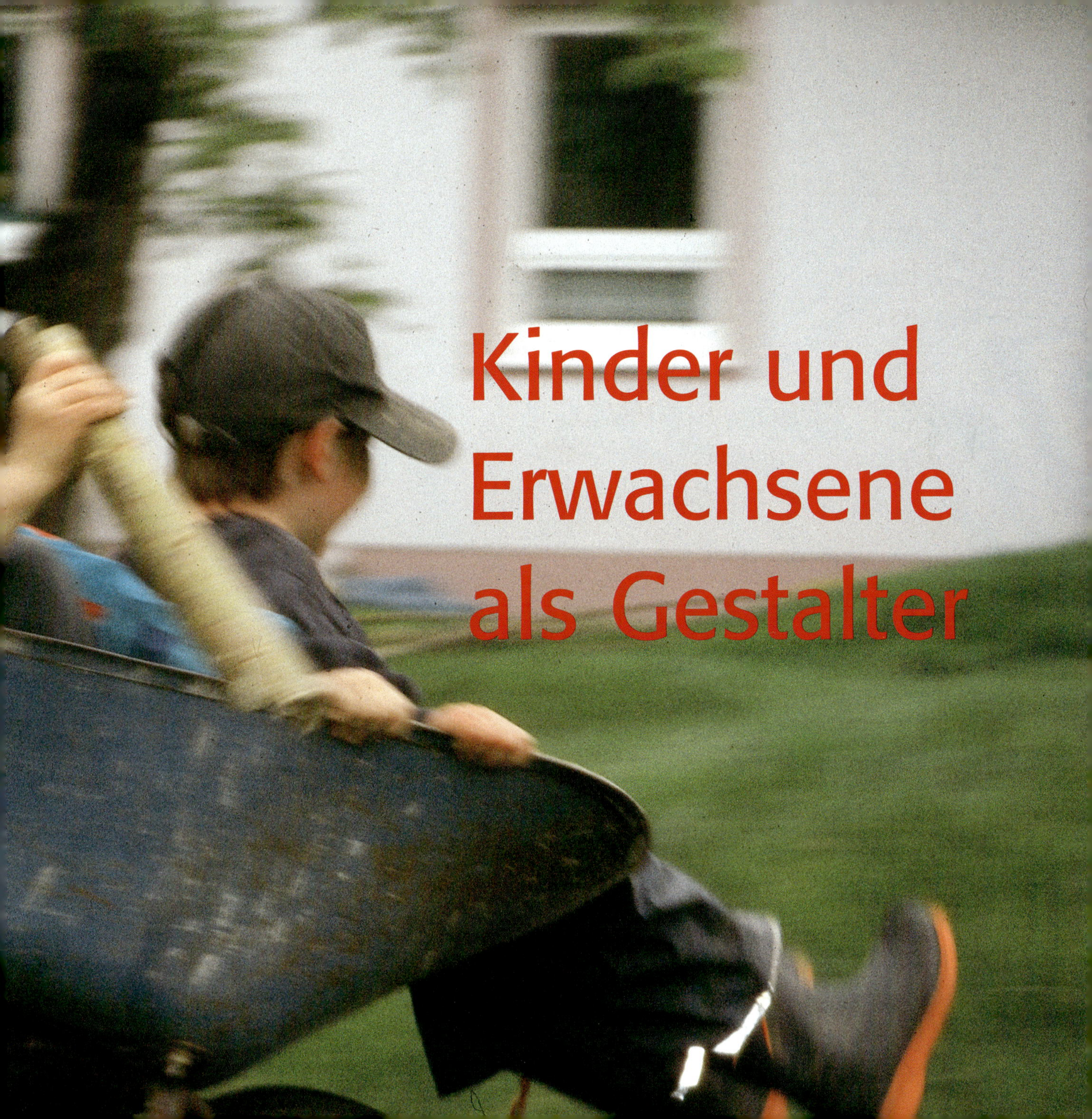

Kinder und Erwachsene als Gestalter

Platz nehmen

Aneignen, entdecken, ankommen, erste
Zeichen setzen, Spuren hinterlassen.
Kinder und Erwachsene folgen der Einladung.
Innerhalb eines verregneten Vormittags
und eines zunehmend sonnigen Nachmittags
wird ein bis dahin unbekannter Ort
belebt und mit Erinnerungen gefüllt.
Zurück bleiben rätselhafte Zeichen und
Symbole.
Erdverbundene Werke, die für wenige Tage
in den Himmel ragen, bilden einen
zauberhaften Versammlungskreis, der
zum Wiederkommen und Weitermachen einlädt.
Träume und Fantasien erhalten Gestalt
und haben Platz genommen.

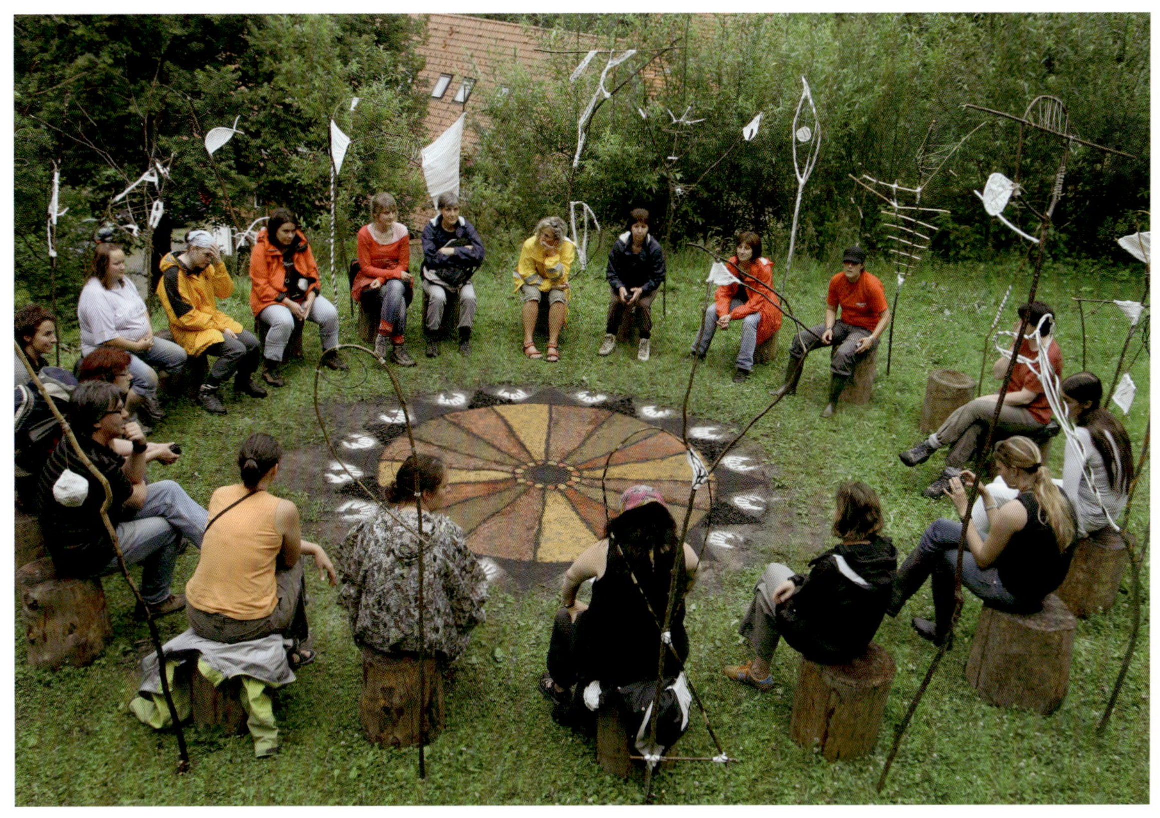

Ein Haus für das Feuer

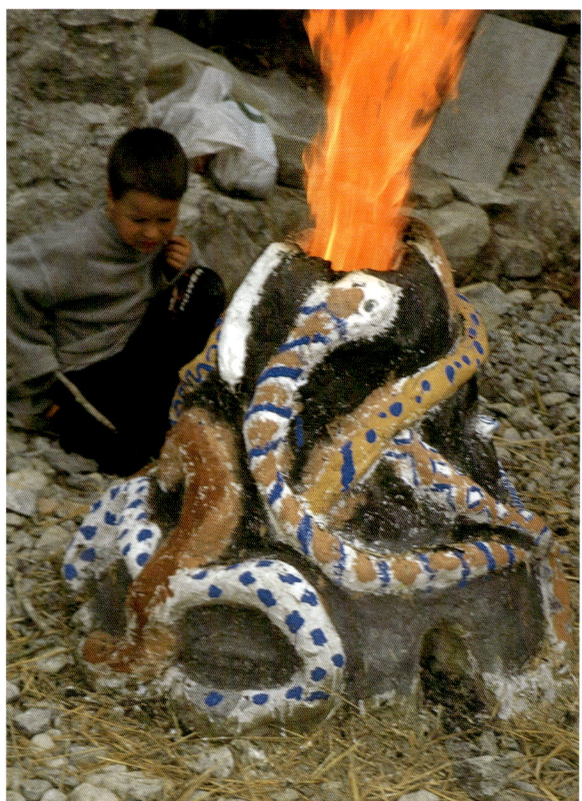

Das Zähmen des Feuers zählt zu den ersten kulturellen Errungenschaften der frühen Menscheit. Im Gegensatz zur Tierwelt hat es nur der Mensch gelernt, sich dem Feuer zu nähern und es in einem langen Entwicklungsprozess immer vielseitiger zu nutzen.

Aus den einfachen Feuerstellen entstanden allmählich archaische Lehmofenkonstruktionen, wie wir sie noch heute in weiten Teilen der Welt antreffen.

Vor allem Kinder fühlen sich vom Feuer magisch angezogen. Den züngelnden Flammen haftet immer etwas Unberechenbares an, das die elementarsten Experimente herausfordert. Ein urtümlicher Lehmofen bietet geschützten Raum für zündende Ideen und entwickelt sich auf jedem Spielgelände zu einem faszinierenden Ort, wo ungefährdete und klar abgrenzbare Annährungen an das Urelement Feuer möglich sind.

Heute ist für viele Kinder die alltägliche Begegnung mit dem offenen Feuer keine Selbstverständlichkeit mehr. »Ist dies ein Haus für das Feuer?« lautete die Frage eines Vierjährigen, als wir vor unserem gemeinsam gebauten Ofen saßen und auf die knusprig gebackenen Brotfladen warteten.

Seitdem sind viele dickbauchige Lehmöfen entstanden, manche hat der Regen in einen Erdhaufen zurückverwandelt, andere sind noch immer in Gebrauch.

Oft ist es die Lust am Zündeln, die einzelne Kinder anlockt, für andere ist es das Brotbacken oder Brennen von einfachen Werkstücken aus Ton. Der dampfende Ofen ist Rückzugspunkt und Versammlungsort zugleich, hier finden endlose Palaver statt, und manchmal erinnert das Szenario an das Alltagsleben früher Stammeskulturen.

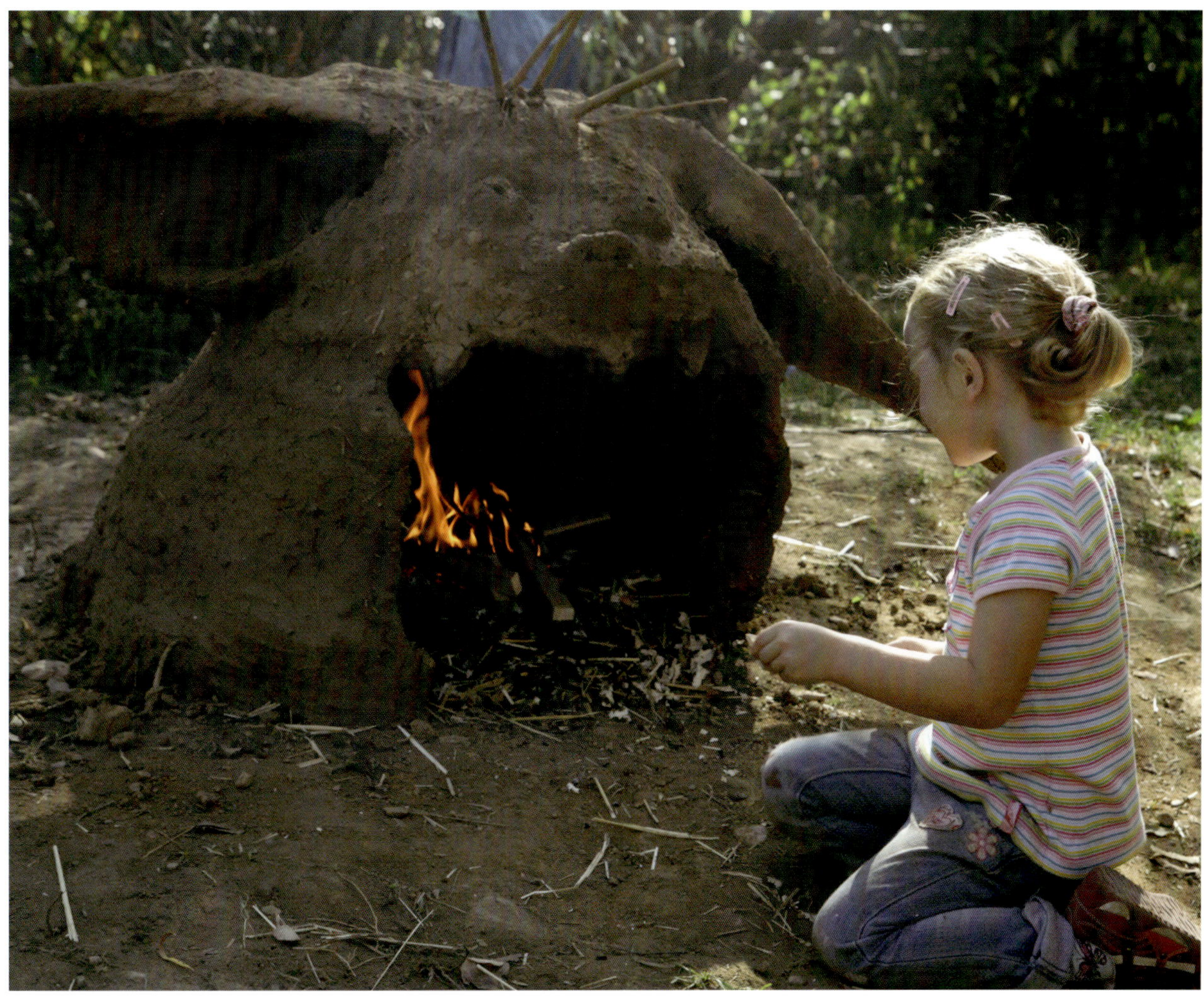

Der Bau und die Nutzung der Erdöfen sind immer als eine Einheit zu betrachten. In der direkten Begegnung mit dem erdigen Baumaterial entwickeln sich fast instinktiv organische Formen. Kein Ofen gleicht dem anderen, und in jedem Werk zeigt sich etwas vom Wesen seiner Erbauer. Aus Erde gewachsen, entwickeln sich Lehmöfen ohne großen Kostenaufwand zum reizvollen Bestandteil einer Landschaft und kehren ganz selbstverständlich in den Naturkreislauf zurück, sobald sie nicht mehr bespielt werden.

Materialkunde Kuppelofen

Was ist Lehm?

Umgangssprachlich wird der Lehm vom Ton erst in neuerer Zeit unterschieden. Geologisch ist Lehm als Bodenart nicht exakt definiert. Beim Lehm handelt es sich um ein aus Ton, Humus und Sand bestehendes Verwitterungsprodukt verschiedenster Gesteinsarten. Der enthaltene Tonanteil wirkt im Lehm wie ein Bindemittel und verleiht diesem ältesten Werkstoff der Menschheit die nötige Klebekraft. Lehm ist also nichts anderes als stark verunreinigter Ton. Die fruchtbare Lehmerde auf unseren Äckern ist mit organischen Zerfallprodukten versetzt, durch mineralische Anteile weist sie unterschiedliche Färbungen auf.

Lehm zählt seit altersher zu den traditionsreichsten Baumaterialien, fast ein Drittel der Erdbevölkerung lebt noch heute in Lehmbauten. Da sich Lehm ohne aufwendige Technologien verarbeiten lässt, bezeichnen wir ihn als sanften Baustoff.

In vielen Schöpfungsmythen taucht der Lehm als ein Grundbaustoff des Lebens auf.

Wo finde ich Lehm?

Lehm ist ebenso wie Ton fast überall anzutreffen, allerdings in unterschiedlicher Konzentration. Sobald das Erdreich klebrig wirkt, können wir auf taugliches Baumaterial schließen. Als Probe dient eine Hand voll Erde, die sich unter Zusatz von wenig Wasser zu einer Kugel formen lassen muss und beim Fall auf den Boden nicht auseinanderbröseln darf. Tonhaltige Erde finden wir vor allem im Flachland, an Fluss- und Bachläufen, bei Baustellen und häufig in der Nähe von Kiesgruben.

Regionale Tonvorkommen sind in den topographischen Karten der Geologischen Landesämter verzeichnet. Hier finden wir auch Anhaltspunkte für stillgelegte Lehmgruben und Ziegeleien als Rohstoffquellen.

Tipp:
Viele Kieswerke sind günstige und ergiebige Tonlieferanten.

Alteingesessene Einwohner können manchmal mit ihren Ortskenntnissen weiterhelfen. Alte Flur- und Gemarkungsnamen wie Leinhalde, Lettenweg, Leimstollen oder Ziegeleistraße lassen ebenfalls auf das Vorkommen tonhaltiger Erde schließen.

Welches Material eignet sich?

Lehm ist beim Ofenbau erfahrungsgemäß dem reinen Ton vorzuziehen, da er strapazierfähiger ist.

Die Natur liefert uns mit dem Lehm bereits eine gebrauchsfertige und sehr klebefähige Mischung, der

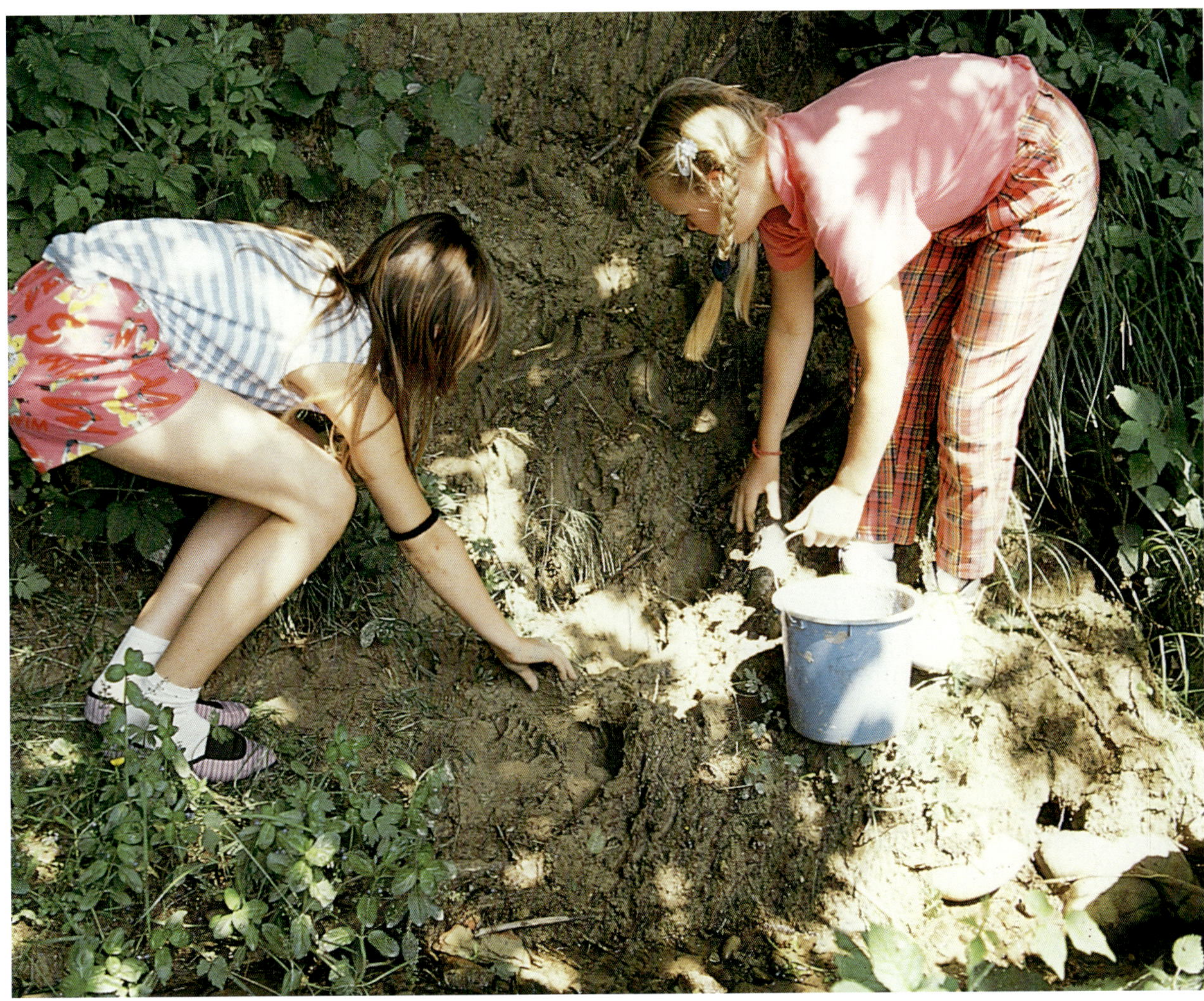

wir nur noch 25 bis 30 Prozent gehäckseltes Stroh oder ersatzweise Heu beimengen müssen.

Reiner Ton ist nur dann zu verwenden, wenn wir ihn künstlich mit Sand, Sägemehl oder Schamotte verunreinigen und somit abmagern.

Die Materialbeimischung kann bis zu 50 Prozent betragen. Genügend Wasser und bis zu 30 Prozent gehäckseltes Stroh werden zusätzlich beigefügt.

Sollte weder Lehm noch Tonerde zu beschaffen sein, sind die Schnittabfälle der Ziegelrohlinge aus

Ziegeleien ein denkbarer Ersatz. Hierbei ist unbedingt darauf zu achten, dass keine künstlichen Blähmaterialien (z.B. Styroporkügelchen) enthalten sind.

Wann und wo baue ich?

Geeignet sind die warmen Jahreszeiten, möglichst während einer Schönwetterperiode, um den Trocknungsprozess zu beschleunigen.

Da der Lehmofen beim Brand ausreichend Zugluft benötigt, sollte er nicht im Windschatten stehen. Die unmittelbare Nähe von Bäumen und Büschen ist zu vermeiden, da aus der Kaminöffnung Flammen schlagen.

Im Hinblick auf die Nachbarn ist auf die häufigste Windrichtung zu achten, um eine Rauchbelästigung zu vermeiden.

Für den optimalen Zug ist es am günstigsten, die Ofenöffnung nach Westen auszurichten.

Was benötige ich an Materialien?

- 150 bis 200 kg Lehm oder abgemagerten Ton
- eventuell Sand
- 1 Ballen Stroh
- ein Bündel Weidenruten (1 bis 2 cm dick) oder Haselnuss
- 20 Hohlblockziegel
- 1 Schamotteplatte oder Schamottekacheln oder Flusskiesel

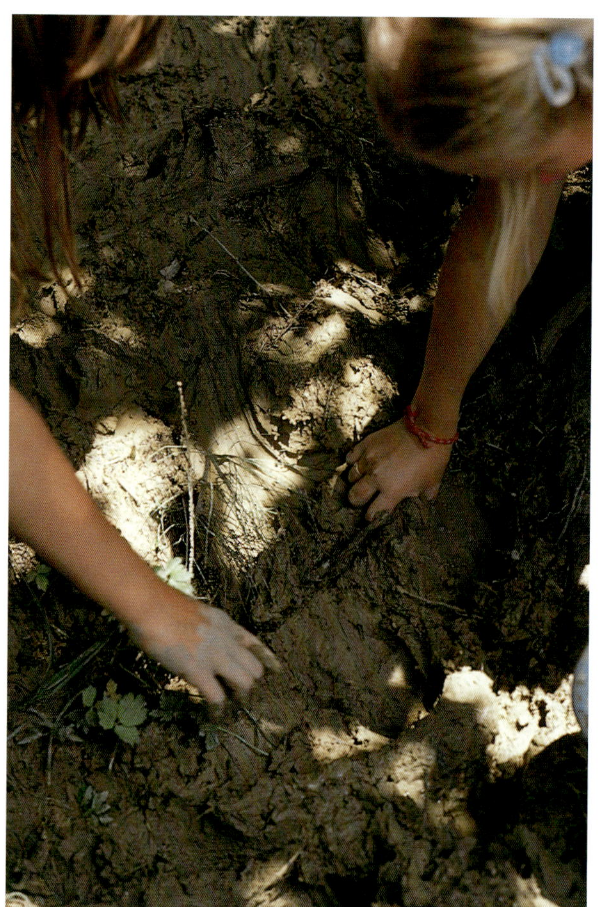

Tipp:
Statt einer teuren Schamotteplatte können auch Bruchstücke verwendet werden, die wir in einen Lehmestrich verlegen. Als Ersatz eignen sich außerdem Flusskiesel.

Arbeitsschritte Kuppelofen

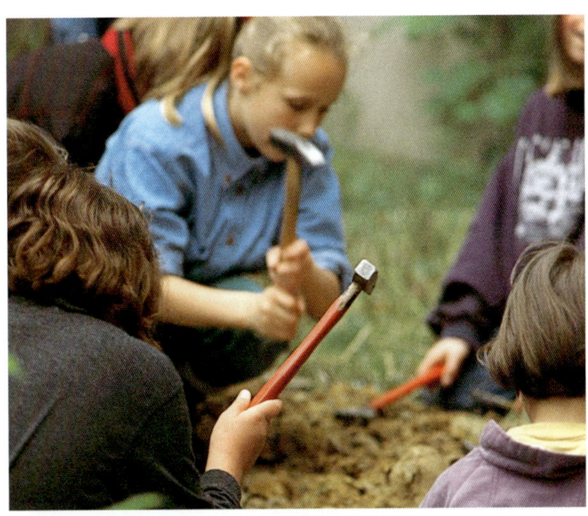

1. Schritt

Falls der Lehm oder die Tonerde trocken und grobklumpig ist, zerkleinern wir das Material mit Hilfe von steinernen Faustkeilen oder einem Hammer. Bei größeren Materialmengen sollte zum Aufbereiten vom Stroh-Lehmgemisch zunächst eine Stampfgrube ausgehoben werden, ansonsten hat sich als Unterlage eine starke Plastikplane bewährt.

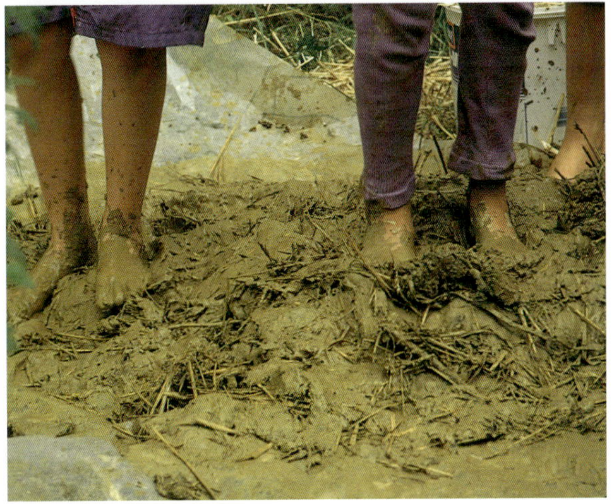

2. Schritt

Der Lehm wird mit dem gehäckselten oder in kleine Stücke gerissenen Stroh unter Beigabe von einigen Schaufeln Sand und viel Wasser gestampft. Hierbei ist darauf zu achten, dass sich das Gemisch gut miteinander verbindet. Da dieser Arbeitsschritt sehr kraftaufwendig ist, arbeiten wir mit Gummistiefeln oder nackten Füßen. So entwickelt sich der erste intensive Kontakt zum Material. Um weite Wege zu vermeiden, sind diese vorbereitenden Arbeiten in der Nähe des Ofens auszuführen.

3. Schritt

Der Lehmofen wird auf ebener Erde gebaut. Als Bodenplatte dienen Bruchstücke von Schamotteplatten oder Schamottekacheln, die wir in einen glatten

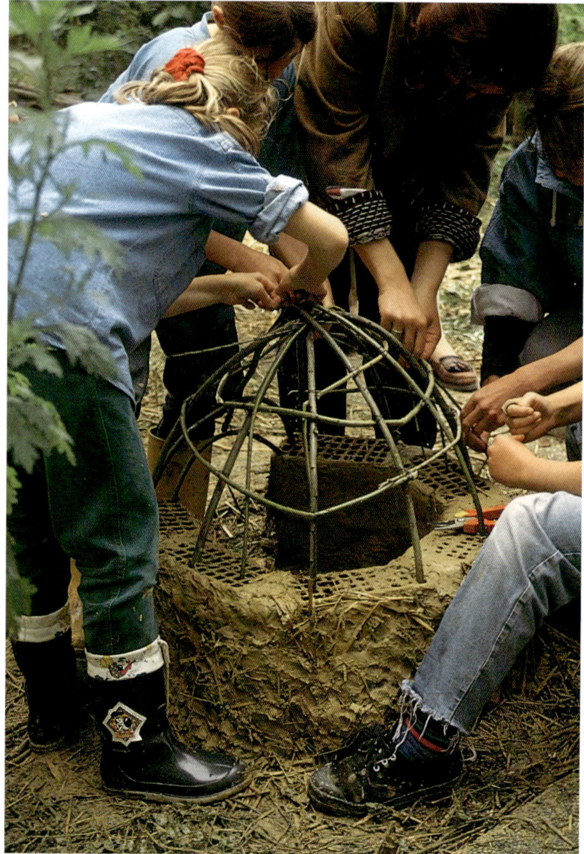

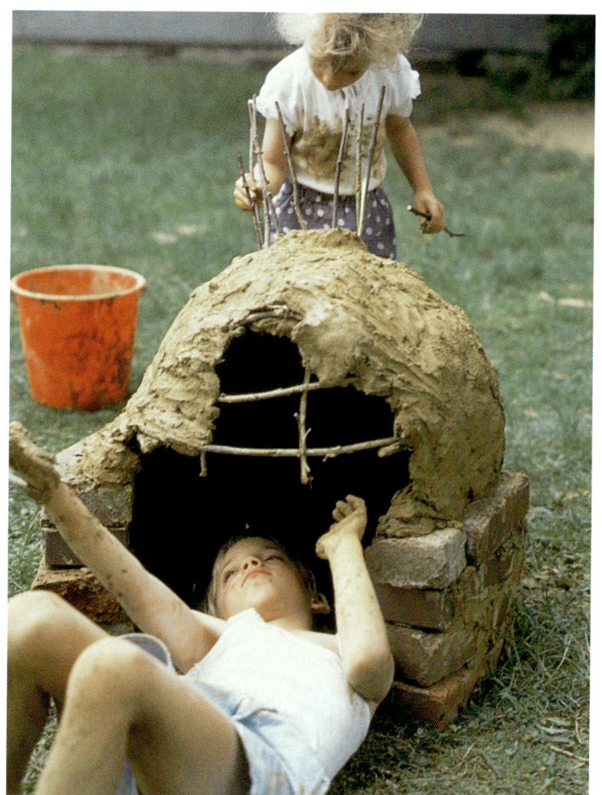

Lehmestrich verlegen. Die Hohlziegel werden in mindestens drei Lagen übereinander aufgebaut und gründlich mit dem Lehm-Strohgemisch verfugt. Bei der obersten Schicht ist darauf zu achten, dass die kleinen Öffnungen der Hohlziegel nach oben gerichtet sind. Die biegsamen Ruten werden dann in die Öffnungen der Steine gesteckt und vorsichtig zu einer Kuppel gebogen, zum Binden eignet sich Blumendraht.

4. Schritt

Wir formen das Lehm-Strohgemisch zu handtellergroßen Fladen und ummanteln hiermit von unten nach oben das Rutengeflecht. Die Wandstärke sollte insgesamt 4 bis 8 cm betragen. Aus statischen Gründen ist darauf zu achten, dass die Ofenkonstruktion im unteren Bereich die maximale Wandstärke erreicht und sich nach oben hin verjüngt. Das Rutengeflecht wird so weit es geht innen und außen komplett mit dem Lehm ummantelt.

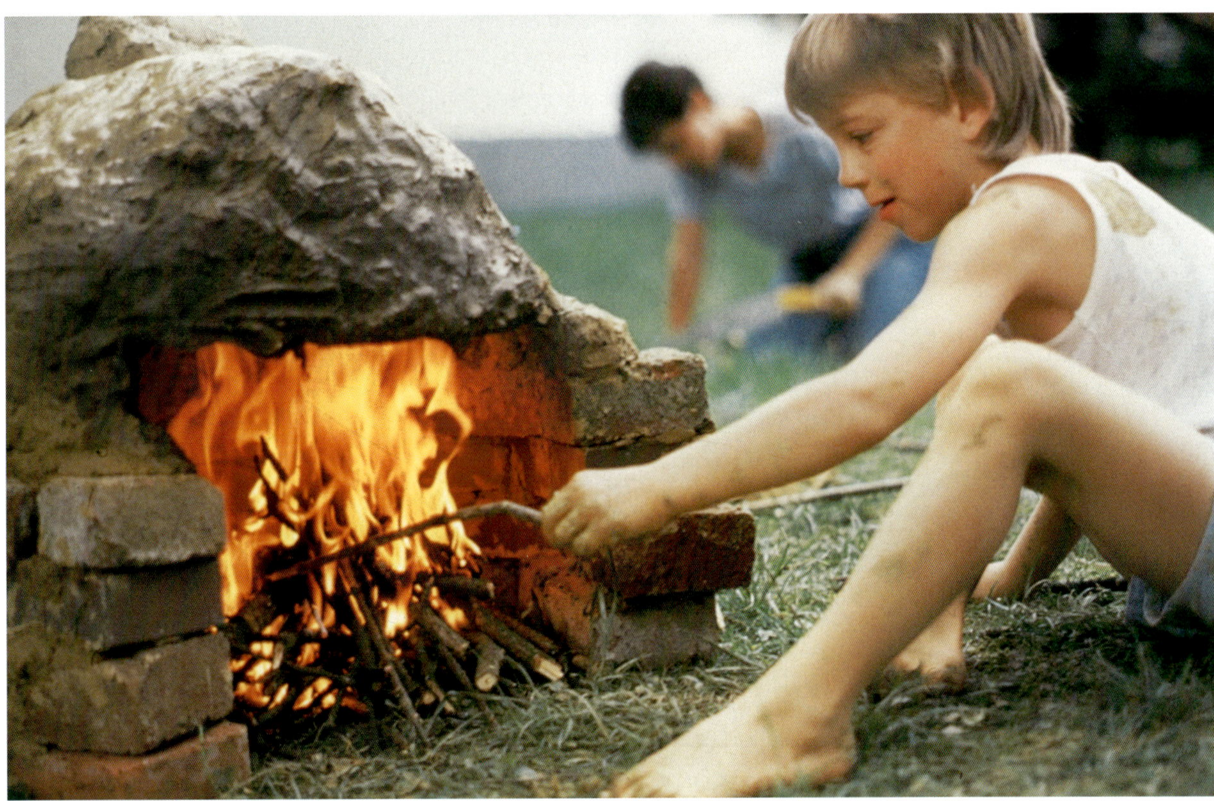

5. Schritt

Im Innern der Brennkammer sollte der Lehm glatt verstrichen werden. Die Öffnung für den Kamin ist freizuhalten. Wir müssen unbedingt darauf achten, dass der Kamin nicht am Scheitelpunkt der Kuppel eingesetzt wird, da heiße Luft immer nach oben drängt und unseren Ofen zu schnell verlassen würde. Der Durchmesser vom Kamin beträgt 20 cm und verjüngt sich nach oben. Zur Stabilisierung bauen wir auch hier einige Ruten ein.

6. Schritt

Wir können den nassen Ofen sofort nach seiner Fertigstellung befeuern. Wenn das Feuer nicht gut zieht, muss der Kamin entsprechend verlängert werden. Schlagen die Flammen aus dem Schürloch, hilft ein kleiner Vorbau. Die Phase des Trockenheizens ist behutsam über mehrere Tage zu betreiben. Die Brenntemperatur wird allmählich gesteigert, bis die Innenfläche des Ofens verziegelt (an der rötlichen Farbe erkennbar). Auftretende Risse fugen wir sofort mit Lehm aus.

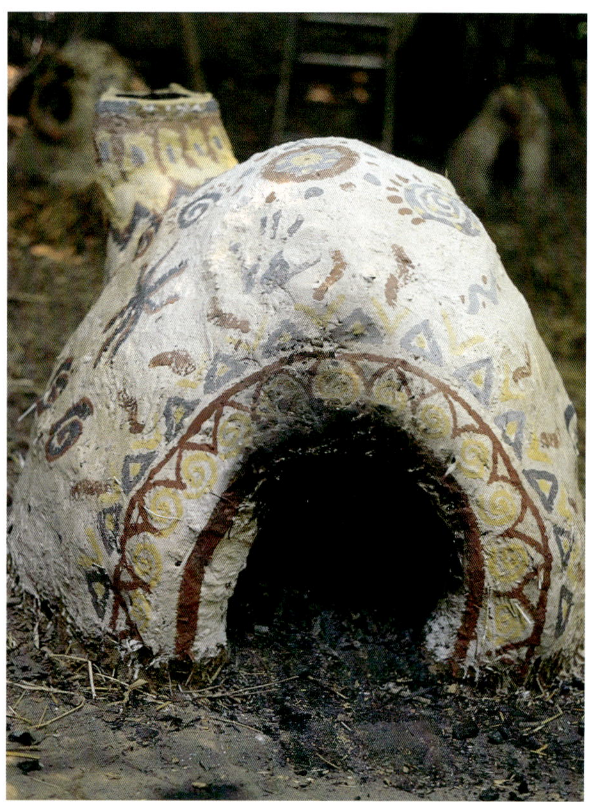

Wie lange hält ein Ofen?

Die Haltbarkeit des Ofens hängt wesentlich von seiner Pflege ab. Stehendes Regenwasser und Frost schaden dem Ofen. Vor allem in der Trocknungsphase sollten die Temperaturen allmählich gesteigert werden, um ein langsames Entweichen der Feuchtigkeit zu ermöglichen. Wird der Lehmofen längere Zeit nicht befeuert, sollte er zunächst trockengeheizt werden.

Ist der Erdofen ungeschützt den Witterungseinflüssen ausgesetzt, wird er allmählich ausgewaschen und fällt schließlich in sich zusammen. Das ungebrannte Material des Außenmantels können wir als Baustoff erneut verwenden.

Wie verlängere ich die Haltbarkeit?

Ein Lehmaußenputz erhöht beträchtlich die Lebensdauer der Öfen. Der Außenputz besteht aus gelöschtem Kalk (härtet) und Magerquark (reduziert Risse). Diese alte Rezeptur muss in mindestens 3 Schichten mit einer Quaste aufgetragen werden. Dazwischen sind jeweils Trockenphasen einzuhalten. Der erste Anstrich kann erst erfolgen, wenn der Lehmofen gut durchgetrocknet ist.

Der Mixtur kann etwas Borax (ungiftiges Alkalisalz) beigemengt werden. Dadurch wird das Kasein als ein Bestandteil des Magerquarks, besser aufgeschlossen und erhöht die Rissfestigkeit des Außenputzes.

Grundrezept:

1 Teil Magerquark und 5 Teile Sumpfkalk (in Wasser eingesumpfter, gelöschter Kalk). Die Mischung muss cremig und leicht zu verstreichen sein.

Wird dem Schlussanstrich 5 Prozent Leinöl (abgestandenes, verharztes Leinöl eignet sich besonders) zugefügt, erhöht sich die Wetterfestigkeit. Die beschriebenen Mixturen sind innerhalb einer Stunde zu verarbeiten und sollten möglichst nicht mit der Haut in Berührung kommen.

An Farbzusätzen für den Außenputz eignen sich Erdpigmente wie Ocker, Terra di Siena, Umbra, Dolomit oder Rötel.

Über die Ofenkonstruktion kann zusätzlich ein mobiles Dach errichtet werden, welches beim Befeuern entfernt wird. Beim Bau einer festen Dachkonstruktion ist zu berücksichtigen, dass die Flammen aus der Kaminöffnung bis zu 60 cm herauszüngeln.

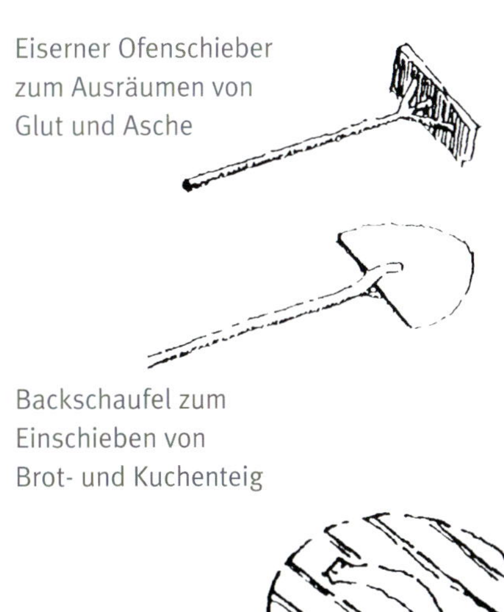

Was ist noch zu beachten?

Erdöfen sind anfällig für Zerstörungen, manche Kinder fühlen sich geradezu von den dampfenden und glühenden Lehmgebilden herausgefordert.

Vielleicht ist es die mythologische Erinnerung an den Drachentöter oder das märchenhafte Bild von Hänsel und Gretel mit der Hexe im Backofen, die manche Zerstörungswut anheizt. Öfen können jederzeit wieder aufgebaut werden! Manchmal hilft ein geschätzter Winkel oder ein kleiner Flechtzaun als Sichtschutz.

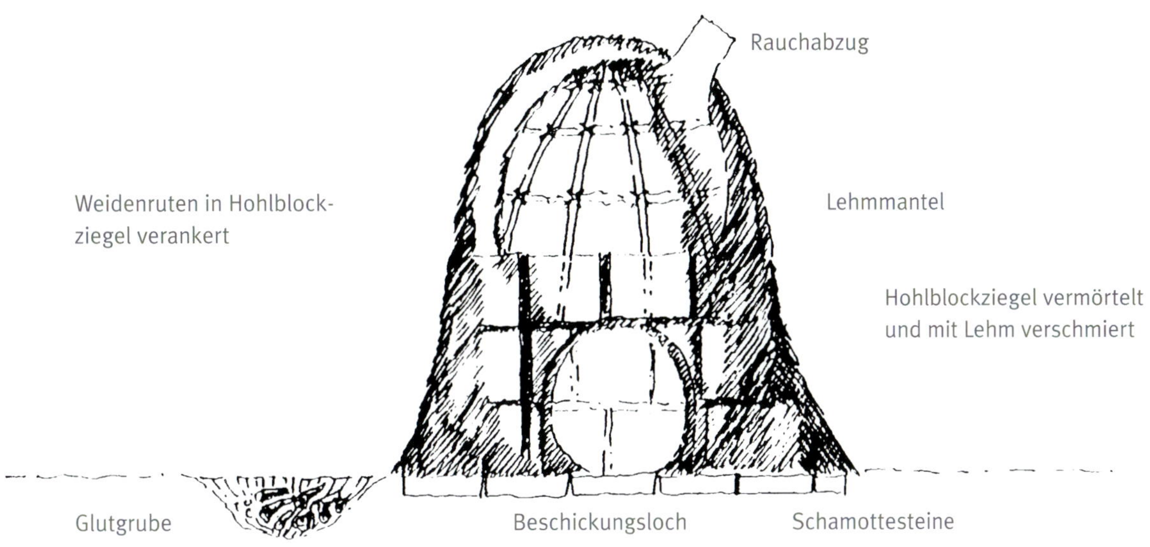

Nutzung

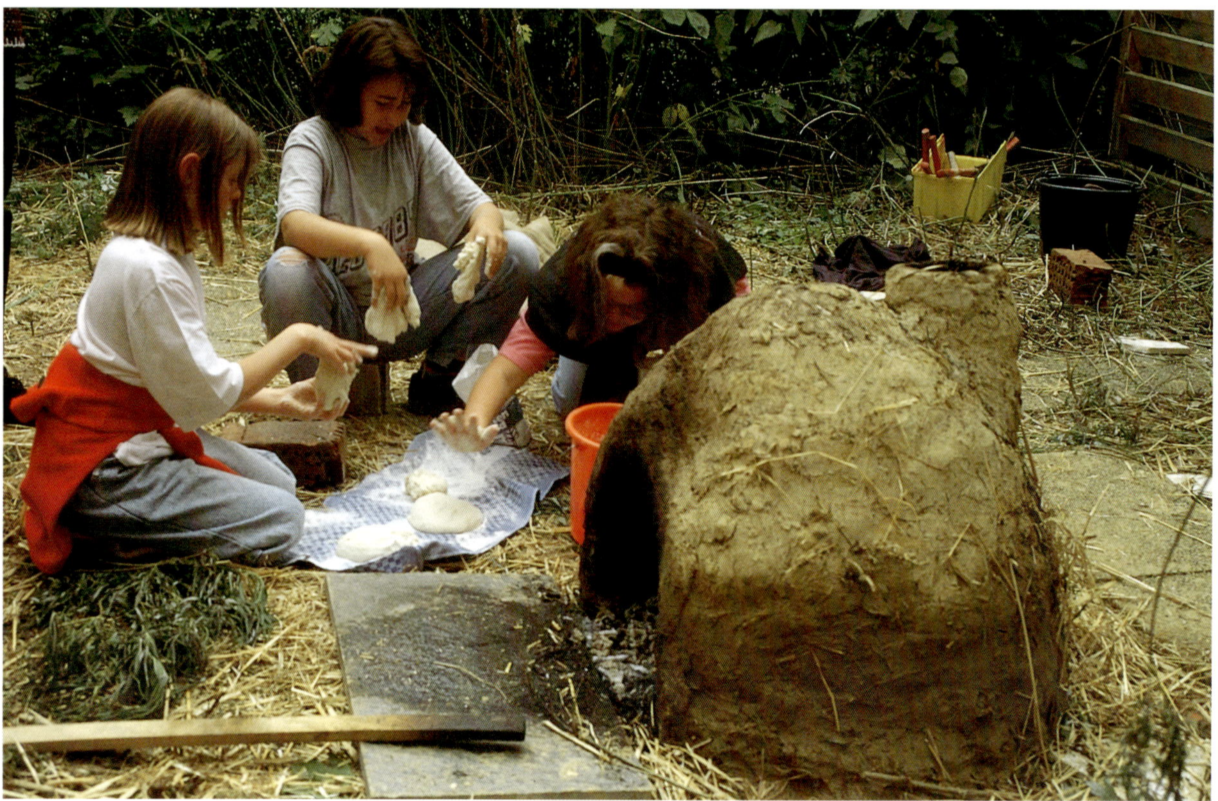

Neben der Lust am Zündeln und den eher zufälligen Brennexperimenten eignet sich der dickbauchige Kuppelofen vor allem für Backaktivitäten. Dieser Grundofen entstand aus einer langen bäuerlichen Tradition und wurde in seiner archetypischen Form bereits von den Menschen der Jungsteinzeit zum Brotbacken genutzt. Da wir in diesen Öfen direkt auf der Bodenplatte backen, ist es sinnvoll, hierfür Schamottesteine zu verwenden, um genügend Backtemperatur zu speichern.

Wir können mit den ersten Backversuchen beginnen, sobald unser Ofen gut ausgetrockenet ist. Dies ist an der hellen Färbung der Außenwand zu erkennen. Der Lehmofen darf beim Brotbacken nicht mehr »schwitzen«, d.h., aus dem Lehm muss die gesamte Feuchtigkeit entwichen sein.

Backen ist kinderleicht

Bevor wir das Brot oder die Fladen in den Ofen »einschießen«, muss zunächst eine Stunde vorgeheizt werden. Hierbei verwenden wir nur trockenes Holz. Die Lehmwände und die Bodenplatte aus Schamotte müssen genügend Temperatur speichern, da wir während des Backens nicht nachfeuern. In dieser Phase steigt die Temperatur im Ofen auf ca. 350° C. Die glühende Holzkohle wird danach mit einem nassen Reisigbesen herausgekehrt und zur Seite geschoben.

Um diesen Arbeitsgang zu erleichtern, hat sich vor dem Ofen eine kleine Glutgrube für die Asche und Holzkohle bewährt. Das Brot wird bei ca. 250° C in den Ofen geschoben. Eine leicht selbst zu bauende Backschaufel erleichtert diese Arbeit. Der Ofeneingang muss nun mit einer nassen Holzplatte oder Ziegelsteinen verschlossen werden, um zu verhindern, dass die Backtemperatur zu schnell abfällt. Die Fugen dichten wir mit Lehm ab. Die Kaminöffnung verschließen wir mit einem Stein. Je nach Backrezept wird der Ofen nach 20 bis 45 Minuten geöffnet.

Vor allem bei den ersten Backversuchen sind die Ergebnisse recht unterschiedlich, der Ofen wird aber mit zunehmender Erfahrung immer gebrauchsfähiger. Anfangs bieten sich daher dünne Fladenbrote aus Weißmehl an.

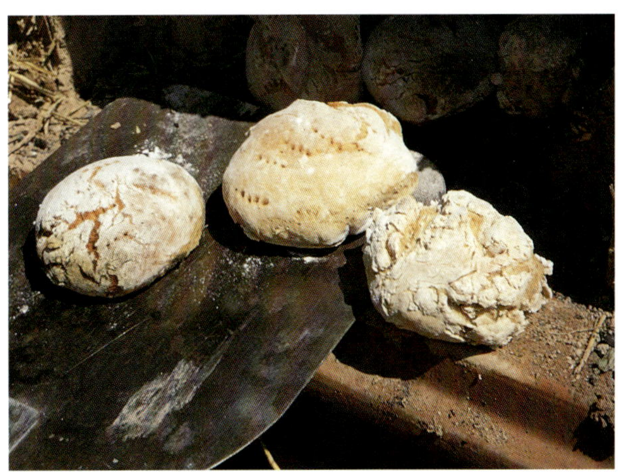

Unser Lieblingsrezept:

Alpenländer Fladenbrot

650 Gramm Weizenmehl, Type 405
350 Gramm Roggenmehl, fein
150 Gramm Natursauerteig, flüssig
20 Gramm Hefe
0,6 Liter Wasser
1 Teelöffel Honig
1 Esslöffel Salz
Koriander, Kardamom, Kümmel in Pulverform nach Lust und Laune (auch Fenchel und Anis passen)

Mehlsorten mischen, Salz auf den Mehlrand, Hefe hineinbröckeln, mit Honig und etwas Wasser verrühren, 20 Minuten gehen lassen. Sauerteig mit Wasser verrühren, Gewürze hinzufügen und alles zu einem, nicht zu festen, Teig kneten. Mit einem Tuch abdecken. Den Teig ca 1,5 Stunden gehen lassen und nochmals gut durchkneten. Eventuell etwas Weizenmehl beigeben, bis der Teig nicht mehr klebt.

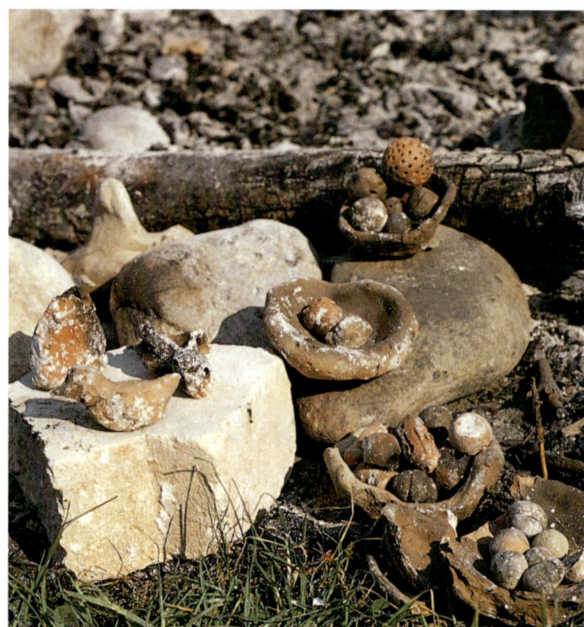

Nochmals 2 Stunden gehen lassen und kurz zusammenkneten. Dann weitere 30 Minuten gehen lassen. Dem Teig können dann noch Speckwürfel beigemischt werden.

Hieraus kleine, flache Küchlein formen, einritzen und mit etwas Wasser bepinseln. Die Brotfladen benötigen im Lehmofen 10 bis 15 Minuten Backzeiten. Der feine Brotgeruch verrät, wann die Fladen fertig gebacken sind.

Erste Brennversuche mit Ton

Neben dem Brotbacken eignen sich die Kuppelöfen auch, um primitives Tongut und kleine Schmuckperlen darin zu brennen.

Da die Brenntemperatur nicht kontrollierbar ist, sind die Ergebnisse sehr unterschiedlich, was den Reiz dieser Aktion aber nicht mindert.

Als Töpfermaterial eignet sich vor allem grober Ton, dem wir viel Sand oder Schamotte beimengen. Erfahrungsgemäß reduziert der Sand die Rissbildung. Zudem verhindert die offenporige Oberflächenstruktur, dass der Ton beim Brand später schuppenartig abplatzt. Aus diesem Grund sollte beim primitiven Töpfern immer darauf geachtet werden, dass die Werkstücke nicht zu glatt verstrichen sind.

Nach einer mehrtägigen Vortrockenzeit sollten wir das Brenngut vor dem eigentlichen Brand am offenen Lagerfeuer vorsichtig von allen Seiten anwärmen. Währenddessen heizen wir den Kuppelofen maximal auf. Hierfür eignet sich Eichen- oder Buchenholz ganz besonders.

Im günstigsten Fall erreichen die Temperaturen im Ofeninnern kurzfristig einen Brennwert von 600° C, was für primitive Töpferware völlig ausreicht.

Die vorgewärmten Stücke werden mit einer langen Ofenzange direkt in die Glut gelegt. Anschließend verschließen wir das Ofenloch mit lehmverschmierten Hohlziegeln, nur die Kaminöffnung bleibt frei, damit das Feuer nicht zu kokeln beginnt. Sobald die Glut verloschen ist, schließen wir auch die Kaminöffnung. Die Töpferware bleibt über Nacht im ungeöffneten Ofen, um allmählich auszukühlen.

Tipp:
Manchmal gelingen auch das Brennen feuchte Werkstücke. Diese müssen aber sofort gebrannt werden, sollten einen hohen Anteil an Sand enthalten und dürfen nicht zu dickwandig sein.

Weiterführende Ideen

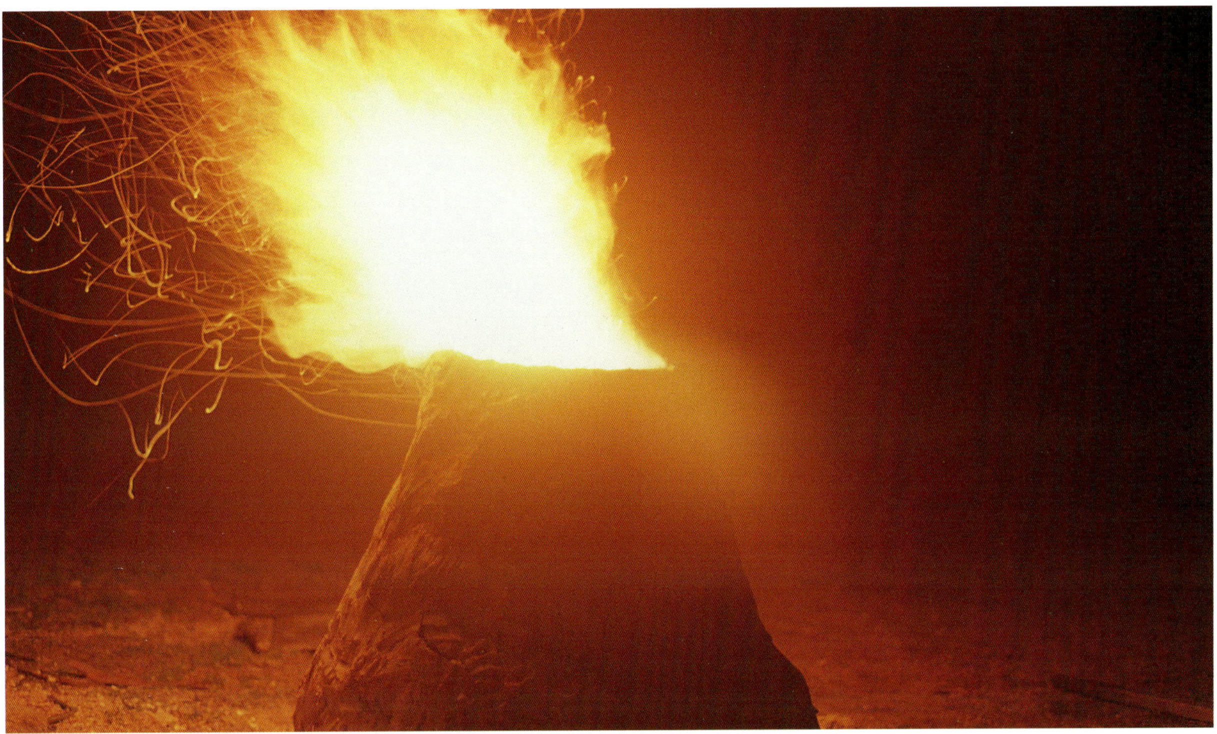

Vulkanöfen

Diese interessante Variante des Kuppelofens eignet sich besonders zum Brennen primitiver Töpferware. Durch seine schornsteinförmige Bauweise werden kurzfristig bis zu 800° C erreicht, wodurch sogar einfache Glasurbrände möglich sind.

Der Grundriss beträgt ca. ein Meter im Durchmesser, wobei sich der Ofen bis zu einer Gesamthöhe von 1,1 m nach oben hin allmählich verjüngt. Ähnlich dem Kuppelofen beginnen wir ebenerdig im unteren Teil mit einem Kranz aus Hohlziegeln, die in drei Lagen übereinander mit dem bekannten Stroh-Lehmgemisch aufgemauert werden. Hierbei sind in Bodenhöhe vier

Zugöffnungen auszusparen. Mit einem Durchmesser von 7 cm zeigen die kleinen Öffnungen in alle vier Himmelsrichtungen, damit mit ihnen später die Luftzufuhr reguliert werden kann.

Die biegsamen Ruten verankern wir in den Hohlziegeln, um sie dann tipiförmig zu einem stabilen Gerüst zusammenzubinden.

Das Lehm-Strohgemisch wird zu handtellergroßen Fladen geformt und auf das Gerüst geschmiert. Wir ummanteln die Ruten von beiden Seiten, die Wandstärke beträgt ca. 10 cm. Im oberen Teil schneiden wir dann die Ruten ab und erhalten so eine Kaminöffnung mit einem Durchmesser von 40 cm.

Auch diese Ofenkonstruktion kann sofort nach dem Bauen trockengeheizt werden, wobei die Temperatur langsam zu erhöhen ist. Zieht der Ofen nicht genügend, müssen wir ihn weiter aufstocken. Mit Hilfe eines Blasrohres können wir durch die vier Luftlöcher dem Feuer zusätzlichen Sauerstoff zuführen.

Eventuell auftretende Risse werden sofort mit Lehm dick zugeschmiert. Sobald der Ofen durchgetrocknet ist, sind die ersten Brennversuche möglich.

Erste Brennversuche im Vulkanofen

Um unsere Töpferware zu brennen, benutzen wir für den Vulkanofen Sägemehl. Zunächst heizen wir den Ofen gut ein. Auf die Glut schütten wir dann das Sägemehl. Vorsicht! Hierbei kann es zu Stichflammen kommen. Wir füllen den Ofen zu zwei Dritteln mit dem Sägemehl und bohren mit einem dicken Stecken von oben mehrere Luftlöcher in das Sägemehl. Hierauf legen wir die gut durchgetrocknete Töpferware, die zuvor am Lagerfeuer vorsichtig angewärmt wurde.

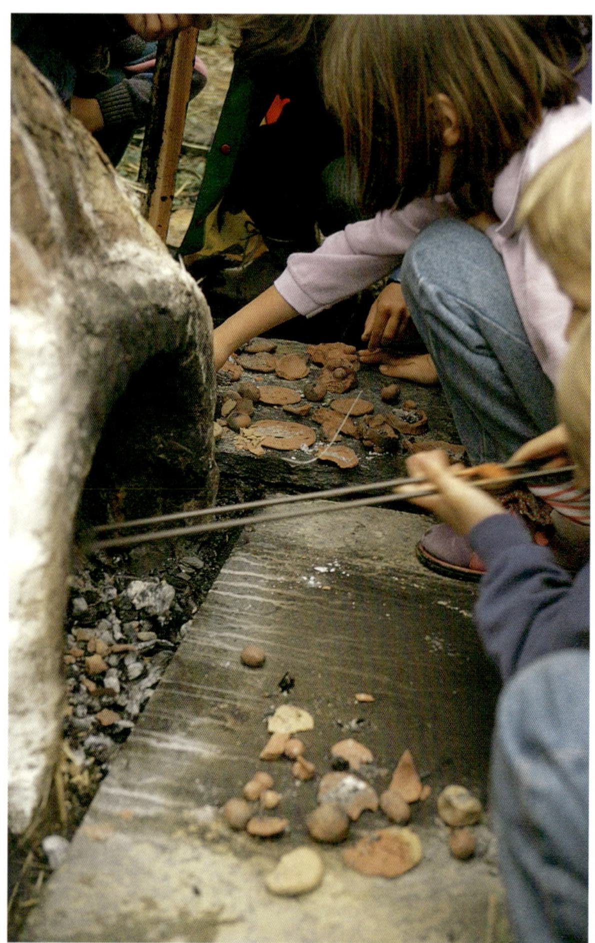

Das Sägemehl wird allmählich von unten her durchglimmen, und unser Brenngut sinkt langsam zu Boden, wobei die Temperatur im Ofen stetig ansteigt. Dieser Vorgang wird je nach Füllmenge 1 bis 2 Stunden dauern, danach fängt das Sägemehl explosionsartig Feuer, und ähnlich einem Vulkan schlagen für einige Minuten hohe Flammen aus der Kaminöffnung.

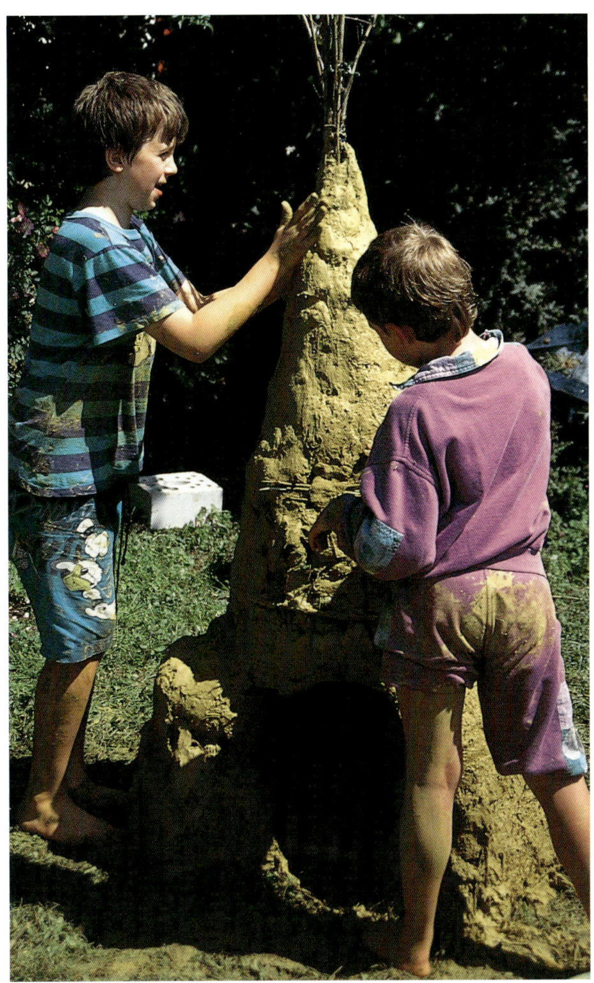

Bei genügendem Sicherheitsabstand ist dieses imposante Schauspiel völlig gefahrlos. Der eigentliche Brennvorgang findet in dieser kurzen Phase statt, und die Temperatur erreicht bis zu 800° C.

Die Töpferware bleibt bis zum nächsten Morgen im Ofen, um allmählich abzukühlen.

Auch bei diesem Brennverfahren wird der Zufall die Ergebnisse entscheidend beeinflussen. Die Temperaturregelung ist kaum möglich, mit etwas Erfahrung und Fingerspitzengefühl kann aber viel ausgeglichen werden.

Die Farbe der gebrannten Werkstücke reicht von einem rötlichen Ton über Ocker mit grauen Einschlüssen bis hin zu tiefem Schwarz. Je höher die Temperaturen sind und je reiner der Sauerstoff verbrennt, desto klarer tritt das Rot oder Braun hervor. Liegt das Brenngut in der heißen Asche, kann sich ein weißlicher oder sogar bläulicher Schimmer bilden, kompletter Sauerstoffentzug führt zu Schwarzbrand. Der Schwarzbrand kann künstlich erzeugt werden, indem zum Schluss auf die letzte Glut und die gebrannte Tonware dick Erde aufgehäufelt wird. Die überraschenden Farbspielereien sind nie einheitlich und verlangen etwas Glück.

Einfache Glasurexperimente

Die meisten im Handel erhältlichen Glasuren sind für diese Art des Töpferns unbrauchbar, da wir hierfür Temperaturen über 900° C benötigen. Um gezielte Farbeffekte zu erzielen, können wir auf unsere Werkstücke allerdings trocken etwas Borax aufreiben, wodurch wir nach dem Brand seidigen Glanz erhalten. Borax ist ein ungiftiges Alkalisalz und wird beim Töpfern für die Glasuren als Flussmittel verwendet. Je nach Lust und Experimentierlaune können wir weißgebrannte Asche, Engoben oder Exyde beimischen. Mit Graphitstaub oder Talkumpulver lassen sich ebenfalls interessante Effekte erzielen.

Ofenlandschaft

Mit etwas Erfahrung lassen sich die beschriebenen Öfen an einem Tag bauen. Oft sind es mehrere Lehmöfen, die gleichzeitig entstehen und schon während des Bauens bespielt werden. Kein Ofen gleicht dem anderen, und der Zollstock ist hier fehl am Platz. Das Arbeiten mit Lehm oder Ton ist immer mit einer gewissen Großzügigkeit verbunden, und das spüren alle Akteure. Spätestens dann, wenn am Feuer die ersten zündenden Ideen ausgetauscht werden.

Der gemeinschaftliche Ofenbau kann ein erstes Zeichen sein, um unbelebtes Gelände zu erobern. Folgen wir den Spuren, so wird sich an diesen Orten eine

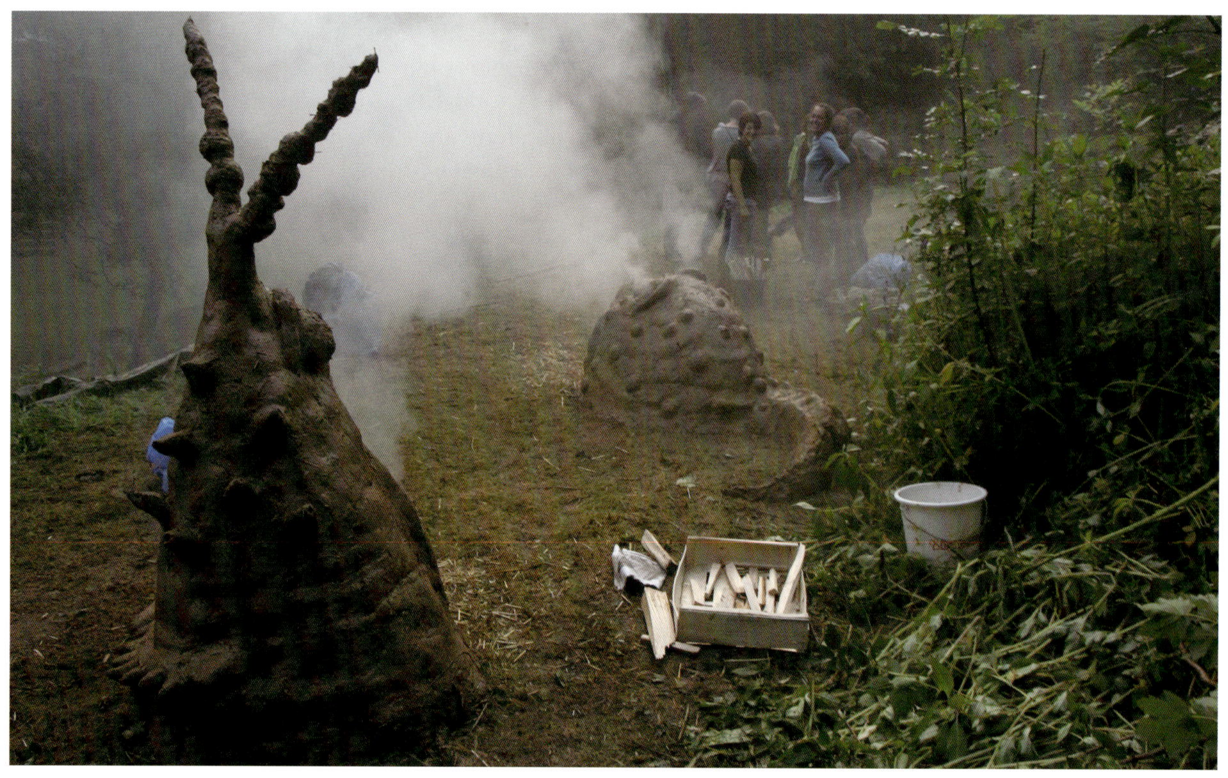

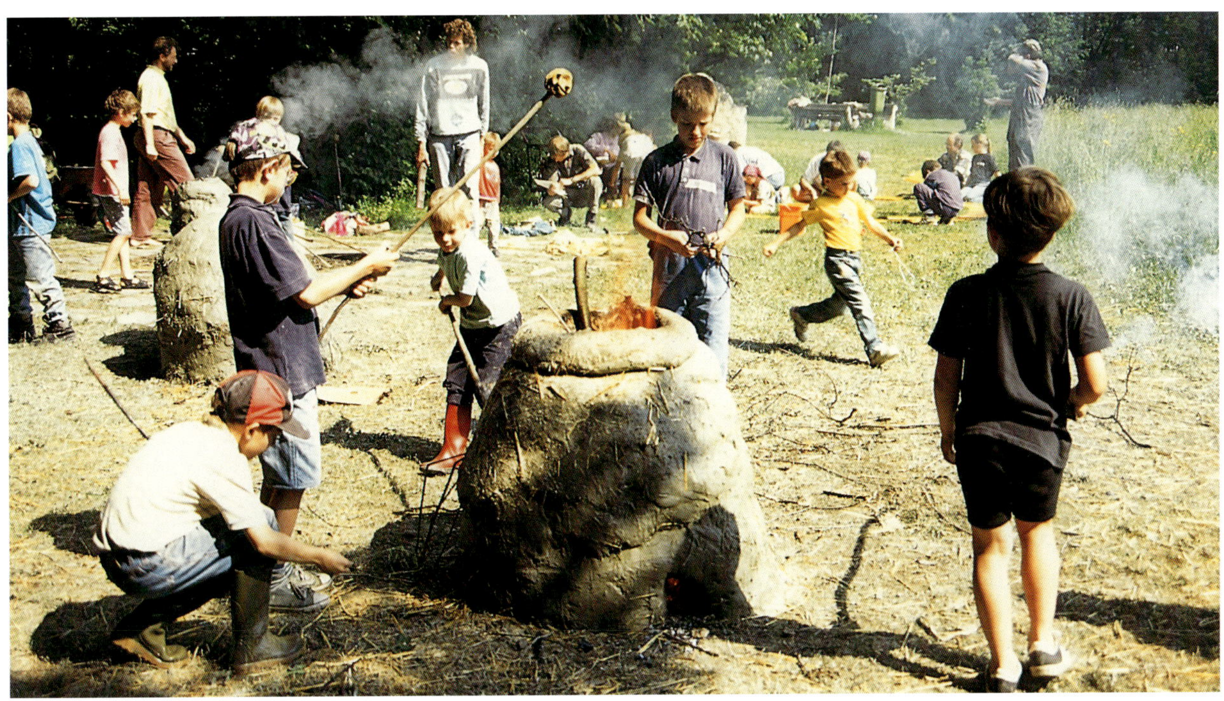

Welt auftun, die Wildnis nicht ausgrenzt. Vielleicht ist es der Aktionstag einer Stadtteilinitiative, der ein erstes Zeichen setzt, oder ein Samstag im Kindergarten, wo sich Väter mit ihren Kindern einfinden, um an diesem besonderen Tag manche Gemeinsamkeiten zu entdecken.

Die Erfahrung zeigt, dass es vor allem die Mädchen sind, die bei diesen Bauaktivitäten Ausdauer und Ideen entwickeln. Vielleicht hängt es damit zusammen, dass es in früheren Zeiten immer die Frauen waren, denen der Schutz und Unterhalt des Feuers übertragen wurde. In manchen Kulturen sind die Frauen noch heute für den Ofenbau zuständig und zählen möglicherweise zu den Erfinderinnen der ersten Kuppelöfen. Der Ofen und das Haus werden in einem Atemzug genannt. Heim und Herd ist uns sprachlich noch immer geläufig, und das Wort Heimat kennzeichnet ursprünglich den Ort, »wo man sich niederlässt und sein Lager aufschlägt«.

Vom Bau eines Ofens zum Bau der dazugehörigen Hütten ist schnell ein Bogen zu spannen. Kinder verbinden in ihren Spielen häufig das Thema Wohnen mit Kochen und Lagerfeuer.

Im nächsten Abschnitt berichten wir über die Welt der Flechtbauwerke und beschreiben, wie aus »dem Haus für das Feuer« ein Haus für die Menschen entsteht.

Kuppelbauten, Flechtzäune und Laubengänge

Kuppelbauten, Flechtzäune und Laubengänge aus Haselnuss und Weide belegen eindrucksvoll, wie sich innerhalb der Architektur Altes mit Neuem verbindet.

Hier erobern die neuzeitlichen Pioniere des Bauhandwerkes unbelebte Orte und hinterlassen geflochtene Spuren, die an archaische Hausformen und Einfriedungen erinnern. Diese naive Form des Bauens basiert ausschließlich auf Materialien, welche uns die Natur liefert und die sonst gedankenlos in der Häckselmaschine enden würden. Insofern sind die Flechtkonstruktionen auch eine konsequente Antwort auf unsere Überflussgesellschaft und den fortschreitenden Raubbau an der Natur.

So wachsen Orte, die in ihrer stillen Anziehungskraft zeitlos und fast magisch wirken. Orte, die bei Sonnenschein ein geheimnisvolles Schattenmuster auf dem Erdboden hinterlassen und sich an Regentagen in eine lichte Tropfsteinhöhle verwandeln.

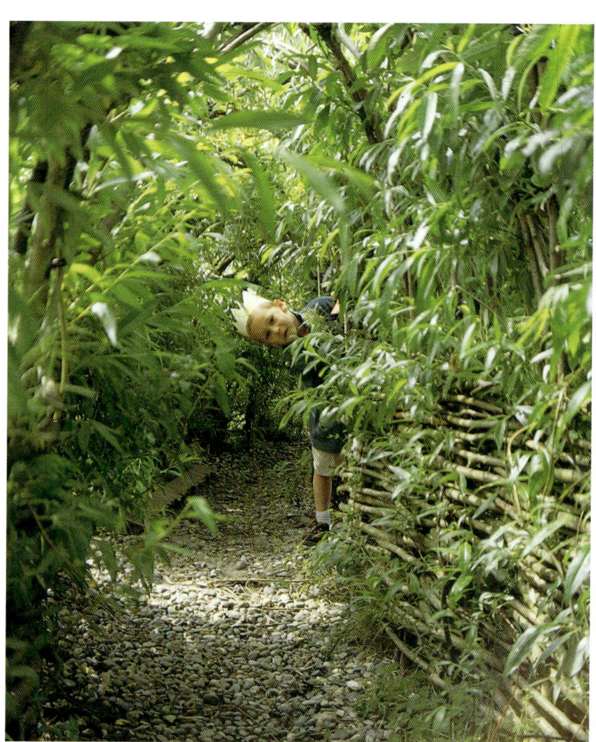

Trotz der oftmals langwierigen Wachstumsphase von Bodenvegetation und Baumbestand bei Neuanlagen lassen sich auch schnell schattige und sichtgeschützte Zonen schaffen, zum Beispiel mit Flechwerken aus Weide.

Über das gemeinsame Flechten werden zudem belebende Formen der Zusammenarbeit und Kommunikation entdeckt. Nachbarschaft, Eltern, Großeltern, Geschwister, Kind und Kegel lassen sich am Bau-Happening beteiligen und hinterlassen ein Gesamtkunstwerk besonderer Natur.

Vielleicht ein kleines Indiz dafür, wie neue Bauformen auch soziale Fantasien freisetzen können und somit zu einer veränderten (Be-)Nutzungsmentalität beitragen.

Weiden sind lebendig

Schon von alters her prägen Weiden das Bild unserer Landschaft. Über 300 Arten gibt es heute in unseren Breitengraden, von denen etwa 33 heimische Wildweiden sind.

Die Verbindung unserer Kultur mit der Weide hat eine lange Tradition. In der Antike wurde die Weide als Symbol der Göttin Demeter verehrt, der Göttin des Wachstum und der Fruchtbarkeit.

Da die Weide nicht auf ihre Samen warten muss und sogar ihr absterbender Körper Nährboden für eine neue Pflanze sein kann, sahen die Menschen in ihr ein Zeichen der unbändigen Kraft der Göttin.

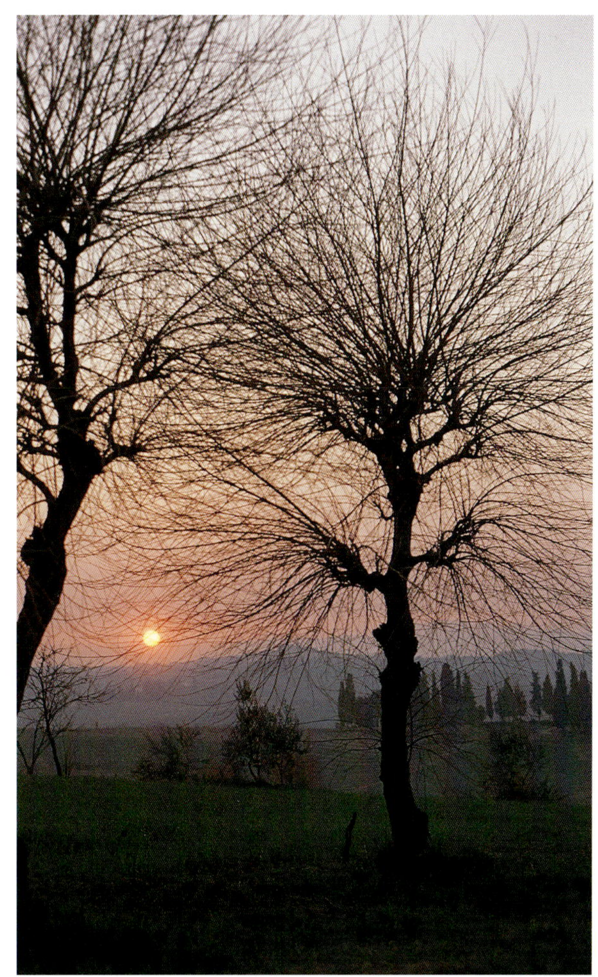

In früheren Zeiten zählte die Weide zu den Mondbäumen, weil sie durch das Entstehen und Absterben als Sinnbild für den Kreislauf des Lebens stand. Bei den Kelten hatten die Druiden die Weide als 5. Baum in ihr Baumalphabet aufgenommen. Zur Zeit der Weidenblüte feierten die Druiden das Fest der Wiedergeburt der Natur. Damals wurden schon Weidenzweige in den Boden gesteckt, um die Fruchtbarkeit der Felder zu erhöhen. Die vielfältigen, teilweise auch skurrilen Formen vor allem der Kopfweide führten dazu, dass die Weide im Mittelalter zu den Hexenbäumen zählte. Den Erzählungen nach wurden aus den frischen Ruten der Weidenbäume die Zauberbesen angefertigt, mit denen die Hexen durch die Lüfte ritten. Besonders die Trauerweide wird sogar noch in

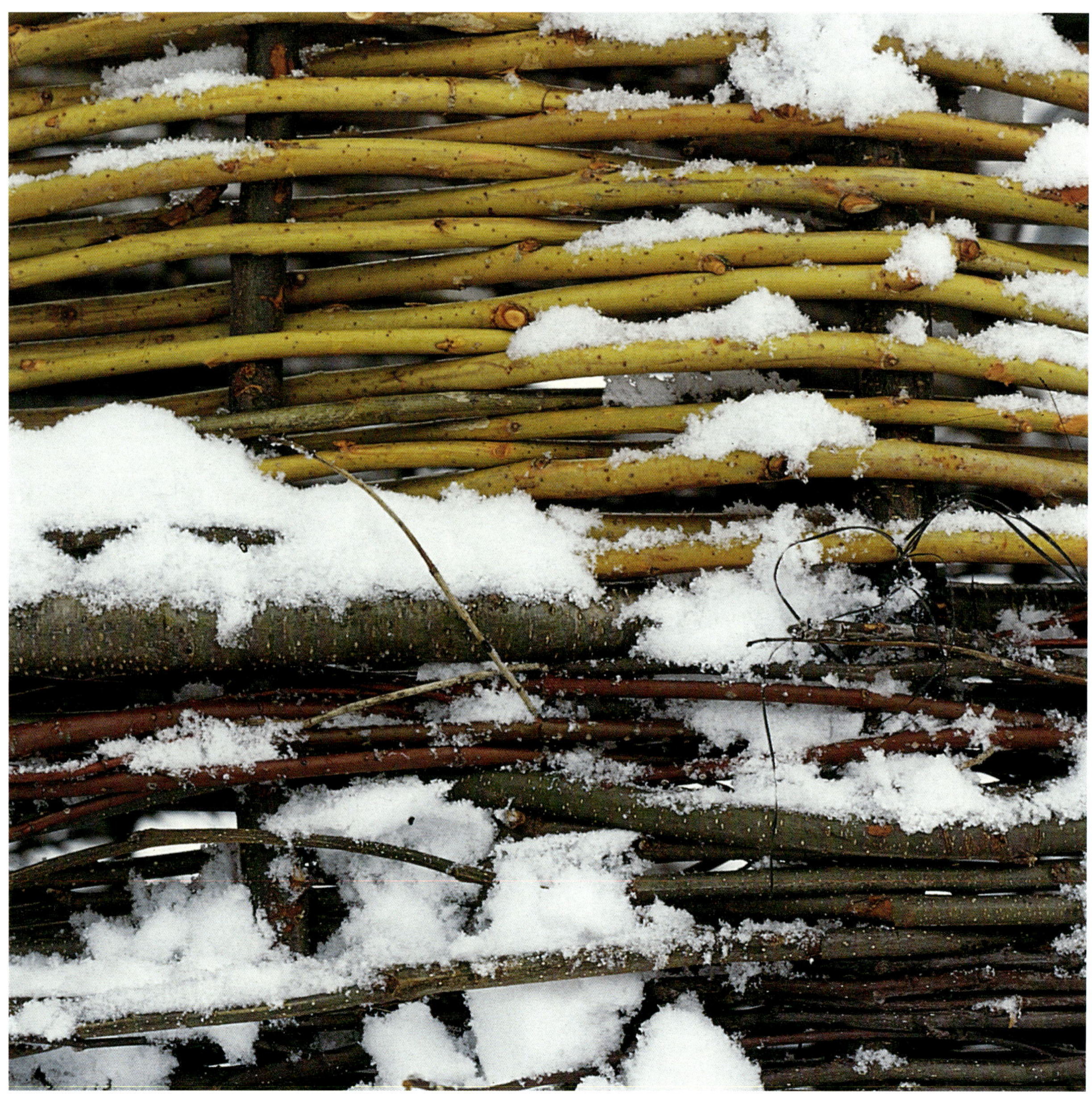

heutigen Kindergeschichten als Mutter Weide assoziiert.

Die hohlen Stämme dienten, glaubt man anderen Geschichten, den Baumfeen als Wohnstatt. In christlicher Zeit wurden die blühenden Weidenzweige als Palmzweige benutzt; sie werden noch heute am Palmsonntag geweiht.

In ländlichen Gegenden galt die Weide als heilkräftiger Baum, der Unheil und Krankheit in sich aufnehmen konnte. Nicht selten wurden Krankheiten in die hohlen Baumstämme verbannt.

Die Rinde von Bruch- und Silberweiden wurde als Rheuma- und Gichtmittel verwendet; bis zur Entdeckung des Aspirins galt die Weidenrinde als kopfschmerzstillendes Mittel.

Als Heilmittel findet die Rinde der Weide, die am besten im Frühjahr gesammelt wird, noch heute als fiebersenkendes Mittel Verwendung.

Bereits früh wurde die Weide auch als Nutzpflanze geschätzt, obwohl ihr Stamm als Nutzholz wenig gefragt ist. In den Lehmwänden der alten Fachwerkhäuser findet man oft ein Rohgerüst aus Weiden; aus den biegsamen Ruten lassen sich Körbe flechten, und noch heute binden viele Winzer die jungen Triebe der Weinreben mit den dünnen Weidenruten. Selbst die so genannte Samenwolle wurde zum Stopfen und Füllen von Kissen und Polstern benutzt. Die frischen Triebe dienten vielen Haustieren nach den Entbehrungen eines langen Winters als einer der ersten Nährstofflieferanten.

Die Weide ist zudem auch Heimat für ca. 260 verschiedene Insektenarten und zählt für die Bienen zu den ersten und wichtigsten Nahrungsquellen.

Im Zuge unserer Renaturalisierungsmaßnahmen gewinnt die Weide heute wieder zunehmend an Bedeutung. Sie wird als Flechtwerk für die Befestigung von Uferböschungen benutzt, selbst als natürlicher Lärmschutz an Autobahnen und Schnellstraßen ist sie zu beobachten.

Die Weide gilt als Überlebenskünstlerin und ist in ihrem Erscheinungsbild sehr verwandlungsfähig.

Von Natur aus liebt sie feuchte Standorte und ist deshalb häufig an Bachläufen und sumpfigen Gebieten anzutreffen. Doch selbst an kargen und trockenen Hängen ist sie zu finden. Als Pionierpflanze erschließt, entwässert und befestigt sie auch die Böden.

Weiden sind zweihäusige Gehölze; dabei sitzen die männlichen und weiblichen Blüten auf verschiedenen Bäumen. Die Silberweide zählt bei uns zu den am häufigsten gepflanzten Weidenarten und kann als größte heimische Art bis zu 30 Meter hoch werden. Bei den knorrigen Kopfweiden handelt es sich meist um geköpfte Silberweiden. Trauerweiden sind auf Plätzen oder in Gärten immer wieder anzutreffen, während die so genannten Bruch- oder Knackweiden, die bei der kleinsten Berührung brechen, sich vor allem an Bachläufen zu mächtigen Bäumen entwickeln können. Die Salweide ist ob ihrer schönen Kätzchenblüten bekannt, kommt aber wie die Bruchweide für Naturhausbauten nicht in Betracht.

Materialkunde

Die Weide ist als eine sehr robuste, schnell anwachsende und gut austreibende heimische Pflanze bekannt und daher fast überall zu finden. Durch ihre Verwandlungsfähigkeit haben sich viele Arten entwickelt, die den unterschiedlichsten Bedingungen gewachsen sind. Um andere, langsam wachsende Vegetation nicht zu verdrängen, muss die Weide immer wieder zurückgeschnitten werden. Somit erhält das Schnittgut in diesen Naturbauwerken eine neue Verwendung. Doch nicht alle Arten eignen sich für Naturbauten.

Welches Material eignet sich?

Die von uns am häufigsten benutzten und unseres Erachtens am besten geeigneten Arten sind die Silber- und die Kopfweiden. Sie besitzen eine gute vegetative Vermehrbarkeit, haben – wenn sie regelmäßig zurückgeschnitten wurden – gerade und unverzweigte Ruten, die sich optimal für das Bauen eignen.

Aus natürlichen Beständen oder älteren Kulturpflanzungen werden die Weiden komplett bis zum Stamm zurückgeschnitten, um die Weidenruten zu erhalten. Die zwei bis drei Meter langen Ruten, die etwa zwei bis sechs Zentimeter stark sein können, eignen sich für die Bauten am besten. Alle anderen Ruten werden zur Stecklingsherstellung oder für Flechtarbeiten genutzt. Um immer neue Züchtungen und Kreuzungen zu vermeiden, ist zu beachten, dass heimische Weiden aus ortsnahen und ökologisch gleichartigen Beständen verwendet werden.

Wann kann geschnitten werden?

Die günstigste Zeit für die Gewinnung ausschlagfähiger Ruten und Stecklinge ist die Vegetationsruhephase (zwischen Laubfall und Austrieb, etwa Ende Oktober oder Anfang März). Nur in dieser Zeit sollte auch aus ökologischen Gründen geschnitten werden.

Frisch geschnittene Weiden sollten nicht in der prallen Sonne gelagert werden, schattige und windgeschützte Plätze sind vorzuziehen. Zum Schutz vor dem Austrocknen können die Ruten mit organischem Material, wie zum Beispiel Stroh, Laub, Gras oder Erde, abgedeckt werden.

Grundsätzlich gilt für alle Bauvorhaben: Je frischer das Material, desto besser die Verarbeitung, das Anwurzeln und die Vermehrbarkeit.

Wie viel Material wird benötigt?

Die benötigte Menge wird in der Regel weit unterschätzt. Um gut und ohne Kompromisse bauen zu können, sollte aber genügend Material vorhanden sein. Die Menge richtet sich nach der Größe der Bauwerke, ob Flechtarbeiten nötig werden, ob Anbauten

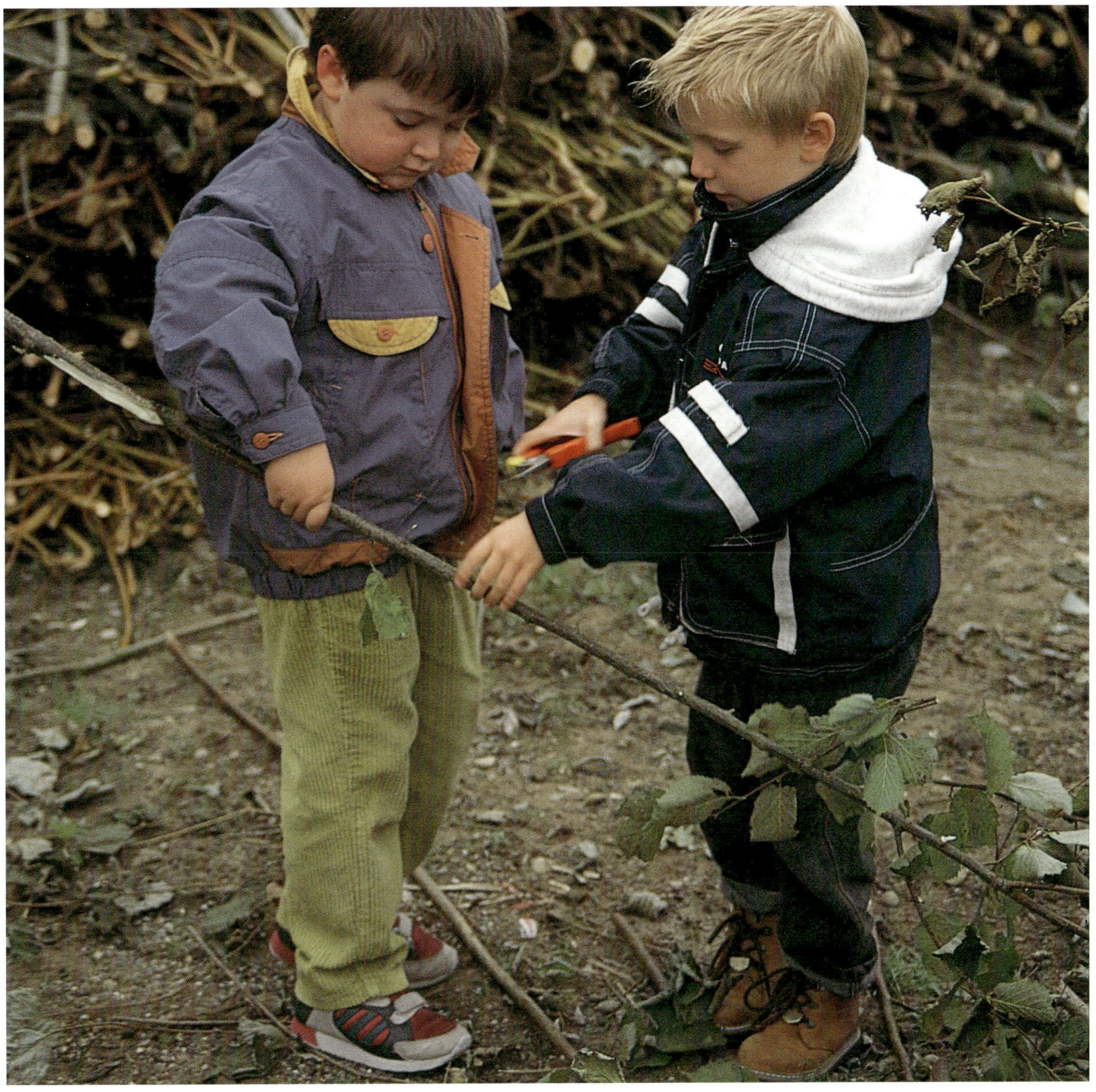

geplant sind usw. Sie ist deshalb nicht pauschal zu benennen. Manchmal muss daher ein Lastwagen für den Transport besorgt werden; da die Entsorgung unkompliziert ist, sind Übermengen unproblematisch. Bei vielen Bauaktionen hat es sich bewährt, Schnittplätze zu sichern, um eventuell am Bautag zusätzliches Material nachschneiden zu können.

Woher kann das Material bezogen werden?

Da die Weide bei uns traditionell weit verbreitet ist, bietet es sich an, zuerst alle am Bau Beteiligten nach Schnittgut zu fragen. Erfahrungsgemäß reicht diese Menge aber nicht aus, sodass auch andere Bezugsquellen notwendig sind. Landwirte, Landschaftsgärtner, Gartenämter, Förstereien und Schnittgutannahmestellen können gefragt werden, ob über sie frisch geschnittene Weiden besorgt werden können.

Wann kann gebaut werden?

Die Bauzeiten sind eng an die Schnittzeiten gekoppelt. Deshalb sind die bevorzugten Baumonate März, April, Oktober und November. Dabei ist wichtig, dass die frischgeschnittenen Materialien, wenn sie nicht gleich verbaut werden können, sachgerecht gelagert sind. Bauwerke, die im Herbst entstehen, haben den Vorteil, dass die Stecklinge über den Winter ruhen können und im folgenden Frühjahr meist umso intensiver austreiben.

Wie bekommt man Stecklinge?

Unter den Begriff Stecklinge fallen all die Weidenruten, die in die Erde gesteckt werden und später austreiben sollen.

Ein- oder mehrjährige Weidenruten werden von Ende Oktober bis Ende Februar geschnitten. Dabei ist darauf zu achten, dass bei diesen Stecklingen die Seitentriebe gekappt werden. Um die Triebfähigkeit der Stecklinge beurteilen zu können, wird die Rute schräg angeschnitten. Wenn das Gewebe in der Mitte des Anschnittes nicht dunkel oder gar schwarz gefärbt ist, kann die Weidenrute verwendet werden. Bei den mehrjährigen Stecklingen sind auf der Rinde die so genannten »schlafenden Augen« zu finden. Sobald der Saftstrom einsetzt, werden die »Augen« aktiviert und treiben an diesen Stellen aus. Sind bereits Knospen sichtbar, sollte bei der Stecklingsgewinnung der Schnitt so gesetzt werden, dass der Steckling unten mit einer Knospe beginnt und oben mit einer Knospe endet. Die Stecklinge sollten nicht angespitzt oder an der Rinde beschädigt werden. Je nach Länge und Stärke der Stecklinge beträgt die Pflanztiefe zwischen 20 und 60 Zentimeter.

Die Stecklinge werden in Setzlöcher oder bei starker Bodenverdichtung in Pflanzgräben gesetzt, wobei auf einen guten Erdkontakt der Stecklinge geachtet werden sollte. Ein sattes Auffüllen mit Erde oder Sand ist unbedingt notwendig. Nach Beendigung der Bauarbeiten sichert das Einschlämmen mit Wasser den Erdkontakt. Grundsätzlich gilt, dass das Bewurzelungsvermögen vom Stecklingsvolumen abhängt. Längere und stärkere Stecklinge besitzen bessere Startbedingungen und wachsen in den folgenden Jahren schneller.

Wachstum und Pflege

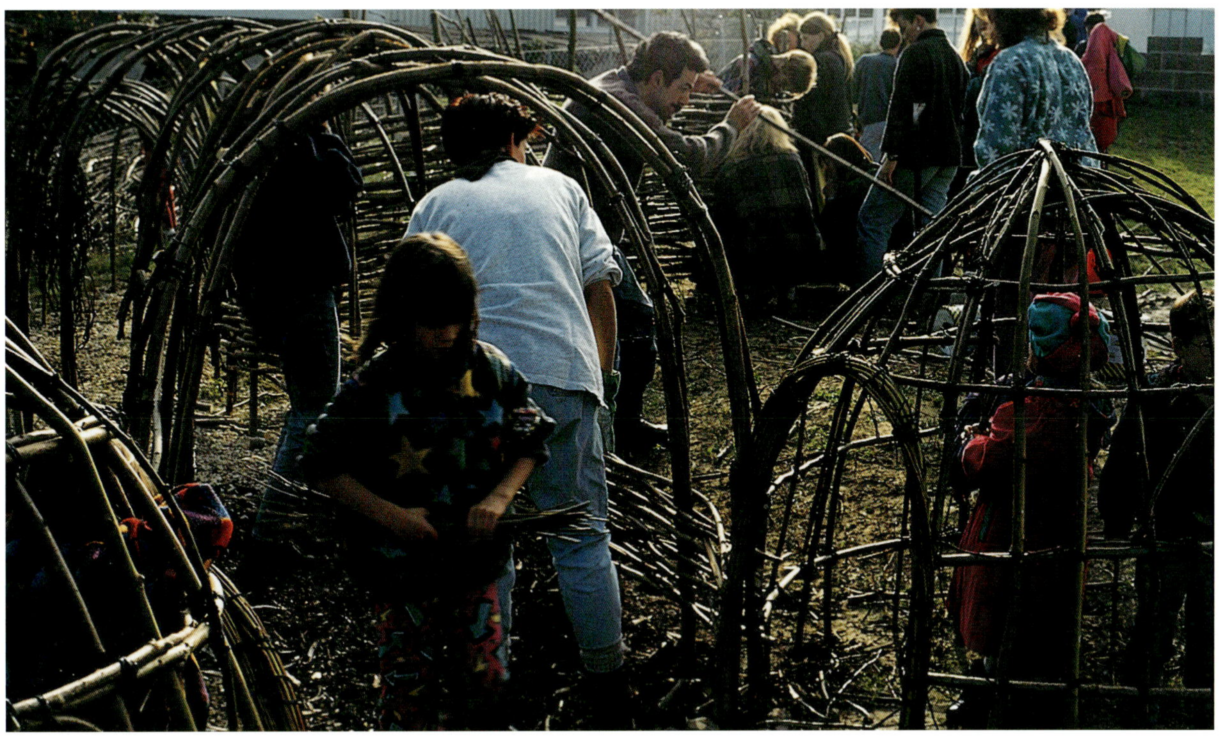

Gerade in der Wachstumsphase müssen die Stecklinge ausreichend, oftmals täglich bewässert werden. Dies gilt vor allem für die Sommer- und Ferienmonate. Darüber sollte man sich vor dem Bau im Klaren sein und dementsprechend die Pflege planen und sichern. Wenn im Frühjahr gebaut wird, ist damit zu rechnen, dass im Frühsommer die ersten Austriebe zu beobachten sind. Diese sind allerdings noch keine Gewähr, dass die Weide auch tatsächlich angewachsen ist, denn es kann sich hierbei noch um Safttriebe handeln.

Endgültige Klarheit über die Überlebensfähigkeit schafft erst das darauf folgende Jahr. Im Herbst gepflanzte Stecklinge treiben im Folgejahr kräftiger aus.

Unsere Erfahrung zeigt, dass folgende Faktoren entscheidend sind:

- Hat die Pflanze ausreichend Erdkontakt?
- Wurde auf die Pflanztiefe geachtet?
- Wurde regelmäßig und ausreichend bewässert?
- Haben die Pflanzen genügend Licht?
- Wurde frisch geschnittenes, unbeschädigtes Material verwendet?
- Wurde auf die Bodenqualität geachtet?

Sobald die Weiden austreiben, sollte man nicht vergessen, sich mit den Kindern erst einmal ausgiebig zu freuen. Dieser Augenblick wurde meist von allen herbeigesehnt und verdient besondere Beachtung.

Bei entsprechender Länge werden dann die Weiden vorsichtig eingeflochten, um das Gerüst zu stärken und eine Ausdünnung zu verhindern.

Frische Triebe sollten regelmäßig hochgebunden werden, damit sie nicht beschädigt werden. Da die Weide immer der Sonne entgegen ausschlägt, begleitet uns diese Arbeit in den nächsten Jahren ständig. Am Scheitelpunkt der Bauten sollte ab dem zweiten Jahr ein regelmäßiger Rückschnitt erfolgen, um die Pflanzen zu stärken. Nicht angewachsene Stecklinge sollten regelmäßig in den Pflanzzeiten ausgewechselt werden.

Die Trägerkonstruktion

Bei Naturbauwerken, die ausschließlich aus Weide gebaut sind, besteht die Schwierigkeit, dass diese erst nach einigen Jahren so stabil sind, dass sie starken Beanspruchungen standhalten. Erfahrungsgemäß wollen Kinder mit dem Bespielen allerdings nicht so

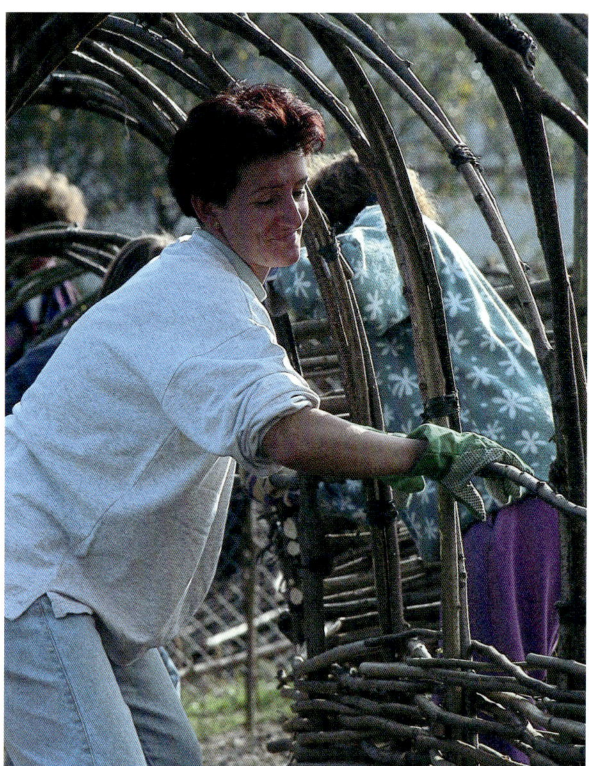

lange warten, und oftmals siegt die Spiellust über die neue sprießende Vegetation. Um die Bauwerke zu erhalten, sind oft Verbote und Ermahnungen die Folge.

Um die nötige Stabilität von Beginn an zu gewährleisten, benötigen wir eine Trägerkonstruktion aus leicht biegsamen Hölzern. Bewährt hat sich hierbei die Haselnuss, die wegen ihrer elastischen und biegsamen Äste beliebt ist. Seit Tausenden von Jahren wird sie wegen dieser Eigenschaft auch als Wünschelrute verwendet.

Die Verbreitung der Haselnuss ist zwar geringer geworden, trotzdem ist sie in vielen Gärten und an Wald-

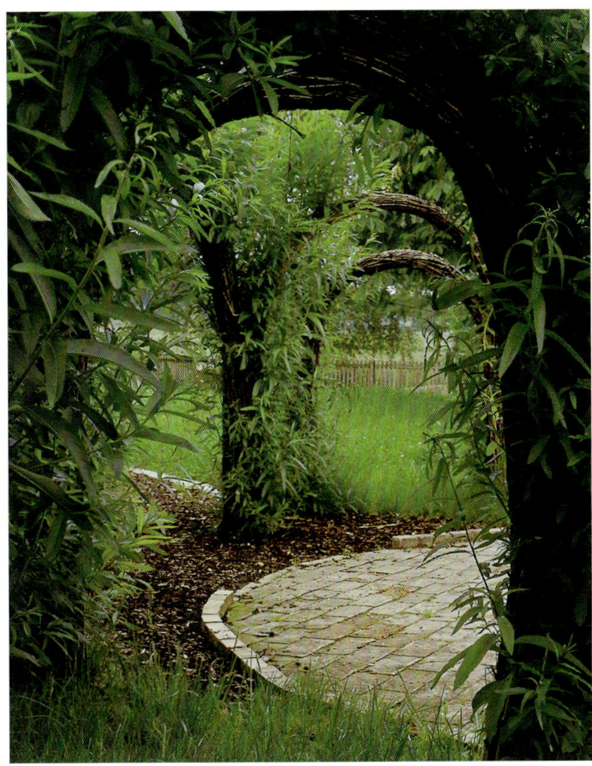

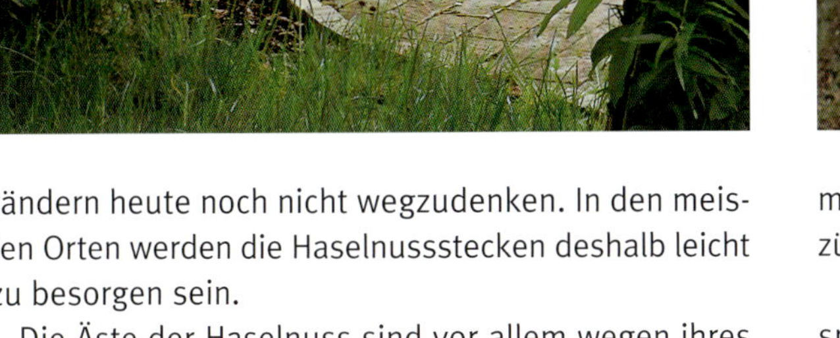

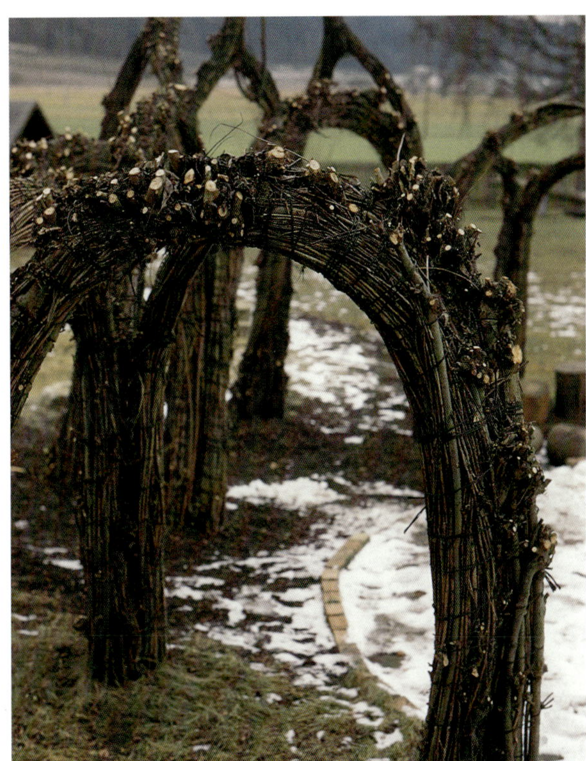

rändern heute noch nicht wegzudenken. In den meisten Orten werden die Haselnussstecken deshalb leicht zu besorgen sein.

Die Äste der Haselnuss sind vor allem wegen ihres geraden Wuchses besonders geeignet. Für Bauwerke benötigen wir etwa zwei bis drei Zentimeter starke Stecken, die durchaus eine Länge von etwa vier Metern haben sollten. Diese Stecken eignen sich besonders für Kuppelbauten und Laubengänge.

Dünnere und dickere Stecken können ebenfalls verwendet werden, allerdings hauptsächlich für Flechtarbeiten bei Zäunen oder Durchgängen. Auch hier gilt, je mehr Material vorhanden ist, desto besser und großzügiger kann gebaut werden.

Für die Materialbeschaffung gelten dieselben Ansprechpartner, die wir im Abschnitt über die Weide schon aufgeführt haben.

Da die Haselnuss nicht wurzelt und ausschließlich als Konstruktionshilfe dient und allmählich verrottet, muss bei spärlichem Ausschlagen der Weiden eventuell der eine oder andere Stecken rechtzeitig ausgetauscht werden. Langfristig übernehmen die nachgewachsenen Weidenstämme die Funktion der Haselnussstecken und die Konstruktion trägt sich von selbst.

Die Kuppelbauten

Lebende Bauwerke zu schaffen, hat seit vielen Generationen immer wieder fantasievolle Architekten und Planer herausgefordert. Die Kuppelbauten wecken bei uns heute Erinnerungen an andere Kulturen und an archaische Grundformen der Siedlungsgeschichte. Sie haben aber erst in den letzten Jahren über die aufgekommene Ökologie- und Umweltdiskussion eine breite Beachtung auf unseren Spielplätzen bekommen. Sie bestechen vor allem durch die Mitbeteiligungsmöglichkeiten von Kindern und Erwachsenen und damit durch den sozialen Prozess ihrer Entstehungsgeschichte.

Durch dieses gemeinsame Erleben, dadurch, dass Prozesse spürbar werden und generationsübergreifende, naturnahe und kindorientierte Konzepte verwirklicht werden, kann vielleicht ein Stück gemeinsame Verantwortung geschaffen werden, die hilft, Vandalismus und Beziehungslosigkeit entgegenzuwirken.

Standortwahl

Ein Kuppelbau – wie auch alle anderen Naturbauwerke – sollte immer die vorhandenen örtlichen Gegebenheiten miteinbeziehen. Eine sinnvolle Einbettung in ein Ambiente, in dem ein solches Bauwerk wachsen und gemeinsames Spiel entstehen kann, ist Grundvoraussetzung. Dabei sollte die Möglichkeit der Erweiterung und Ausdehnung berücksichtigt werden.

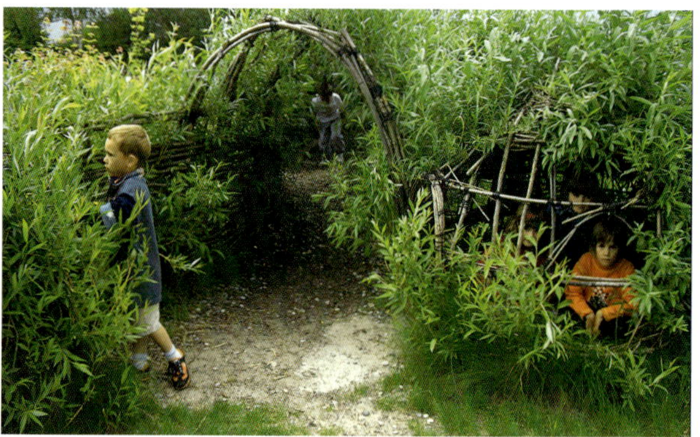

Werkzeugkunde

Wir benötigen folgende Werkzeuge:

- Arbeitshandschuhe
- Rebschere für alle Beteiligten
- Astscheren für dickere Äste
- Äxte und Baumsägen zum Entasten
- Brechstangen zum Bohren der Setzlöcher
- Eimer für Sand und Steine
- Spaten und Schaufel für Pflanzgräben
- Scheren für die Schnüre
- Wasserschlauch

Zu beachten ist, dass die Grünbauwerke nicht unter Bäumen gebaut werden, weil sie dort zu wenig Sonne und Wasser bekommen würden. Aufgeschüttete Bereiche sollten im Hinblick auf die Bodenqualität genau geprüft werden, da sie ebenso wie zu steinige oder

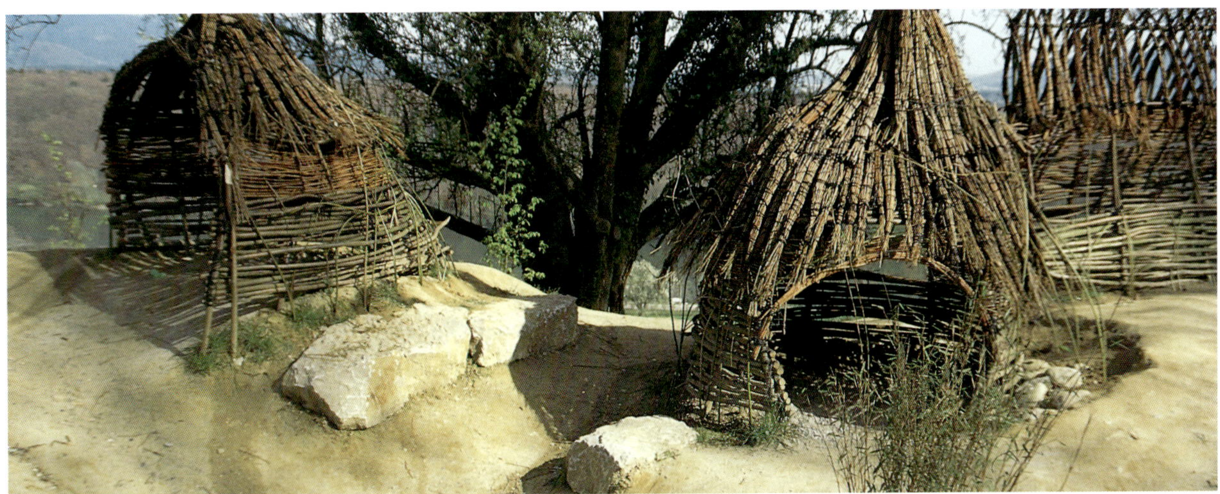

trockene Böden Probleme bereiten können. Außerdem dürfen keine Strom-, Gas- oder Wasserleitungen durch den Baubereich führen.

Als Schnürmaterial hat sich Pressgarn bewährt, das vorwiegend in der Landwirtschaft zum Binden von Strohballen eingesetzt wird. Da es im Verhältnis zu anderen Schnurmaterialien nur sehr langsam verwittert und reißfest ist, gibt es die notwendige Sicherheit. Aus ästhetischen Gründen ist schwarzes Schnurmaterial vorzuziehen.

Naturmaterialien, die als Schnittabfälle keine weitere Beachtung fanden, sind in den Mittelpunkt gerückt und setzen Erfahrungen und Entdeckungen frei, die in unserer produktorientierten Umwelt nicht mehr selbstverständlich sind. Dabei treten wir in einen Dialog mit der Natur und den Menschen, und für manch einen ist die Zeit des Bauens mit nachhaltigeren Eindrücken verbunden als das fertige Bauwerk selbst.

Gerade deshalb widmen wir der ausführlichen Baubeschreibung den ihr zukommenden Raum. Anhand der nachfolgend dargestellten Arbeitsschritte lassen sich alle Bauabschnitte leicht nachvollziehen und auf Erweiterungsbauten analog anwenden. Dabei sind wir von keinerlei Vorerfahrungen der Beteiligten ausgegangen.

Die Vorgehensweise sollte jedoch immer im Einklang mit den individuellen Gegebenheiten und Möglichkeiten verstanden werden.

Dabei sind die eigenen praktischen Erfahrungen nicht zu ersetzen, und mancher Arbeitsschritt wird vielleicht erst dadurch nachhaltig verständlich.

Wer kann mitbauen?

Eine besondere Qualität von Naturbauwerken ist, dass Kinder und Erwachsene aller Generationen mitbauen können. Dabei sollte die Freude und der Spaß an der gemeinsamen Arbeit im Vordergrund stehen, dann ist der Erfolg sicher.

Arbeitsschritte für Kuppelbauten

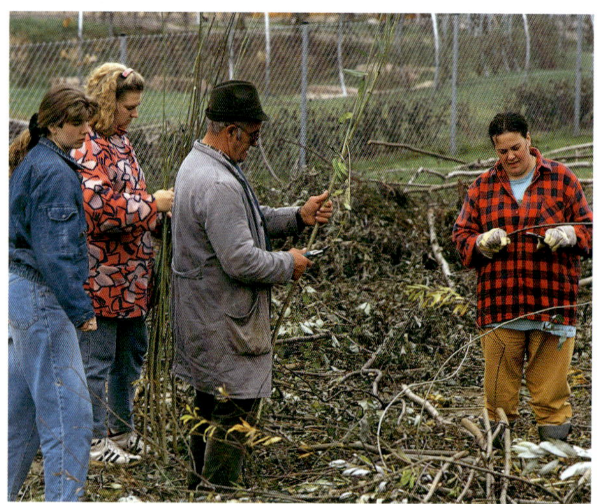

1. Schritt

Zuerst wird das Material gesichtet und ausgeschnitten. Für das Grundgerüst benötigt man vorzugsweise Stangenmaterial, die Blätter und Äste werden entfernt.

Tipp:
Um ein zügiges Arbeiten zu ermöglichen, empfiehlt es sich, die Stöcke nach Länge und Stärke zu sortieren. Das Lagern sollte möglichst so geschehen, dass sie im weiteren Arbeitsverlauf nicht im Wege liegen. Schnittabfälle sollten rechtzeitig entsorgt werden.

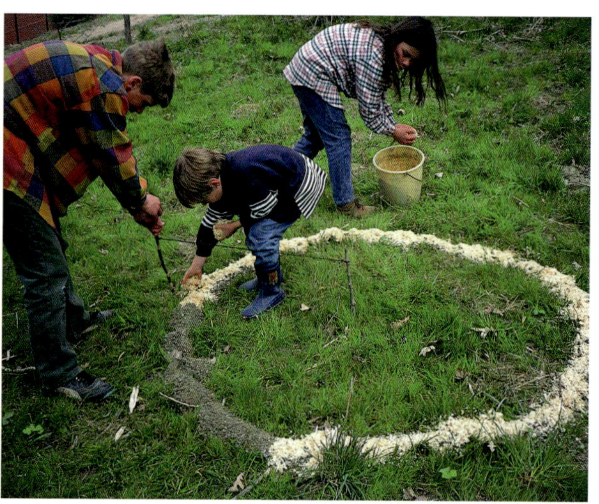

2. Schritt

Mit einem Stock und einer Schnur wird ein Zirkel selbst hergestellt. Damit ist der Durchmesser des Bauwerkes zu ermitteln und mit Sand anzuzeichnen. Die Richtung des Eingangsbereiches und eventuell einzubauende Fensteröffnungen werden festgelegt.

Tipp:
Die Tendenz bei den meisten Bautrupps geht in zu große Bauwerke. Die Kinder sollten Maßstab sein!

3. Schritt

In gleichgroßen Abständen werden Löcher gebohrt, die eine Tiefe von ca. 50 bis 60 cm haben sollten. Drei bis vier Meter lange, angespitzte Haselnussstecken, die möglichst gerade gewachsen sind, werden gesteckt. Von den Kindern gesammelte Kiesel werden festgeklopft und geben den Stöcken in den Löchern Halt.

Tipp:
Wackeln die Stöcke zu stark, müssen zusätzlich Pflöcke eingebracht werden.

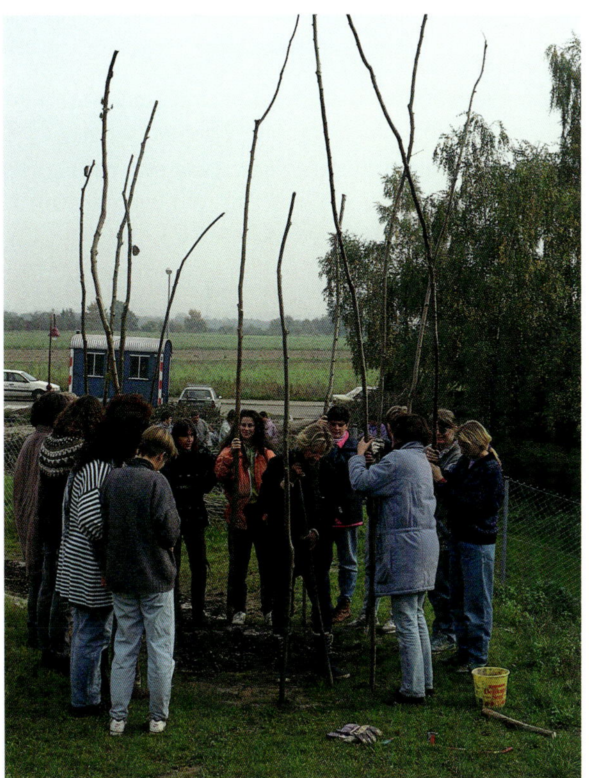

4. Schritt

Jetzt werden die Stangen gebogen. Die Elastizität und Biegsamkeit der Haselnuss wird spürbar. Viele Hände sind jetzt gefragt, um die hohe Spannung der gebogenen Stöcke auszuhalten. Immer die zwei gegenüberliegenden Stöcke werden miteinander verschnürt bis das Rohgerüst fertig ist.

Vorsicht!
Da die Spannung der Stöcke enorm ist, sollten Erwachsene diesen Arbeitsschritt ausführen.

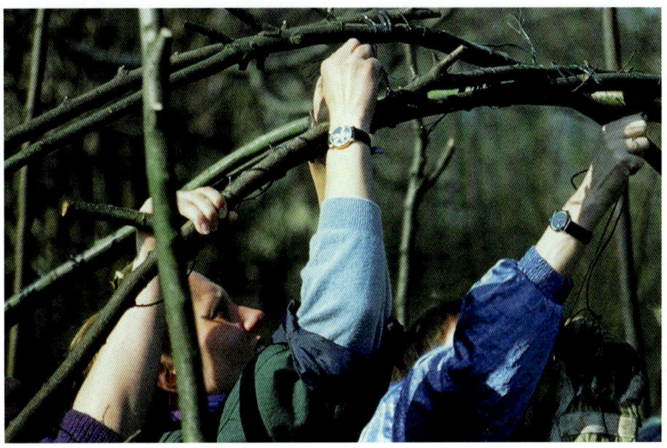

5. Schritt

Das Rohgerüst wird nun durch horizontale Stangen verstärkt, die von außen im Abstand von ca. 20 cm an die senkrechten Stützen angebracht werden. Dabei hat sich das Vorbiegen der Stangen bewährt.

6. Schritt

Der Eingangsbereich sollte aufgrund seiner starken Beanspruchung besonders stabil gebaut werden.

Bis zu diesem Arbeitsschritt verwenden wir Haselnuss, die jedoch nicht austreibt und wurzelt. Diese Konstruktion dient aussschließlich als Trägergerüst und stabile Grundform, um den Kindern ein sofortiges Bespielen zu ermöglichen.

7. Schritt

Ca. zwei Meter lange Weiden werden als Stecklinge senkrecht eingebracht. Dabei ist darauf zu achten, dass die vorgebohrten Löcher mindestens 50 cm tief sein sollten. Da die Weide möglichst keine Beschädigungen haben darf, sollte nicht geflochten werden. An dem Grundgerüst wird die Weide punktuell verschnürt, damit keine vorstehenden Äste verletzen können.

8. Schritt

Alles was später austreiben soll, benötigt ausreichenden Erdkontakt. Um dies bei der Weide zu erreichen, müssen die vorgebohrten Pflanzlöcher mit Erde oder mit Sand so aufgefüllt werden, dass keine Hohlräume mehr vorhanden sind. Nach Beendigung der gesamten Bauarbeiten sollten zudem die Pflanzbereiche gut eingeschlämmt werden.

Zusätzlich können 20 bis 30 cm lange Weidenstecklinge in die Zwischenräume gepflanzt werden, um einen dichteren Bewuchs zu erreichen. Vor allem in den ersten Monaten ist auf ausreichende Bewässerung zu achten.

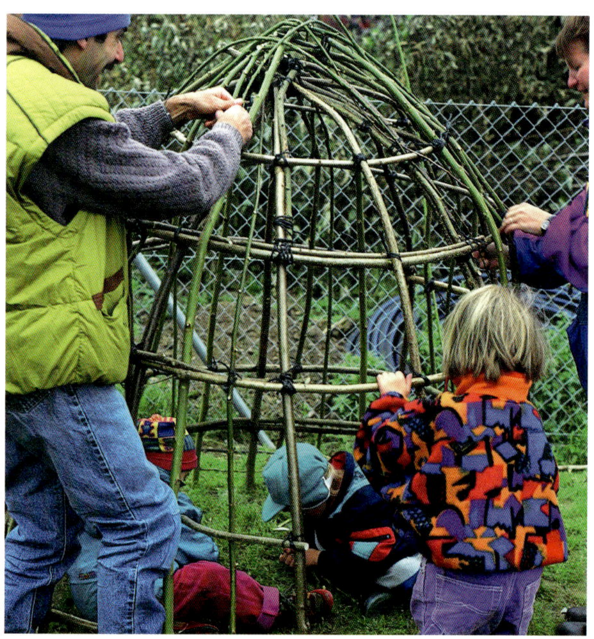

9. Schritt

Damit dieser Kuppelbau von den Kindern gleich bespielt werden kann und nicht als Klettergerüst umfunktioniert wird, sollte zumindest das untere Drittel mit dünnen Weidenruten dicht zugeflochten werden. Dieser Sichtschutz unterstützt zudem konzentrierte und vielfältige Spielvarianten. Bei diesen Feinflechtarbeiten sind Ausdauer und Kreativität gefragt und der Fantasie sind keine Grenzen gesetzt. Wer schnellere Lösungen vorzieht, sollte Tücher, Decken oder Planen zur Verfügung stellen.

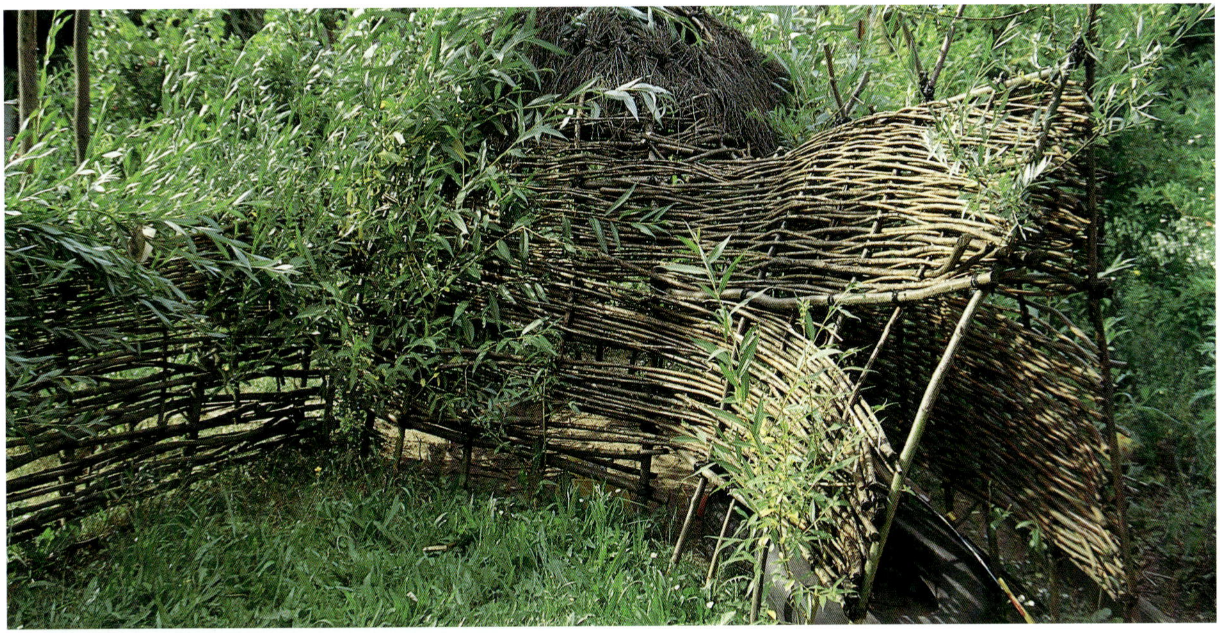

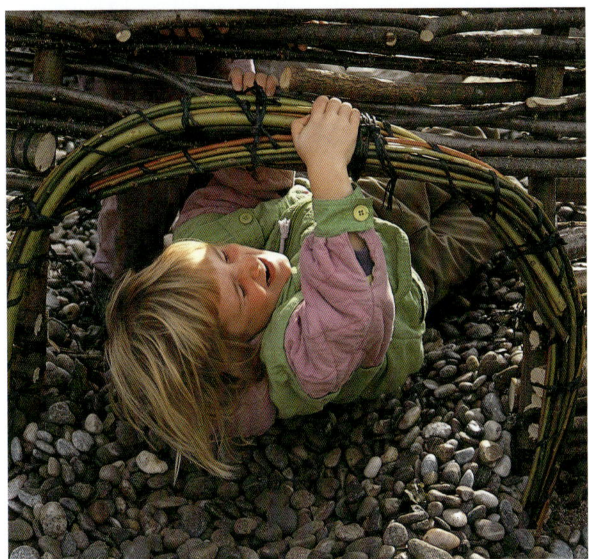

10. Schritt

Jetzt stehen die Detailarbeiten an. Der Eingangsbereich wird durch einen kleinen Vorbau schleusenartig angelegt, um Konflikte beim raus- und reingehen vorzubeugen und mehr Ruhe beim Spielen zu ermöglichen. Da der Eingangsbereich stark frequentiert wird, sollte hier auf eine solide Bearbeitung geachtet werden. Die Fenster werden durch individuelle Flechtarbeiten hervorgehoben.

Tipp:
Gerade im Eingangs- und Fensterbereich sollten keine Äste abstehen. Hier sollte besonders sorgfältig und stabil geflochten werden.

11. Schritt

Vielfältige Nutzungsmöglichkeiten ermöglichen selbstbestimmtes und kreatives Spielen. Denken Sie deshalb an Geheimausgänge und an Schlupflöcher durch die zum Beispiel kein Großer mehr folgen kann.

Als Bodenbelag innerhalb der Kuppelbauten kann später Hackschnitzel oder Stroh eingebracht werden. Dies erscheint nur notwendig, wenn die vorhandene Erde zu verdichtet oder zu feucht ist.

12. Schritt

Einen besonders schönen und auch eigenwilligen Charakter bekommen diese Bauwerke durch die Gestaltung des Daches. Mit Ried, gebundenem Reisig von Birken, Schnittabfällen oder durch das Einflechten von Rindenstücken wird das Dach gestaltet. Erst hierdurch wird der Kuppelbau zur Behausung.

13. Schritt

Schon nach kurzer Zeit schlagen bei den Kuppelbauten die Weidenstecklinge aus und wachsen der Sonne entgegen.

14. Schritt

Jetzt gilt es, die Weiden einzuflechten. Durch das waagrechte Einflechten treiben in der nächsten Saison neue Triebe aus und allmählich gewinnt der Kuppelbau an Stabilität und ersetzt mit den Jahren das Haselnussgerüst. All diese Arbeiten sind mit den Kindern zu bewerkstelligen.

15. Schritt

Im Spätherbst oder im zeitigen Frühjahr werden die Weidenbauwerke regelmäßig zurückgeschnitten.

16. Schritt

Im kommenden Frühjahr grünt und wächst dann unser lebendiges Bauwerk umso besser.

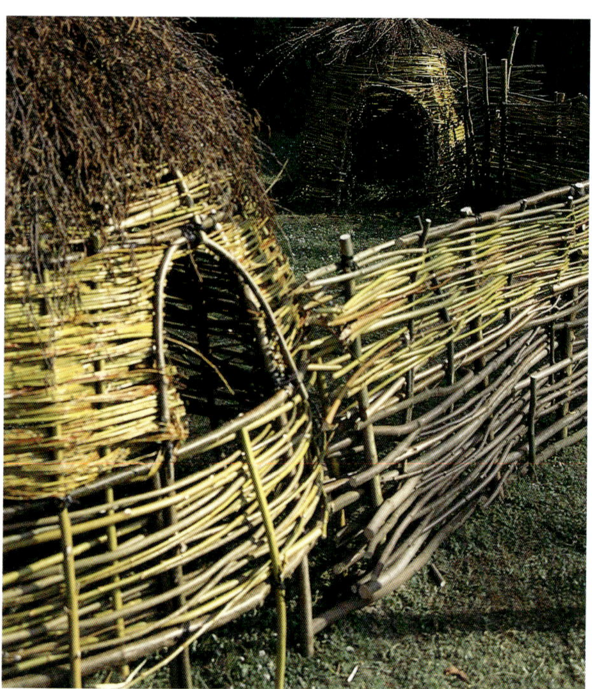

Naturhäuser mit Zukunft

Lebendbauwerke benötigen wie jedes Lebewesen die nötige Aufmerksamkeit, Zuwendung und Pflege, um sich prächtig entwickeln zu können. Manche der Weidenbauwerke verkümmern oder fristen ein klägliches Dasein, weil sich niemand für ihren Unterhalt verantwortlich erklärt. Folgende Grundsätze haben sich für die Pflege bewährt:

- Jedes Frühjahr (vor dem Austreiben) einen Pflegegang mit Eltern und Kindern ansetzen.
- Gebrochene Haselnussstecken ersetzen und neu verschnüren (vor allem im Eingangs- und Fensterbereich).
- Abgestorbenes Material herausschneiden.
- Die kräftigsten Triebe des Vorjahres waagerecht einbinden oder soweit möglich, ohne Beschädigung einflechten. Nicht mehr als ein Drutel der letztjährigenTriebe erhalten.
- Vorsichtiger Rückschnitt der restlichen einjährigen Weidentriebe vor allem im Dachbereich, damit sich die unteren Triebe kräftig entwickeln können. Ab dem 3. Jahr kann radikaler zurückgeschnitten werden.
- Nicht austreibende Weiden durch neue, daumendicke Stecklinge ergänzen.
- Bodenbelag (Feinkies oder Hackschnitzel) in den Naturbauwerken ergänzen.
- Eventuell mobile Spielmaterialien und Hausrat (Baumscheiben, Bretter, Kisten) kontrollieren und ergänzen.

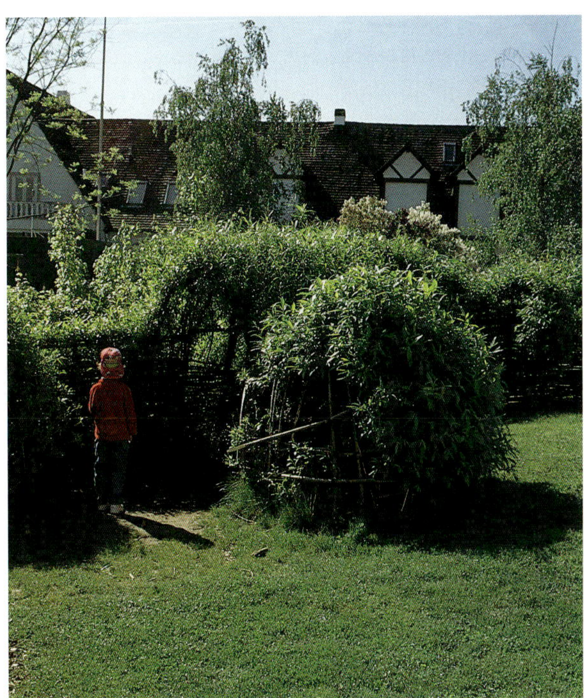

- Dieser gemeinsame Pflegegang wird durch regelmäßige, über das Jahr verteilte »Wartungsarbeiten« ergänzt. Alle abgerissenen und abgebrochenen Triebe und Äste müssen zurückgeschnitten werden. Beschädigungen an der Trägerkonstruktion rechtzeitig ausbessern.
- Starke neue Triebe einbinden und vielleicht sogar über Erweiterungsbauten nachdenken.

Laubengänge

Eine ideale Erweiterung zu den Kuppelbauten sind die Laubengänge. Sie sind verbindendes Element und erinnern in manchen Momenten an Kreuzgänge, in denen sich lichtdurchflutete Schattenmuster spiegeln. Sie sind so gebaut, dass sie aufrecht begehbar und nicht nur als Durchgang zu benutzen sind und bereits einen Raum für sich bilden. Sie können Eingänge zu bestimmten Spielbereichen markieren, Grundstücksgrenzen attraktiver gestalten oder Übergangsbereiche zu anderen Spielzonen betonen.

Das Trägergerüst wird ebenfalls aus Haselnuss gebaut, indem jeweils zwei Stöcke zueinander gebogen und gut verschnürt werden. Diese Bögen werden analog den Kuppelbauten dann wieder mit horizontalen Verbindungen stabilisiert.

Um die Vielfältigkeit der Natur erfahrbar zu machen, ist eine zusätzliche Bepflanzung mit Kletterpflanzen vorstellbar.

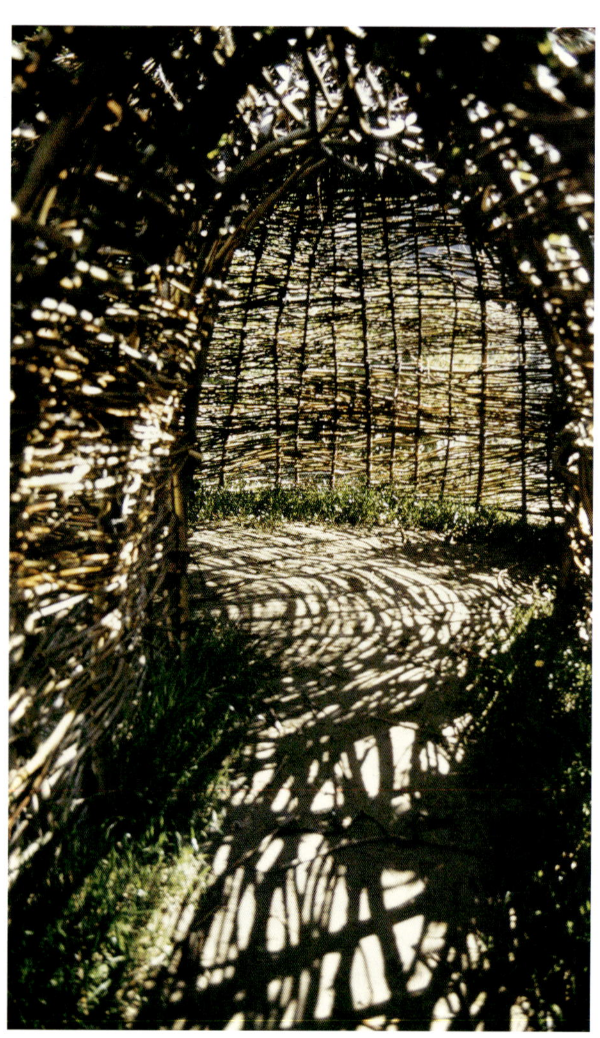

Kriechtunnel

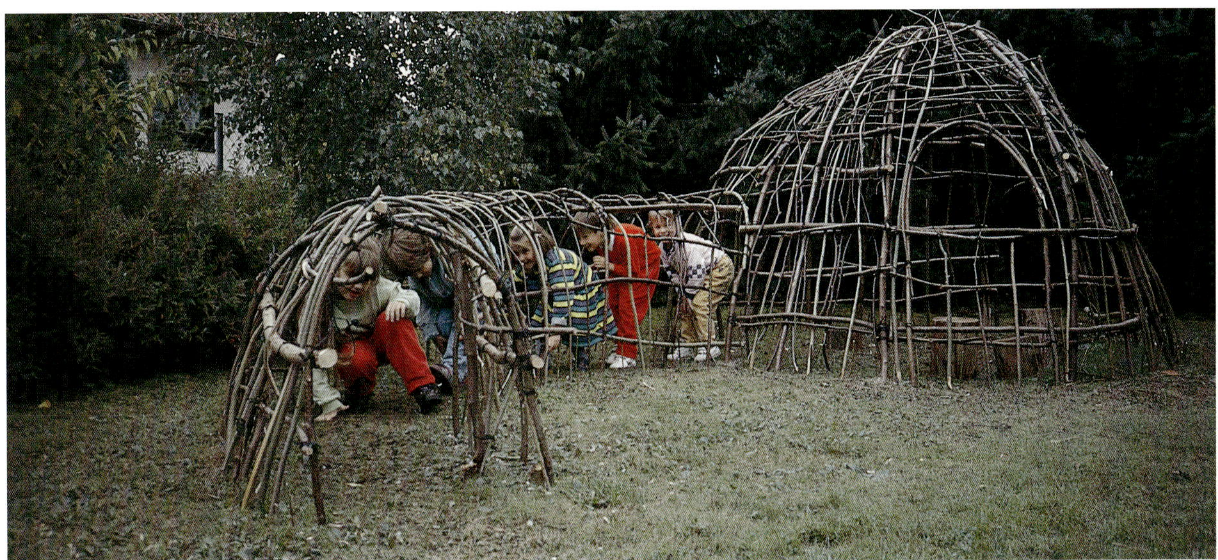

Der Kriechtunnel kommt dem Drang zum Kriechen, Krabbeln, Schleichen, Ducken, Entwischen, Robben, Verstecken usw. nach.

Er kann den Ausgang zum angrenzenden Gebüsch darstellen, verbindendes Element zwischen zwei Hütten sein oder Spielbereiche verbinden. Er erinnert an eine Röhre, weckt Assoziationen zu Tierbauten.

Auch hier wird das Grundgerüst mit Haselnuss gefertigt, um eine höchstmögliche Stabilität zu erreichen. Zwei aufeinander zulaufende Stecken werden verbunden und dann mit horizontalen Verbindungen stabilisiert. Bewährt hat sich ein Abstand von ca. 20 bis 30 cm je Bogen.

Dazwischen werden Weidenstecklinge von ca. 100 cm gepflanzt. Erfahrungsgemäß treiben diese Bereiche am schnellsten aus.

Bis der Tunnel zugewachsen ist, bieten sich Abdeckungen wie Tücher, Decken, Planen oder Schilfmatten an.

Wenn der Kriechtunnel begrünt ist, sollte unter Umständen der Erdbereich mit Rindenmulch abgedeckt werden.

Flechtzäune

Gemessen an ihrem Verhalten sind Kinder ausgesprochen routinierte Grenzgänger. Grenzen überschreiten und sich gegen andere abgrenzen, wir alle kennen dieses vertraute Spiel.

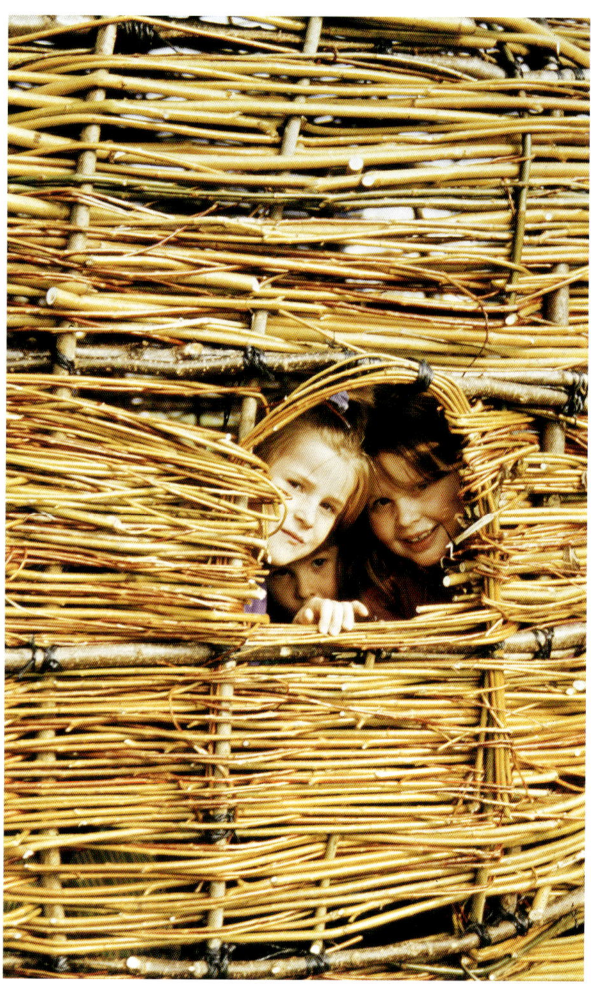

Geflochtene und lebende Zäune schaffen zudem Anreize, sich mit ökologischen Zusammenhängen auseinander zu setzen.

Die Verbindung zu Kuppelbauten liegt nahe, weil auch hier Rückzugsnischen geschaffen werden können. Durch eine direkte Anbindung an den Kuppelbau wird der Spielbereich für die Kinder vergrößert, ein Vorplatz entsteht. Diese raumbildende Maßnahme schafft Zuordnungen und Rückzugsmöglichkeiten innerhalb des Gesamtgeländes.

Was ist beim Bau eines Flechtzaunes zu beachten?

Vor allem im ländlichen Raum ist der Bau von Flechtzäunen in der Landwirtschaft und beim Gartenbau seit altersher bekannt.

Als Materialien eignen sich auch hier Weide und Haselnuss sowie alle gerade wachsenden Hölzer. Die zu verwendenden Stangen sollten nicht ausgetrocknet sein und sich biegen lassen.

Mit Sand oder Sägespänen wird der Verlauf der gewünschten Zaunkonstruktion festgelegt.

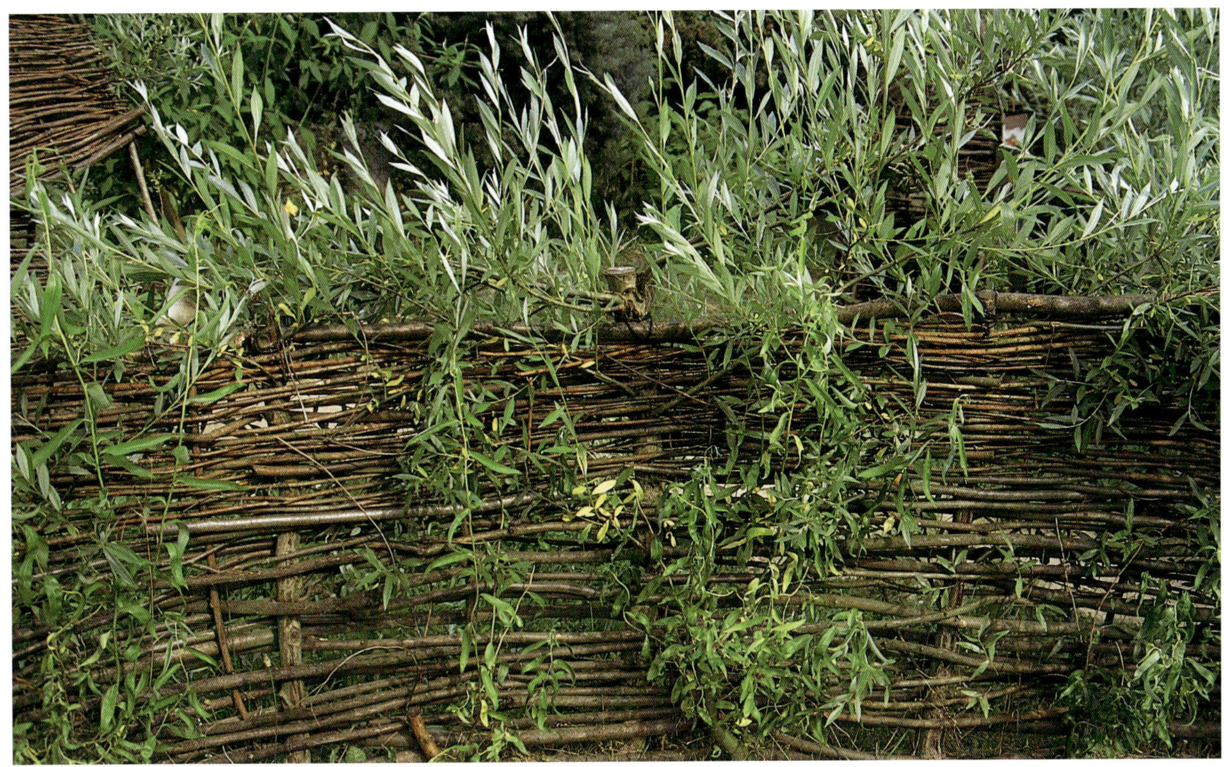

Dann werden im Abstand von ca. 60 cm die Pfosten gesetzt. Um die benötigte Stabilität zu garantieren, sollten die Pfosten eine Stärke von 4 bis höchstens 10 cm aufweisen. Wenn der Zaun austreiben soll, verwenden wir für die Pfosten Weidenstämme. Hier kann das Material verwendet werden, das auf Grund seiner Stärke für die Kuppelbauten nicht einsetzbar ist. Mit einem Erdbohrer können die Löcher für die Pfosten vorbereitet werden, sie sollten eine Mindesttiefe von 60 cm aufweisen. Auch hier ist unbedingt darauf zu achten, dass die Weiden nicht beschädigt werden und rundum Erdkontakt haben, damit die ersten Wurzeltriebe nicht vertrocknen. Im unteren Teil des Zaunes werden stärkere Stangen verwendet. Ähnlich wie beim Korbflechten wird nun Lage für Lage so dicht wie möglich eingeflochten. Bei dieser Flechttechnik werden keine Schnüre benötigt. Die oberste Lage des Flechtzaunes sollte wiederum aus stärkeren Stangen bestehen.

Die Höhe des Zaunes richtet sich nach seiner Funktion. Die Länge der Weidenpfosten ist deshalb großzügig zu bemessen und wird erst zum Abschluss der Arbeiten leicht schräg abgesägt.

Ein Bauwerk besonderer Natur

Gesamtlänge:	ca. 35 m
Verbaute laufende Meter:	ca. 135 m
Materialmenge:	ca. 14 LKW-Ladungen Haselnuss und Weide
Bauzeit:	eine Woche
Helfer:	Kinder, Eltern und Kindergartenteam, drei Fachschulklassen
Ort:	Kindergarten Birlehof Neuenburg a. Rh.

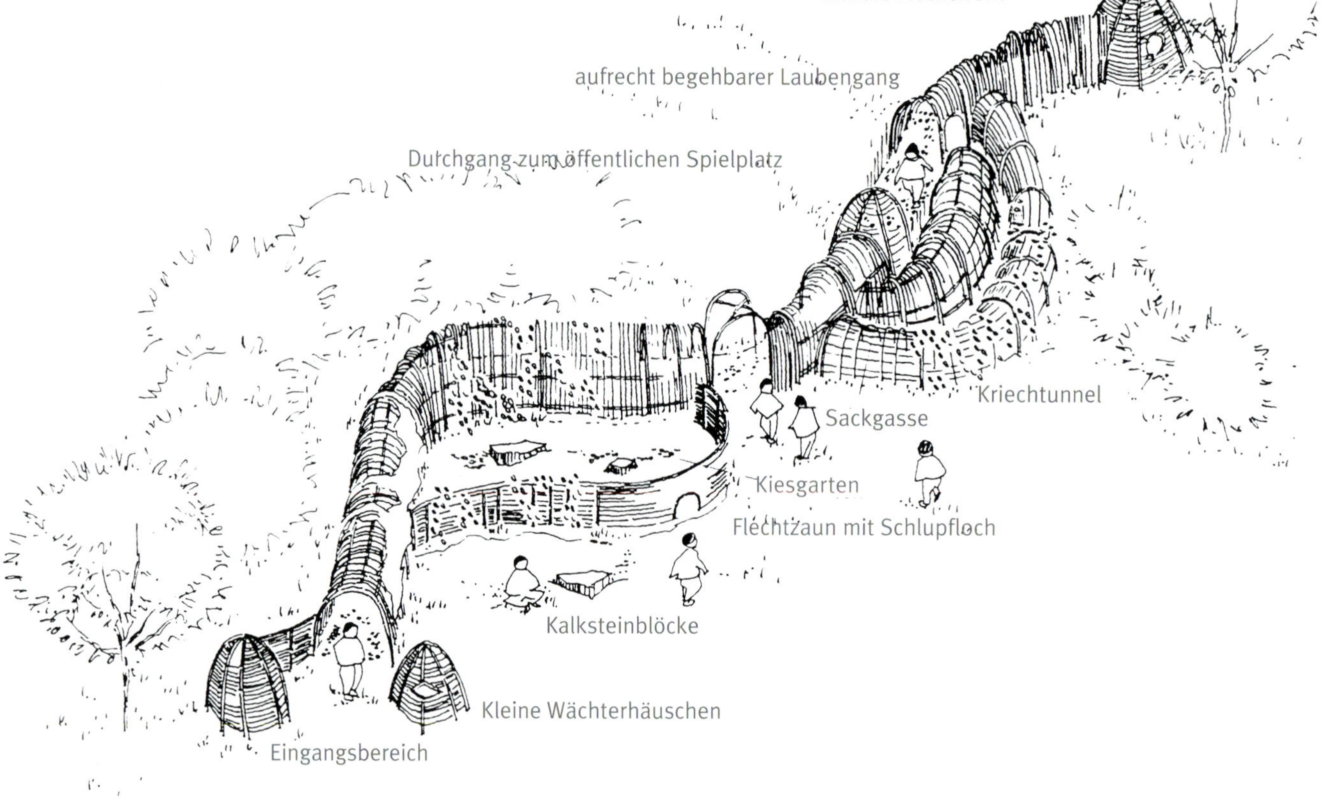

große Versammlungshütte
dichtes Flechtwerk
aufrecht begehbarer Laubengang
Durchgang zum öffentlichen Spielplatz
Kriechtunnel
Sackgasse
Kiesgarten
Flechtzaun mit Schlupfloch
Kalksteinblöcke
Kleine Wächterhäuschen
Eingangsbereich

Während einer Woche ist unter Mithilfe von über einhundert Kindern, deren Eltern, manchen Opas und Omas, dem Kindergartenteam und mehreren Fachschulklassen ein Naturbauwerk entstanden, das in seiner Dimension und Ausführung einzigartig ist.

Die vorbereitenden mehrtägigen Schnittarbeiten und die Bereitstellung der riesigen Materialmengen, die in mehreren Lastwagenladungen antransportiert wurden, wären ohne das Gartenamt nicht möglich gewesen.

Innerhalb des Kindergartengeländes ist ein Spielbereich kreiert worden, der sich rhythmisch dem Gelände anpasst, mit verschiedenen Höhen, Kuppeleinbauten, Zu- und Ausgängen, einem Kiesgarten, Kriechtunnel, Blindgängen und besonderen Flechtwerken.

Die Größe dieses Spielbereiches ergab sich aus der Notwendigkeit der Grenzbebauung zum benachbarten öffentlichen Spielplatz.

Die Eltern berichteten in der Projektdokumentation von ihren Eindrücken:

»Die Kinder waren von Beginn an immer mittendrin im Geschehen. Schon während ein Tunnel, ein Durchgang, ein Häuschen entstand, hatten sie alles in Beschlag genommen. Sie spielten, halfen bauen und waren mit Feuereifer dabei.

Durch die gemeinsame Aktivität im Garten kamen wir Kindergarteneltern uns untereinander näher. Wir fanden zueinander und bauten für unsere Kinder. Wenn wir abends nach Hause gingen, hatte jeder das Gefühl, am nächsten Morgen wiederkommen zu müssen, um am eigenen Werk weiterzumachen. Wir mussten da sein. In dieser einen Woche wurde uns klar, dass das, was wir Eltern und Kinder mit eigenen Händen geschaffen hatten, von allen Beteiligten in Ehren gehalten werden würde. Für unsere Kinder ist es wichtig, dass sie draußen verschiedene Aufgaben, Schlupfwinkel und Erlebnisbereiche haben. Wir sind uns einig: Diese Projektwoche war ein Anfang…«

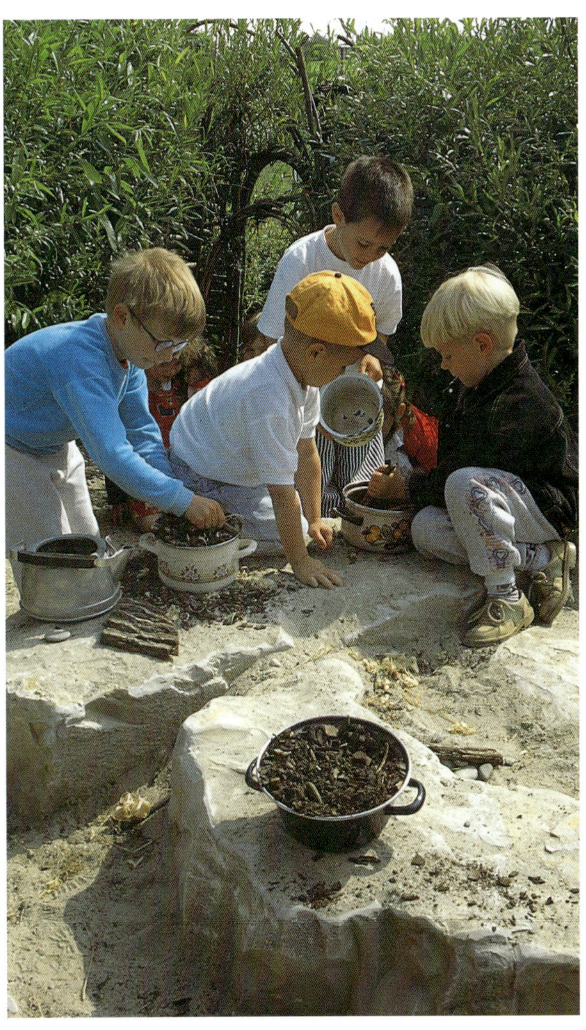

Gärten für Kinder

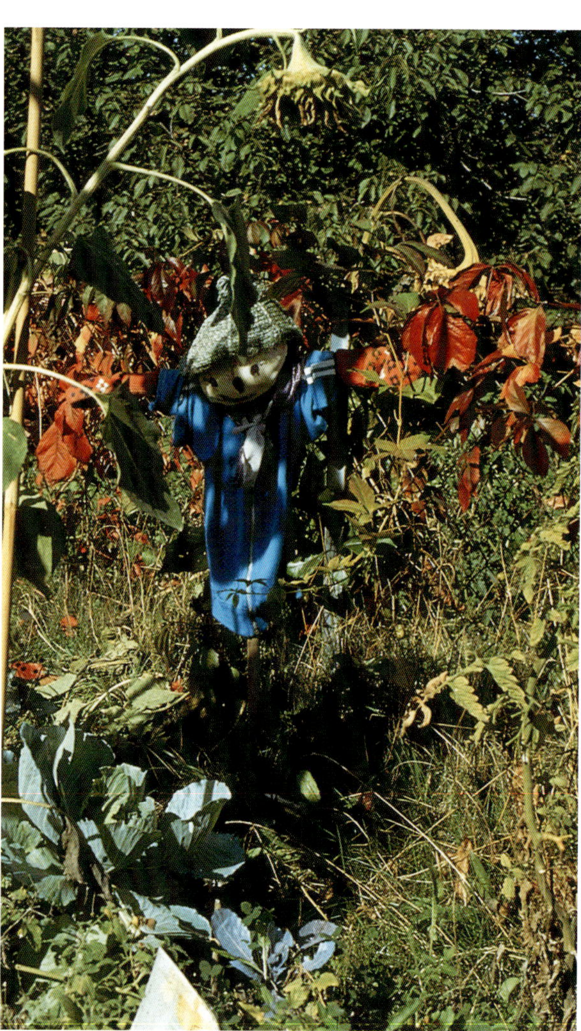

Kinder haben ein Recht auf Wildnis in ihrem Garten.

Kinder-Gärten sind zum Spielen da, wir sollten uns davor hüten, die typischen Zier- und Nutzgärten der Erwachsenenwelt zu kopieren. Ansonsten entwickelt sich die Gartenarbeit schnell zum Dauerstress für alle Beteiligten.

Im echten Kinder-Garten kehrt das Einfache, Schlichte, Primitive und Natürliche zurück. Diese Gärten leben mit den Kindern und verwandeln sich in inspirierende Orte, die in ihrer Anziehungskraft und Artenvielfalt die Menschen verwöhnen.

Es sind urwüchsige Orte mit heimischen Gehölzen und robusten Pflanzengemeinschaften, die zum Entdecken einladen. Sie beherbergen Farben, Düfte, kleinste Lebewesen und großartige Sinnzusammenhänge.

Hier ist Betreten erwünscht, und Verweilen heißt Spielen.

Im kleinsten Garten liegt das Paradies

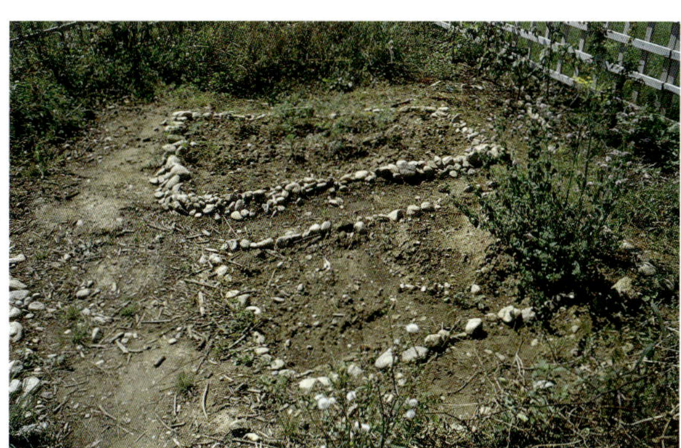

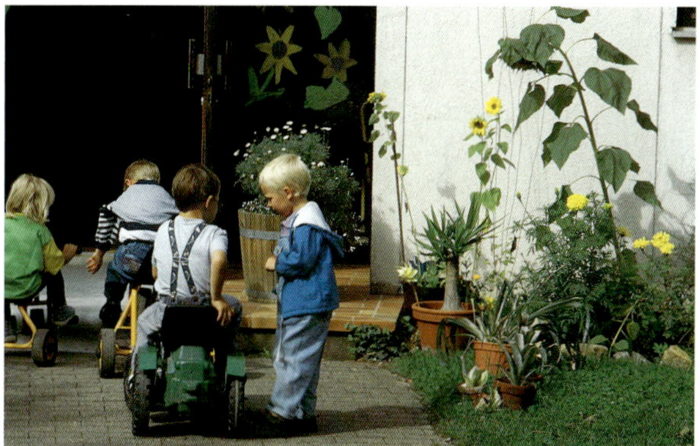

Kinder müssen selten zur Gartenarbeit aufgefordert werden, wenn sie genügend Freiheit für eigene Entdeckungen und Ideen vorfinden. Gartengestaltung heißt zunächst, Raum für das nahe Liegende zu schaffen. Kinder wollen Löcher graben, in die offene Erde hineinfassen, nach Kleinlebewesen suchen, Beeren zupfen oder ganz einfach mit Stöckchen im Boden stochern.

Hier sind interessante Parallelen zu unserer Menschheitsentwicklung sichtbar. Ähnlich den primitiven Sammlerkulturen sind vor allem die jüngeren Kinder kaum für den systematischen Ackerbau zu begeistern. Es erscheint nahe liegender, sich mit der Suche und Ernte von Essbarem zu beschäftigen, als allzu viel in den Anbau zu investieren, zumal die Zeitspanne bis zur Ernte kaum überschaubbar erscheint. Vielleicht ermöglicht uns diese Betrachtungsweise eine unkomplizierte Annährung an all das, was Kinder so magisch in Gärten anzieht. Kinder im Vorschulalter erfassen den Garten selten in der Gesamtheit seiner Fläche, es sind vielmehr kleine Ausschnitte, die für den Augenblick attraktiv sind.

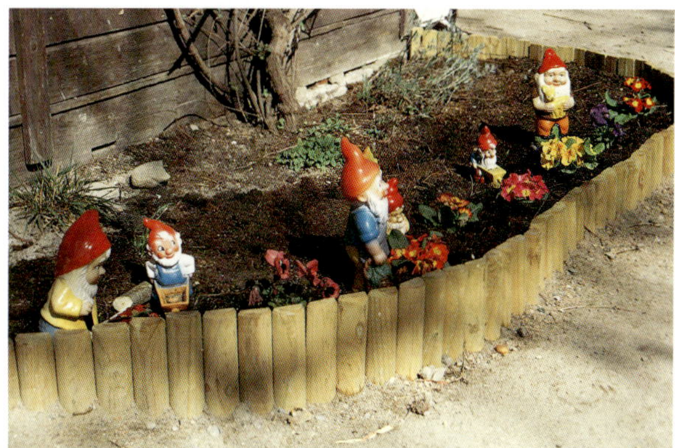

Es ist häufig zu beobachten, dass zunächst kleinste Ecken kultiviert werden, die von Kieselsteinen eingerahmt oder palisadenartig mit Ästen umfriedet sind und eher an Zwergengärten erinnern. In diesen handtuchgroßen Parzellen werden Gräben gezogen, Wege gebaut und Mulden angelegt.

Diese ersten Annäherungsversuche an den Pflanzgarten werden von uns unterstützt, indem wir innerhalb des Geländes genügend Fläche und Material bereitstellen. Ein niedriger Flechtzaun schafft überschaubaren Raum. Mit zunehmender Erfahrung sind Kinder aber auch für langfristige Gartenprojekte zu gewinnen.

Nicht zuletzt die Berichte der israelischen Kibbuzbewegung oder Erfahrungen der New Yorker Nachbarschaftsgärten belegen eindrucksvoll, mit welcher Hingabe, Ausdauer und Vernunft bereits Sechsjährige kleine Gärten anlegen. Die Grundfläche der Beete sollte einen Quadratmeter nicht übersteigen, damit der Zugang von allen Seiten möglich ist. Bei den entsprechenden Wegsystemen ergibt sich fast von selbst ein schachbrettartiges Grundmuster. In diesen Pflanzgärten benötigen die Kinder wenig Hilfe, einige Anregungen und Tipps, genügend Bewegungsfreiheit, angemessenes Gartengerät und die Chance, eigene Erfahrungen sammeln zu können.

Kinder-Gärten müssen nicht groß sein. Ein alter Futtertrog, gefüllt mit Gartenerde, wird zu einer Miniaturwelt, in der kleine Wege, ein zwergengroßer Berg und geheimnisvolle Gewächse das Auge zum Verweilen einladen.

Diese Kleinstgärten finden auch in ausrangierten Obstkisten, Marmeladeneimern aus Blech oder großen Tontöpfen ihren zauberhaften Platz. Unsere südlichen Nachbarn sind wahre Meister in dieser Kunst der Terrassengestaltung.

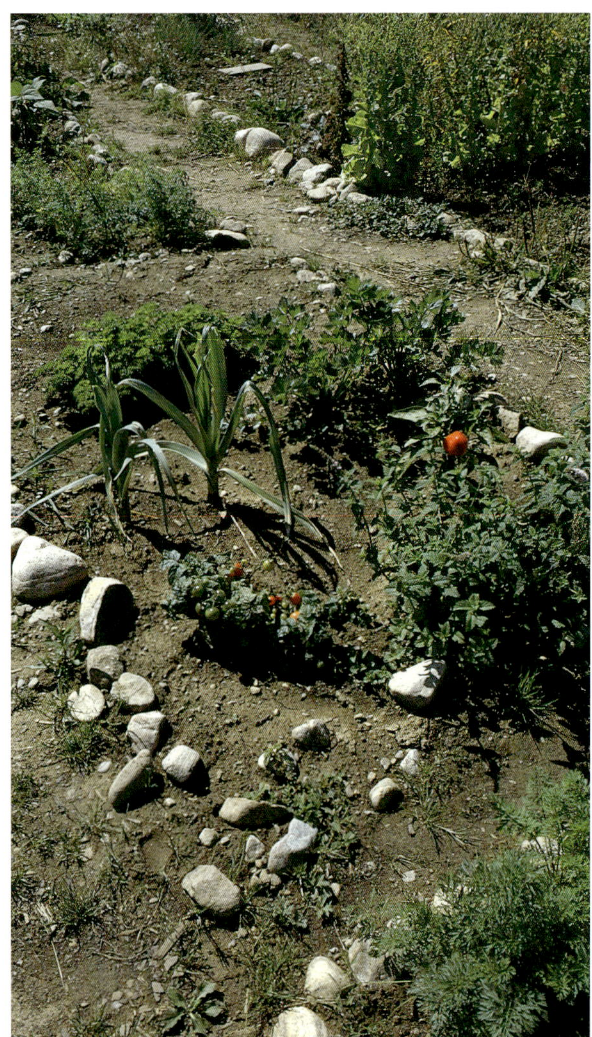

Kinder kultivieren mit ihren Gärtchen meist kleinste Plätze, deren Größe dem Radius ihrer Arme entspricht.

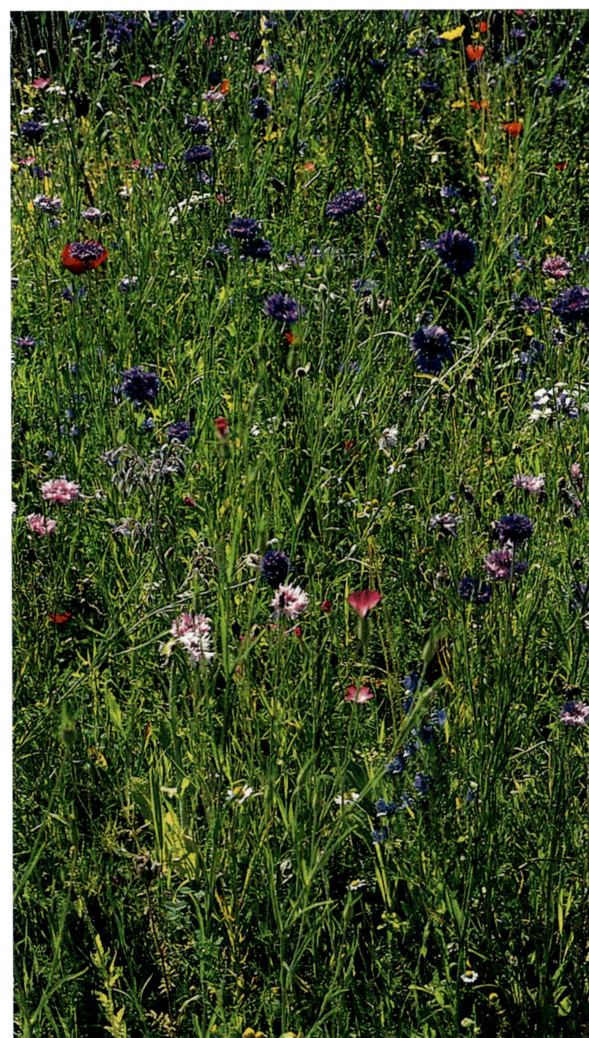

Manchmal sind in diesen ersten Pflanzgärtchen dekorative Fundstücke wie Kieselsteine, Stöckchen, Rindenstücke und sogar glänzende Porzellanscherben wichtiger als die eigentlichen Pflanzen. Bevor das erste Grün keimt, hinterlassen Kinder bereits ihre Spuren von Lebendigkeit, auch wenn es nicht immer unseren Vorstellungen von Schönheit und Harmonie entspricht!

Der Gartenzwerg als Hüter des Gartens hat wenig gemein mit der romantisierenden Verklärung und Verniedlichung einer alten Tradition. Kinder nähern sich diesem »Kitsch« oftmals auf unkomplizierte Weise und besuchen den Zwerg im Garten wie einen uralten Bekannten, der ihnen von geheimnisvollen Dingen erzählt, für die heute unsere Sprache keine Worte mehr besitzt.

Die Blumenwiese oder auch Wildwiese ist nicht als Konkurrenz zum strapazierfähigen Naturrasen gedacht. Ähnlich einer abgesteckten Insel ist sie auf dem Gelände als bunter Farbfleck zu verstehen, der mancherlei Insekten anlockt und das Auge verwöhnt. Wildwiesen sind nicht nur wunderschön, sie machen bei entsprechender Großzügigkeit zudem wenig Arbeit. Der Standort sollte sonnig und eher nährstoffarm sein. In unmittelbarer Nähe bieten sich Findlinge oder kleine Rasenbänke als Sitz- und Beobachtungsmöglichkeiten an.

Im Eingangsbereich haben Empfangsgärtchen eine besondere Funktion. In der bunten Farbenpracht und den vielfältigen Wachstumsformen erfahren die Besucher bereits ohne viele Worte einiges über Stil und Atmosphäre der Einrichtung. Solch ein Willkommensgärtchen muss nicht protzig repräsentieren, vielmehr sollte es immer etwas von der Geschichte der Bewohner erzählen.

Der Beerengarten

Beerensträucher sind ideale Gewächse für das Spielgelände und kommen den Kinder durch ihren Wuchs förmlich entgegen. Wie im Schlaraffenland wachsen die Beeren in greifbarer Höhe und können fast im Vorbeigehen geerntet werden.

Gerade die jüngeren Kinder erleben hier auf sehr unkomplizierte und unmittelbarer Weise, wie reichhaltig und verschwenderisch das Füllhorn der Natur sein kann. Es beeindruckt immer wieder, wie gezielt und mit welcher stillen Gelassenheit vor allem jüngere Kin-

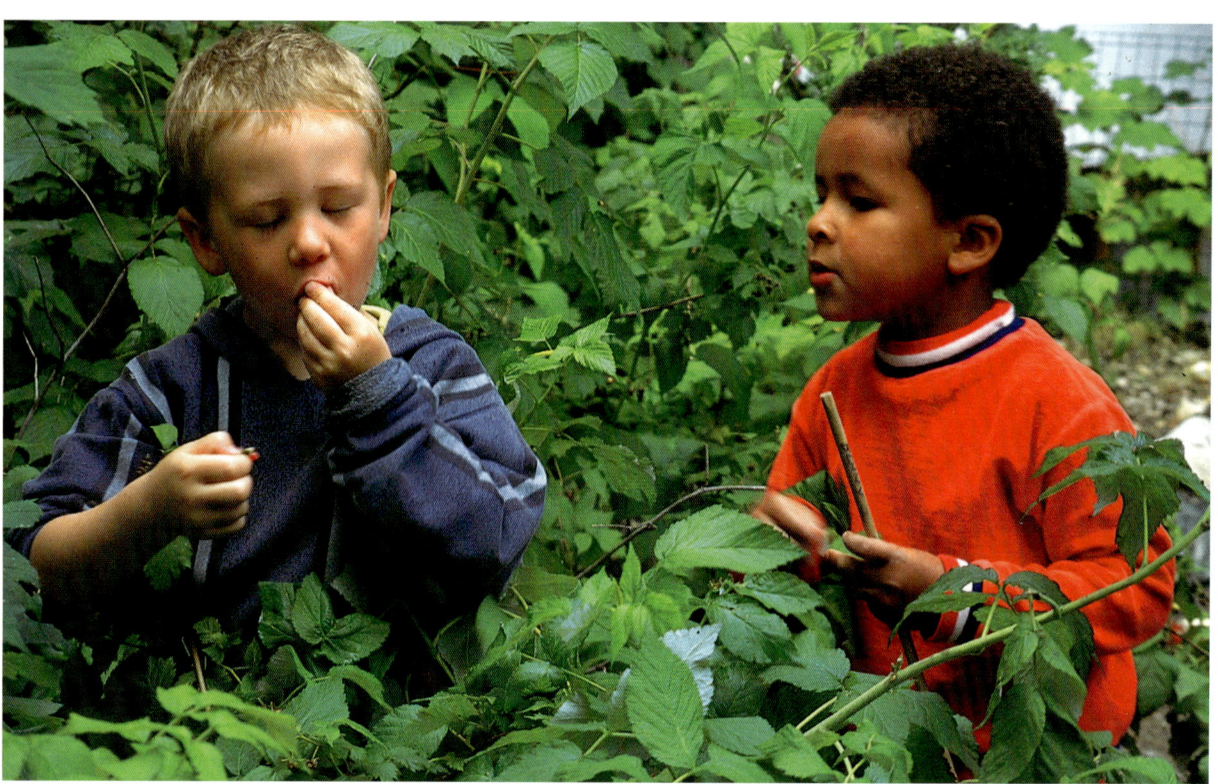

der diese Form des Erntens genießen. Zudem werden die reifen Beeren viele Vögel anlocken.

In Reihen oder Hecken gepflanzt, dienen die Beerensträucher als lebende Raumteiler. Der kleine Beerengarten kann als Hecke die Terrasse begrenzen und wirkt an Zäunen und Grundstücksgrenzen sehr belebend.

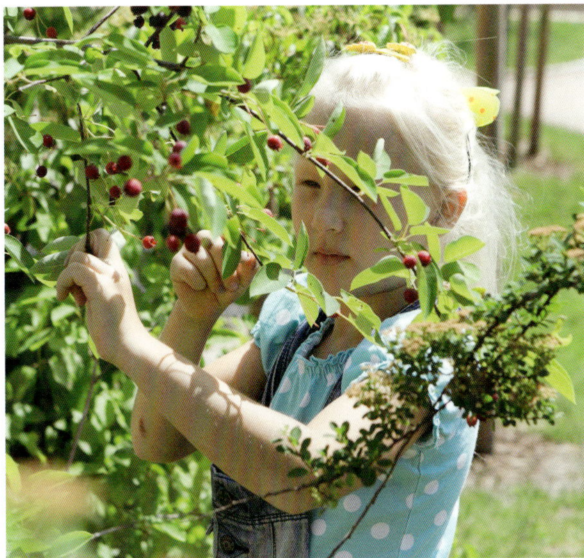

Beerensträucher erfordern in den ersten Jahren etwas Geduld, erweisen sich jedoch als äußerst robust und pflegeleicht. Bei der Sortenauswahl ist es immer ratsam, die regionalen Erfahrungen zu beachten und altbewährte Sträucher auszuwählen. Die Anzahl der verwendeten Sorten und Sträucher sollte großzügig bemessen sein, um der Erntefreude zu entsprechen.

Himbeeren

Bestimmte Sorten tragen an sonnigen Standorten von August bis in den Herbst hinein reichlich Früchte. Die Himbeere ist sehr robust, liebt allerdings viel Feuchtigkeit und benötigt eine Rankhilfe aus verzinktem oder kunststoffummanteltem Draht. Im Herbst bilden sich Ausläufer, die im Frühjahr ausgegraben werden und als Ableger die Pflanzung vergrößern.

Johannisbeeren

Rote, gelbe, weiße und schwarze Johannisbeeren eignen sich vorzüglich zum Zupfen und sollten in ihrer Farbenvielfalt angeboten werden. In Reihen angepflanzt, sind diese Sträucher besonders raumbildende Gewächse, die allerdings regelmäßig verjüngt werden müssen.

Brombeeren

Sie gedeihen vor allem an Zäunen, sind sehr anspruchslos und gelten mit ihren starken Stacheln als sehr eigenwillige und wehrhafte Pflanzen. In alten Zeiten galt die Brombeere als Zauberstrauch. Unter ihren langen Ranken konnten Unheil und Krankheit abgestreift werden. Noch heute wird sie als Heilpflanze geschätzt. Ihre stachligen Ranken erfordern eine behutsame Annäherung und signalisieren, dass die Natur nicht gedankenlos nutzbar ist.

Der Obstgarten

Obstbäume und Kinder leben immer in guter Gemeinschaft. Der Birnbaum des Herrn von Ribbeck auf Ribbeck im Havelland ist untrennbar mit Kindheitserinnerungen verbunden, und der hochstämmige Apfel- oder Kirschbaum lädt zum Klettern, Wippen, Ernten, Ausspähen und zu allerlei Mutproben ein.

In ihrer langen Tradition prägen Obstbäume unsere Landschaftskultur und symbolisieren auf anschauliche Weise den steten Wechsel der Jahreszeiten. Auf dem Spielgelände eignen sich unter dem Aspekt der Ernte vor allem Buschbäume mit einer Stammlänge von 60 bis 80 cm, zumal hier die Kinder Blüte und Fruchtansatz genau beobachten können. Da viele Obstsorten keine Selbstbestäuber sind, müssen in der Nähe entsprechende Pollenspender vorhanden sein, wenn neben der Blütenpracht auch Früchte gewünscht sind. Spalierobst eignet sich zur reizvollen Belebung einer sonnigen Mauer, ist jedoch sehr pflegeaufwendig.

Alle hochstämmigen Obstsorten beanspruchen viel Platz und vor allem Geduld. Trotzdem sollte zumindest ein Vetreter dieser ehrwürdigen Obstriesen einen sonnigen Platz auf dem Gelände finden.

Vor allem der Apfelbaum mit seinen über 1.000 verschiedenen Sorten bietet sich hier an. In unserer Kultur ist der Apfel ein Symbol des Lebens und in seiner Kugelform Sinnbild für die Vollkommenheit der Erde und des Kosmos. In vielen Märchen und Mythen taucht er als Paradiesbaum auf, und seine Früchte verheißen das ewige Leben. Manche Sorten, wie z.B. der Geheimrat von Oldenburg oder die Goldparmäne, laden allein durch ihren Namen zum lustvollen Kosten ein.

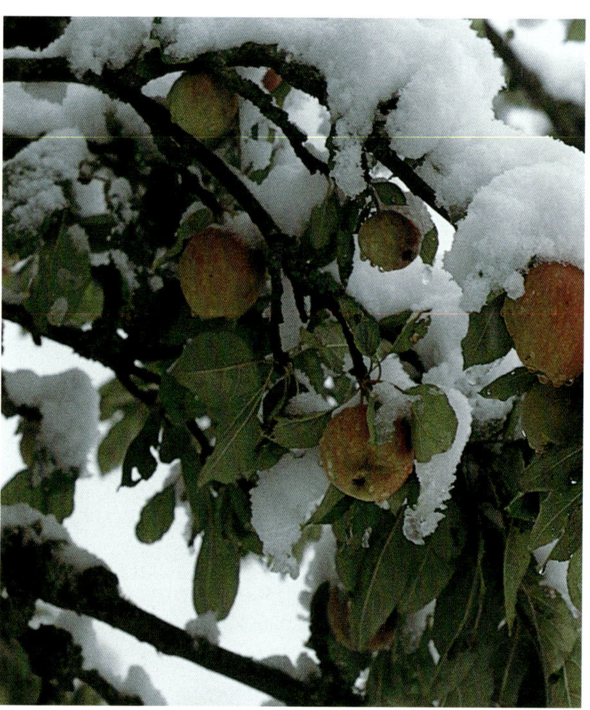

Aber auch der Kirschbaum aus der Familie der Rosengewächse zählt zu den Bewohnern märchenhafter Orte, an denen zu bestimmten Zeiten die Elfen tanzen und Gestalten wohnen, mit denen nicht immer »gut Kirschen essen« ist.

Hochbeete sind Spitze

Die Anlage eines Hochbeetes entspricht in idealerweise den besonderen Ansprüchen, die sich für das Gärtnern mit Kindern ergeben. Hochbeete sind überschaubare Garten-Inseln im Spielgelände. Niemand beschädigt aus Unachtsamkeit die Beete, zudem kann in bequem erreichbarer Tischhöhe gegraben, beobachtet, geerntet und gepflegt werden. Bei einer Höhe von 70 bis 100 cm sollten Hochbeete maximal 80 bis 100 cm breit sein, um auch den jüngeren Kindern die Möglichkeit zu geben, von allen Seiten unproblematisch an die Pflanzbeete heranzukommen.

Gestalterisch bieten sich runde Formen an, die in mehreren Rondellen reizvoll den Gartenbereich markieren. Rechteckige Formen gliedern U-förmig oder L-förmig einen Terrassenbereich und bilden Nischen. In der Nähe sollte sich immer ein Wasseranschluss befinden, eine Schwengelpumpe hätte hier ihren würdigen Platz. Als Gießwasser bietet sich aber in erster Linie das Regenwasser an.

Als Baumaterial für die Umrandung eignet sich vor allem das sehr widerstandsfähige entrindete Robinienholz. Die Rundhölzer sollten einen Durchmesser von 6 bis 8 cm aufweisen.

Der Herbst ist die günstigste Jahreszeit für den Bau, da in der anschließenden Ruhephase das Erdreich absinkt und sich ein fruchtbares Bodenleben entwickeln kann. Um diesen Reifungsprozess der Gartenerde zu unterstützen, benötigt das Hochbeet ein besonderes Schichtverfahren, das sich folgendermaßen aufbaut:

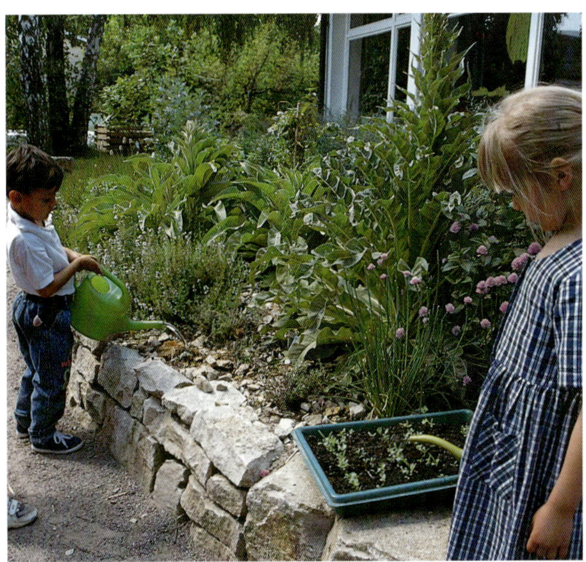

Im Sockelbereich wird die Beetgrube (30 cm) mit Zweigen und Ästen aufgefüllt, darüber kommen ein Drittel Laub, Gras und Stroh, ein weiteres Drittel Grobkompost und darüber das letzte Drittel an guter Gartenerde. Das Hochbeet ist in einer Nord-Südachse anzulegen und liebt Sonne. Im Frühjahr ist dann mit den Kindern Pflanzzeit. Nach 6 Jahren sind die Schichten zusammengesunken und werden erneut aufgebaut.

Der Bambusgarten

»In jedem Bambushain verbirgt sich ein ganzes Orchester.«

Die Botaniker zählen den Bambus weder zu den Sträuchern noch zu den Bäumen, sondern zu den Gräsern. Auch in unseren Breitengraden fühlen sich diese hochwüchsigen und geheimnisvollen Gräser ausgesprochen wohl. »Wo ein Kirschbaum wächst, gedeiht auch der Bambus«, lautet die Faustregel. Mit dem Rücken zur Wand liebt der Bambus viel Sonne und einen durchlässigen nahrhaften Boden.

In der japanischen Gartenbaukunst wird der Bambus immer in Verbindung zu Stein und Wasser gepflanzt. Der Bambus bietet sich in Verbindung mit Grobkies und Flusskieseln im Terrassenbereich als schnellwachsender Raumteiler und Sichtschutz an. Als immergrünes Gewächs belebt er aber auch den Innenhof oder das Atrium als verträumte Ruhezone. Wenn der Wind durch die Halme streift, ertönt das kleine Orchester. Die erstaunliche Vielfalt von Struktur und Farbe der Bambushalme birgt vielseitige Spielideen. Das Schnittgut ist vor allem für Kinder attraktiv.

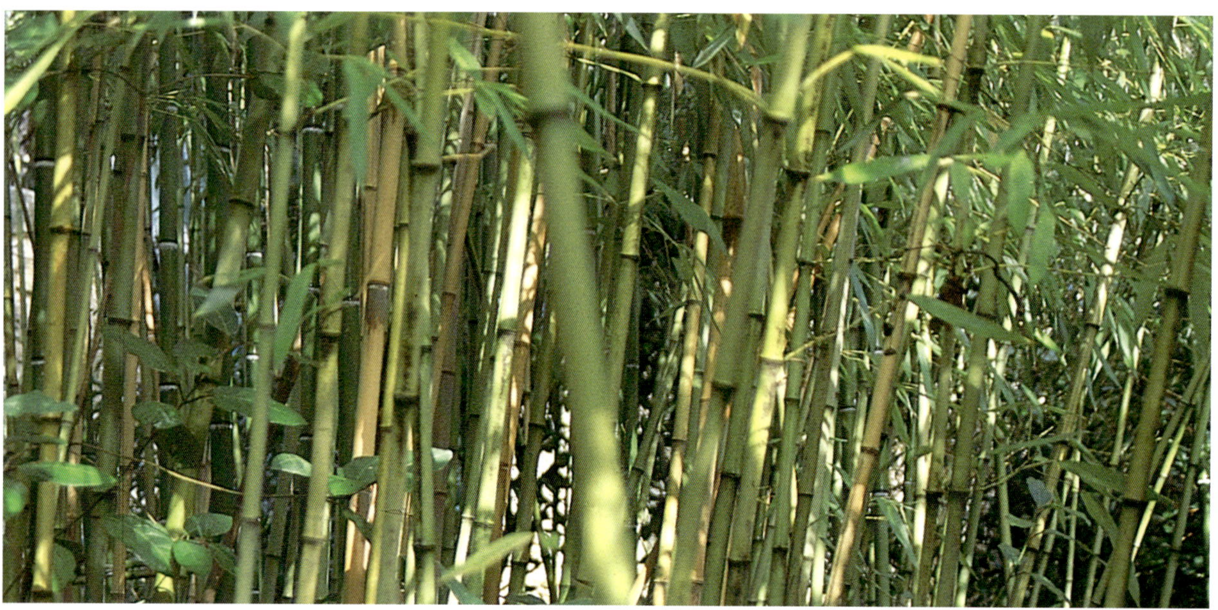

Der Pilzgarten

Pilze wachsen nicht nur im Wald. Sie sind auch auf Wiesen, im Garten unter Sträuchern und an Bäumen zu finden. Diese eigenwilligen Geschöpfe der Natur bevölkern Mythen und Märchen und üben auf Kinder eine besondere Anziehung aus. Kinder sind selten Pilzesser, aber umso bessere Pilzbeobachter. In unseren Siedlungsgebieten sind die natürlichen Pilzvorkommen im Schwinden begriffen, zumal die ungenießbaren und sogar giftigen Arten kaum zu ihrer Attraktivität beigetragen haben.

Pilze ernähren sich größtenteils von abgestorbenen Blättern, Stängeln, Hölzern und anderen Substraten des humösen Erdbodens. Daher siedeln sie gerne in der Nähe vom Komposthaufen, Holzstößen und Reisighaufen. Pilze »schießen über Nacht aus dem Boden« und sind oft nur für wenige Tage zerbrechliche Besucher, die zu manchen neugierigen Fragen und Spekulationen herausfordern.

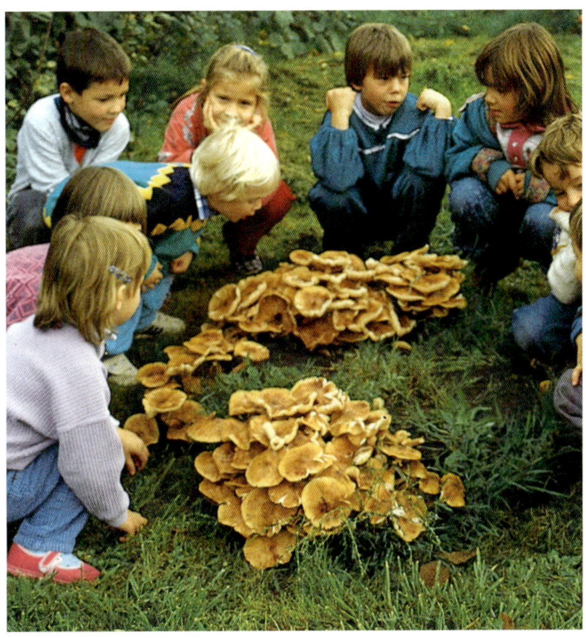

Mit etwas Glück und gärtnerischer Großzügigkeit werden bestimmte Pilze ihren besonderen Platz im Gelände finden. Zudem besteht die reizvolle Möglichkeit, eine entsprechend vorbereitete Umgebung mit Pilzkulturen zu »impfen«. Die so genannte Pilzbrut ist im Fachhandel erhältlich. Für den unkomplizierten Anbau auf einem Strohballen eignen sich die Braunkappe oder der Austernseitling. Wir können aber auch auf besonders präparierten Baumstämmen oder direkt auf dem Erdboden Kulturen anlegen. Die kleinen Pilzgärtchen benötigen viel Schatten und entsprechende Feuchtigkeit. Reizvoll wäre es, sie im lichten Schatten eines Baumes oder Gebüsches anzusiedeln. Als Gehölze eignen sich hierfür vor allem Holunder, Wildapfel, Haselstrauch oder Eberesche. Als Seitenschutz kann eine Hecke aus Hagebutte gepflanzt werden. Auch der Kirschapfel (Crabapfel) und die Maulbeere fühlen sich in dieser altehrwürdigen Versammlung fast vergessener Gehölzarten sichtlich wohl.

Die Kräuterspirale

Die Kräuterspirale ist eine besondere Form des Kräutergartens. In dem spiralförmig nach innen ansteigenden Bau finden zahlreiche Kräuter auf kleinstem Raum unterschiedliche Standorte vor, die ihren Lebensbedingungen optimal entsprechen. Ähnlich der Trockenmauer bietet die Kräuterspirale außerdem vielen Kleinlebewesen Unterschlupf und Lebensraum. Als optische Bereicherung eines Geländes lädt sie Auge und Nase zu einer Entdeckungsreise ins Reich der Düfte ein.

Vor allem im Kräutergarten zählt die Kunst der Beschränkung. Die Duftpflanzen werden ihre aromatische Wirkung erst entfalten, wenn sie über Jahre hinweg gute Standortbedingungen antreffen und sich großzügig entfalten können. Der Vorzug einer Kräuterspirale besteht darin, dass durch ihre Spiralform in alle vier Himmelsrichtungen der optimale Platz für jedes Kraut angeboten wird. Vom extrem trockenen bis zum feuchten Standortanspruch ist hier alles erfüllbar, wenn einige grundlegende Dinge beachtet werden.

Kräuterspiralen benötigen einen sonnigen Standort, ihre Grundfläche hat einen Durchmesser von ca. 3,5 m und misst an der höchsten Stelle 100 cm. Als Baumaterial bieten sich im Hinblick auf das Tarnungsbedürfnis der Kleinlebewesen regionale Natursteine an, die etwas abgeflacht sind. Mit Sand wird der Verlauf der Spirale zunächst umrissen, Pfähle markieren die unterschiedlichen Höhen der Mauer.

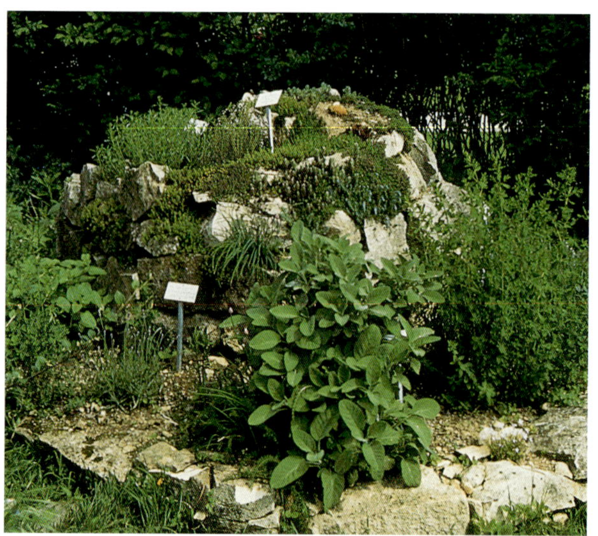

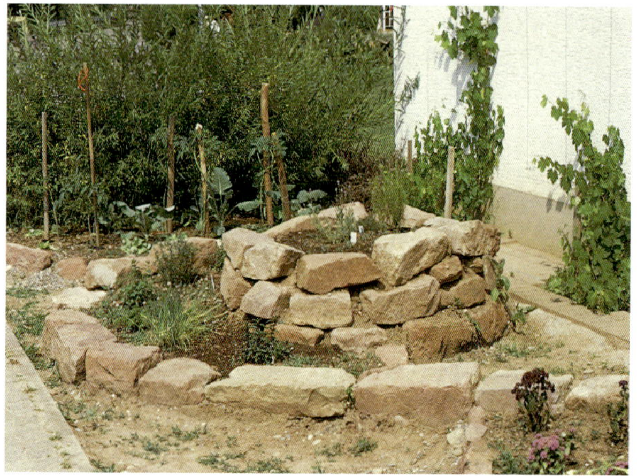

Die Spirale läuft in Richtung Süden aus, und an ihrem Ende wird ein kleines Wasserbecken angelegt, welches mit Lehm abzudichten ist. Die Mauer ist leicht schräg geneigt und wird allmählich ansteigend von außen nach innen hochgezogen.

Die Zwischenräume der Mauern werden bis zu halber Höhe mit kleinen Bruchsteinen und Ziegelresten aufgefüllt und anschließend mit Erde abgedeckt. Am Fuß der Spirale legen wir guten, humösen Gartenboden an, um dann im inneren, höher gelegenen Teil zunehmend mageren Boden aufzuschütten. Mageren Boden erhalten wir durch Beimengung von Sand, Kalkmörtel oder zerkleinertem Bauschutt.

Bei der Pflanzaktion ist darauf zu achten, dass nur kräftige und bereits buschige Kräuter eingesetzt werden.

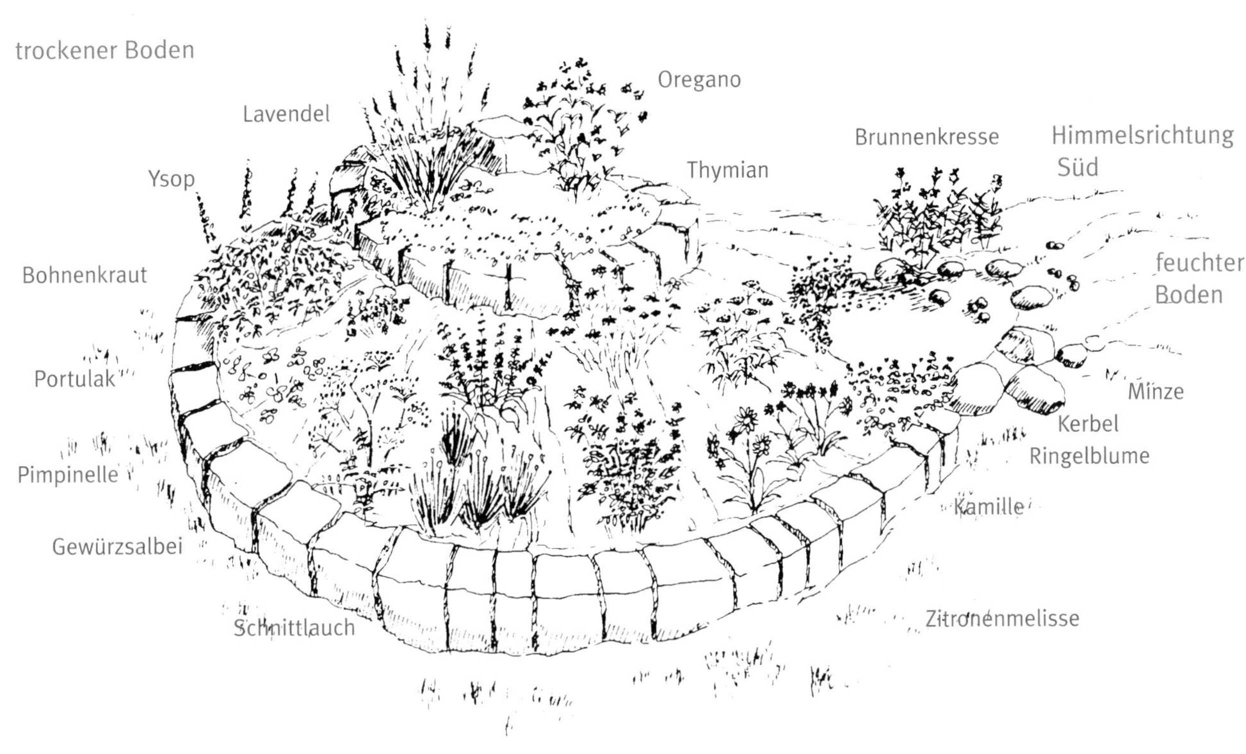

Die Trockenmauer

Früher war das Landschaftsbild vor allem in den Dörfern von locker aufgeschichteten Mauern bestimmt.

Die vielen Hohlräume und Ritzen der Natursteinmauer sind auch heute noch allenfalls mit einem mageren Kalkmörtel verbunden und bieten einer Vielzahl von Pflanzen und Tieren besonderen Lebensraum.

Typische Mauerpflanzen wie beispielsweise Mauerpfeffer, Mauerfarn oder Zimbelkraut sind äußerst anspruchslos und siedeln sich wie das Steinkraut, das Hungerblümchen, die Fetthenne und die Mauerraute bevorzugt an diesem Ort an. Neben Ameisen, Spinnen, Hummeln legen Eidechsen hier mit Vorliebe ihre Eier ab, Spitzmäuse, Mauswiesel und Erdkröten finden Unterschlupf, und manch farbenprächtiger Schmetterling wird von dem Blütenreichtum angelockt.

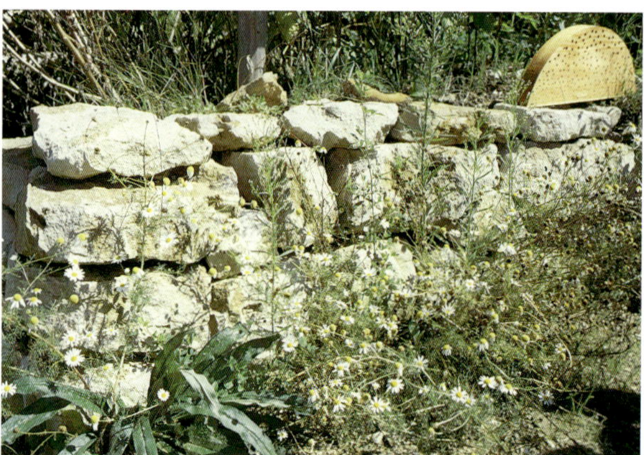

Kaum ein Standort bietet so vielfältige Beobachtungsmöglichkeiten wie Natursteinmauern. Für das Spielgelände sind sie daher ideal geeignet, sollten aber immer einen Bezug zum Gelände aufweisen.

Die freistehende Trockenmauer mit einer Höhe von 1 m und einer Sockelbreite von 1,50 m kann beispielsweise an der Grundstücksgrenze Raum für Rückzug und stille Beobachtung bieten.

Als Stützmauer eignet sie sich, um im Eingangsbereich eines Tunnels den Hügel abzufangen und dadurch den Eindruck eines Bergwerkstollens oder einer Höhle zu erwecken. Als Hangstütze gliedert die Natursteinmauer das Gelände. In besonders beanspruchten Zonen ist jedoch zu überlegen, ob die Steine nicht doch mit einem Maurermörtel gesichert werden. Hierbei sind die Steine so zu setzen, dass sich kleine Hohlräume bilden, die mit Lehm, Sand und etwas Kompost verfugt werden.

Der ökologische Nutzen dieser Mauerwerke ist am größten, wenn sie nach Süden oder Südwesten ausgerichtet sind und volles Sonnenlicht erhalten.

Tipp:
Wir bestreichen die Mauer mit einem Gemisch aus Wasser und verrottetem Mist. Das regt Flora und Fauna an.

Der Schaukelgarten

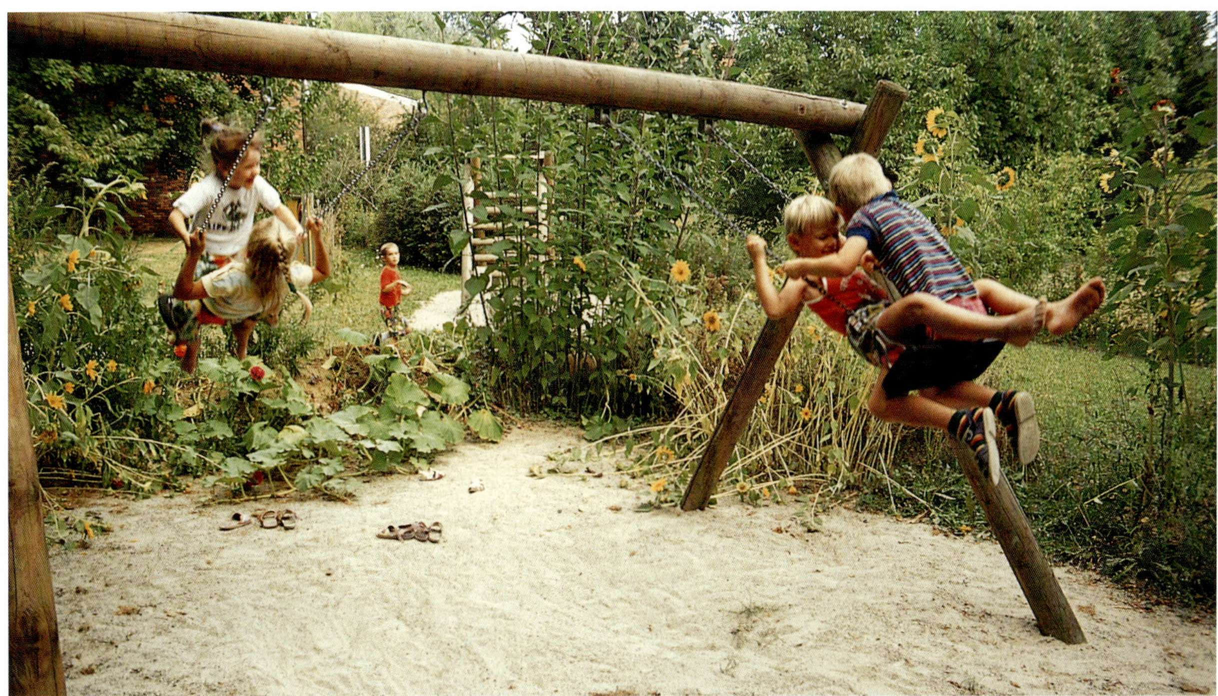

Das Schaukeln ist für Kinder aller Altersgruppen eines der beliebtesten Spiele. Wie vielfältig das Schaukelangebot heute geworden ist, lässt sich an den unzähligen neuen Schaukeltypen erkennen, die von den Herstellern in den letzten Jahren auf den Markt gebracht wurden: von der klassischen Kettenschaukel, die noch für ein Kind konzipiert wurde, über Mehrfachschaukeln und Schaukelreifen bis zur Vogelnestschaukel.

Gemeinsam ist allen Schaukeltypen allerdings der große Platzbedarf geblieben, damit den notwendigen Sicherheitsanforderungen im Schaukelbereich genügt werden kann. Trotzdem ist immer wieder zu beobachten, dass Erwachsene neben der Schaukel Posten beziehen, um als regulierende Ordnungskraft Unfälle durch hereinrennende Kinder verhindern zu helfen.

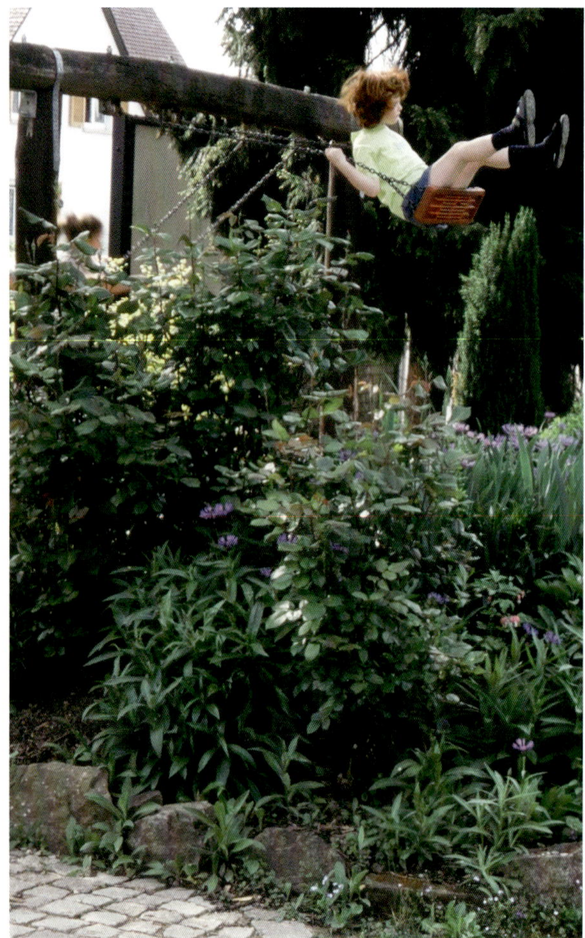

Um nicht ständig beaufsichtigen zu müssen, sollte deshalb der Standort der Schaukel sorgfältig ausgewählt werden. Geschützte, nicht in Lauf- und Wegzonen der Kinder liegende Plätze haben sich bewährt.

Der Schaukelgarten entlastet nicht nur die Erwachsenen, sondern führt auch bei den Kindern zu mehr Selbstständigkeit.

Warum ein Schaukelgarten?

Um den Schaukelbereich zu sichern und zu verhindern, dass Kinder aus Unachtsamkeit in den Gefahrenbereich der Schaukel hineinrennen, ist die Idee des Schaukelgartens entstanden.

Um die Schaukel wird durch Erdmodellierung und Bepflanzung oder sonstige optische Barrieren, wie zum Beispiel begrünte Flechtzäune, eine Sicherheitszone angelegt. Dabei geht es nicht um das Ausgrenzen von Spielmöglichkeiten, sondern um das Eingrenzen und Erweitern des Schaukelns.

Der Zugang zur Schaukel ist nur über einen zentralen Zugangsbereich möglich, der seitlich versetzt und schleusenartig angelegt ist.

Durch die abwechslungsreiche duftende Bepflanzung, die unterschiedlichen Lichtverhältnisse, die ruhigere und konzentriertere Atmosphäre werden die Sinne der Kinder inspiriert. Licht und Schatten werden erlebbar, und Düfte fragen nach ihrer Herkunft.

Was ist zu beachten?

Der Sicherheitsabstand, den die jeweilige Schaukel benötigt, muss unbedingt als Frei- bzw. Schaukelfläche eingehalten werden und wird je nach Schaukeltypus variieren.

Durch eine sanfte Erdmodellierung werden die Ausmaße des Schaukelgartens festgelegt. Die unterschiedlichen Möglichkeiten der Bepflanzung hängen natürlich entscheidend vom jeweiligen Standort, der Bodenbeschaffenheit und den Lichtverhältnissen ab. Grundsätzlich gilt es, heimische, allerdings verschiedenartige Sorten zu bevorzugen. Da alle Pflanzen Unterhalt und Pflege benötigen, sollten die Zuständigkeit und Verantwortlichkeit schon im Vorfeld geklärt werden. Die meisten Arbeiten können allerdings leicht mit den Kindern gemeinsam erledigt werden.

Ein wunderschönes Beispiel ist in einem Kindergarten zu finden, den wir auf dieser Seite als mögliche Variante und Impuls für eigene Ideen ausführlich vorstellen.

Hier wird deutlich, welch vielfältige Möglichkeiten ein Schaukelgarten bieten kann und wo sich trotzdem noch Platz für Veränderungen und neue Ideen der Kinder findet.

Aufbau eines Schaukelgartens am Beispiel des Kindergartens »Blumenwiese« in Weisweil

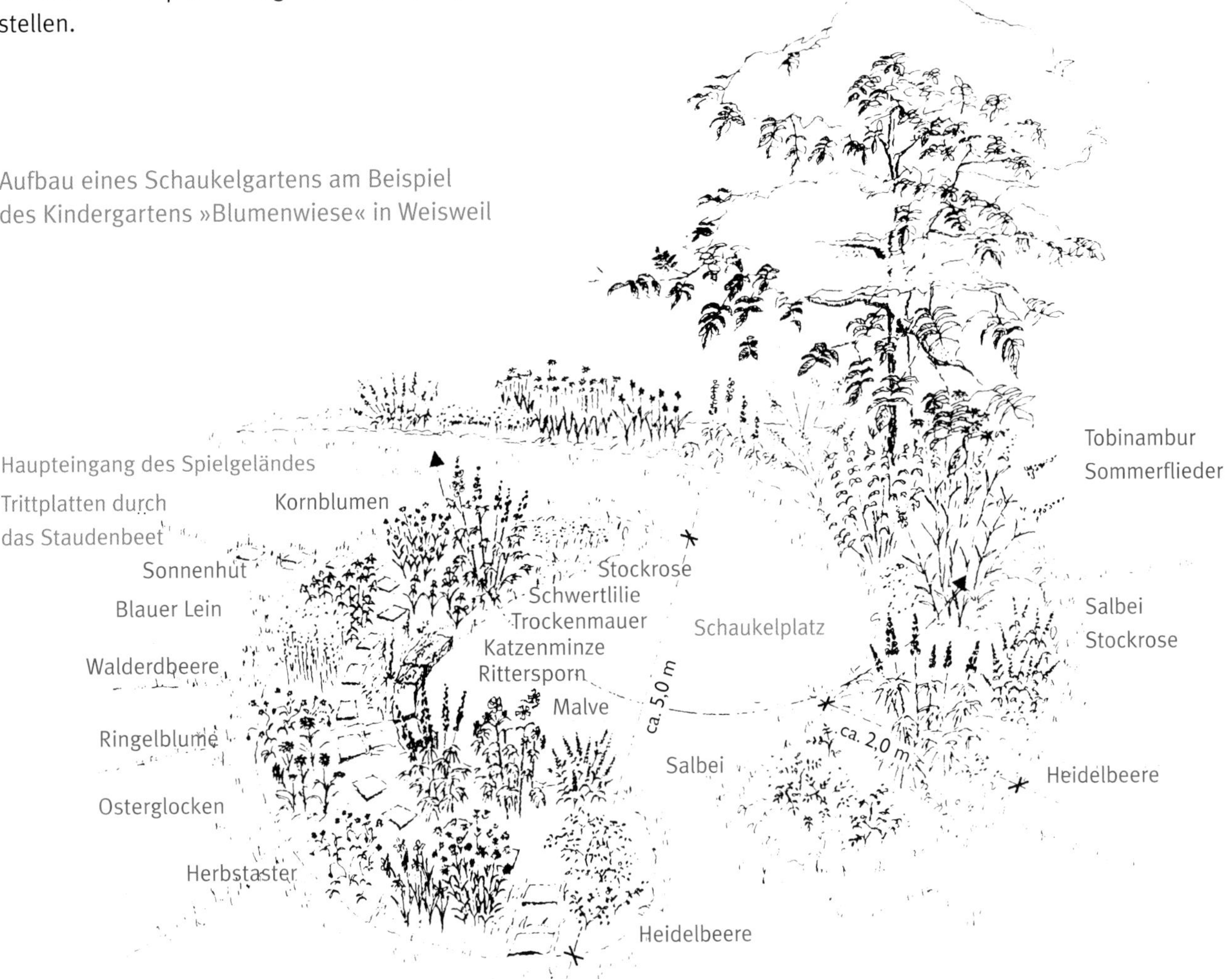

Wildsträucher

Viele der heimischen Wildsträucher geraten heute zunehmend in Vergessenheit, obwohl sie über Generationen hinweg die Menschen begleitet haben. Kirschapfel oder auch Crabapfel, Eberesche, Maulbeere, Kornelkirsche, oft auch Dürrlitze genannt, Hagebutte, Holunder, Mispel, Moosbeere, Haselnuss und Wildbirne liefern seit altersher nicht nur für die Menschen begehrte essbare Früchte.

Um viele dieser traditionsreichen Gewächse ranken Mythen, Legenden und wundersame Geschichten.

Der Holunder, auch Holderbusch genannt, spielt im Volksbrauchtum eine große Rolle, was so manches Märchen bezeugt. Früher wurde er gepflanzt, um die guten Hausgeister anzuziehen. Nicht von ungefähr findet sich der Strauch häufig in der Nähe von Dörfern, auf Bauernhöfen und am Rand der Bauerngärten. Bei den Germanen war es die Erdgöttin Frau Holla, die Menschen von Krankheiten befreien konnte und Tiere sowie Pflanzen beschützte. Ihr war der Holunderbusch geweiht, und bis ins letzte Jahrhundert hinein galt es als unglücksbringender Frevel, ihn zu fällen. In unseren Märchen wurde aus der germanischen Göttin schließlich die Frau Holle.

Dem Strauch wird große Heilkraft zugeschrieben, und noch heute ist seine Verwendung als Volksmedizin sehr beliebt.

Zudem lässt sich die Blütendolde in Pfannkuchenteig ausbacken, aus den Blüten eine wunderbare Limonade brauen, und die Früchte ergeben einen begehrten Saft. Selbst das Holz mit seinem weichen Mark ist vielfältig im Spiel einsetzbar.

Die Haselnuss war bereits den prähistorischen Menschen als wohlschmeckende Frucht bekannt. Sie ist noch heute in den alten Bauerngärten als Grenzbepflanzung zu finden. Dem Haselstrauch in der Nähe eines Hauses werden besondere Kräfte zugeschrieben, wobei er traditionell immer mit Fruchtbarkeitsriten in Verbindung gebracht wurde oder als Wünschelrute Verwendung fand. Vor allem in Buschgruppen ist die Haselnuss auf jedem Spielgelände ein optisch markanter Punkt; das Gehölz gilt als äußerst robust und schnellwachsend. Die geschnittenen Äste lassen sich auf Grund ihrer Elastizität für vielerlei Werkaktivitäten nutzen.

Die Hagebutte, auch Hundsrose genannt, zählt zu den bei uns am häufigsten verbreiteten Wildrosen. Diese wehrhafte Pflanze duldet nur eine vorsichtige Annährung und sollte aus diesem Grund nicht unbedingt im Bewegungsbereich des Spielgeländes gepflanzt werden. Am Zaun macht sie an exponierter Stelle als »Heckenrose« sicher Sinn und entwickelt sich zu einer stattlichen Höhe. Es war übrigens ein Dickicht aus Heckenrosen, welches der Prinz überwinden musste, um Dornröschen wachzuküssen.

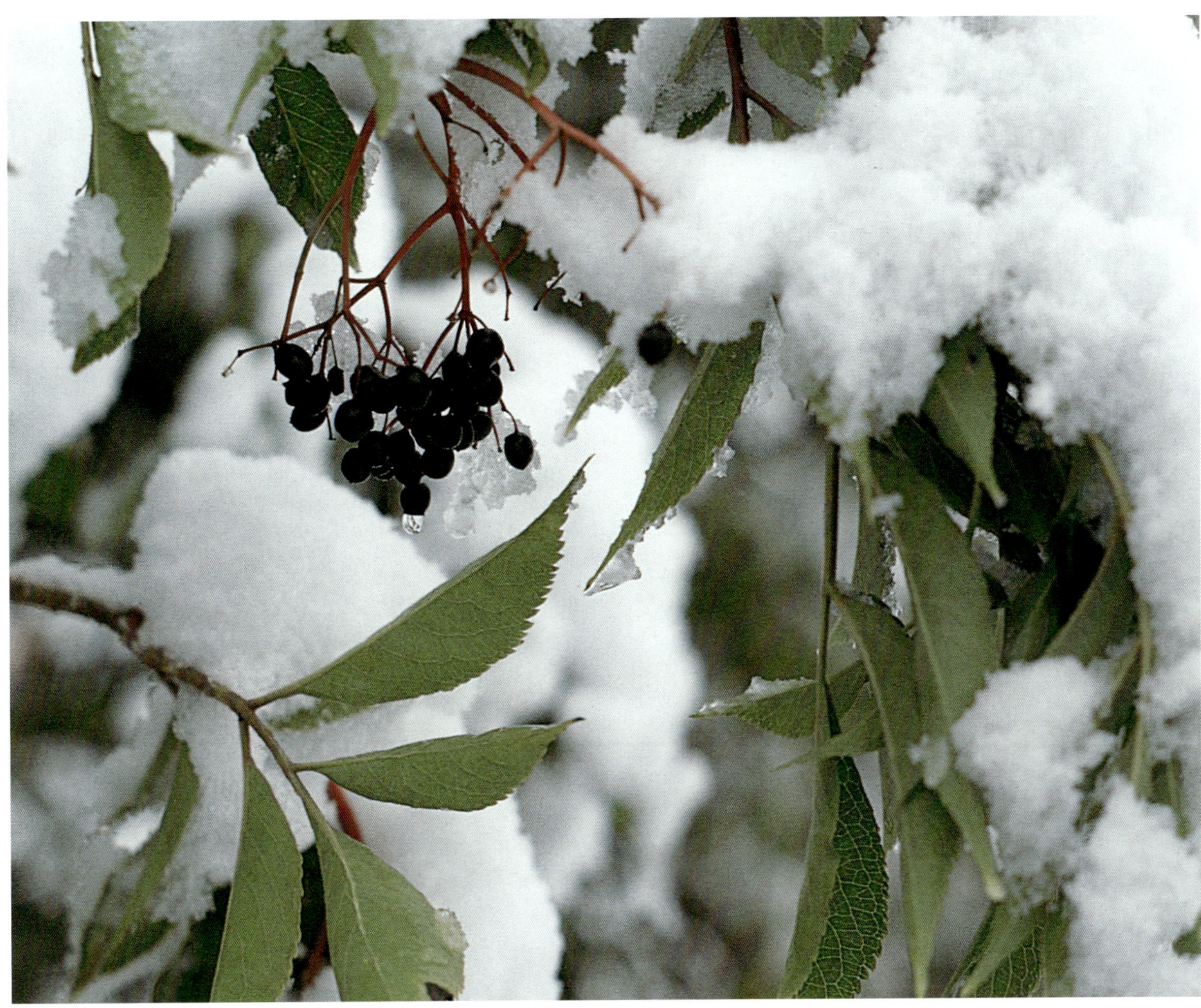

Die kleine Auswahl an Wildsträuchern illustriert, wie mit dem langsamen Verschwinden dieser Gehölze auch ein Vergessen der ihnen zugeschriebenen wundersamen Geschichten verbunden ist.

Mit jeder Neupflanzung wird auch eine Geschichte gepflanzt, und so kann die Buschgruppe aus den altehrwürdigen Wildsträuchern schnell zu einem Geschichtenwald anwachsen. Grund genug, ihnen Schutz und Heimat anzubieten.

Der Skulpturengarten

Berühmte Künstler wie Paul Klee oder Pablo Picasso haben schon früh den offenen Zugang von Kindern zur Kunst entdeckt. Ihre Unbekümmertheit und sinnliche Wahrnehmungsfähigkeit ermöglichen eine Freiheit und Großzügigkeit, die es zu vertiefen gilt.

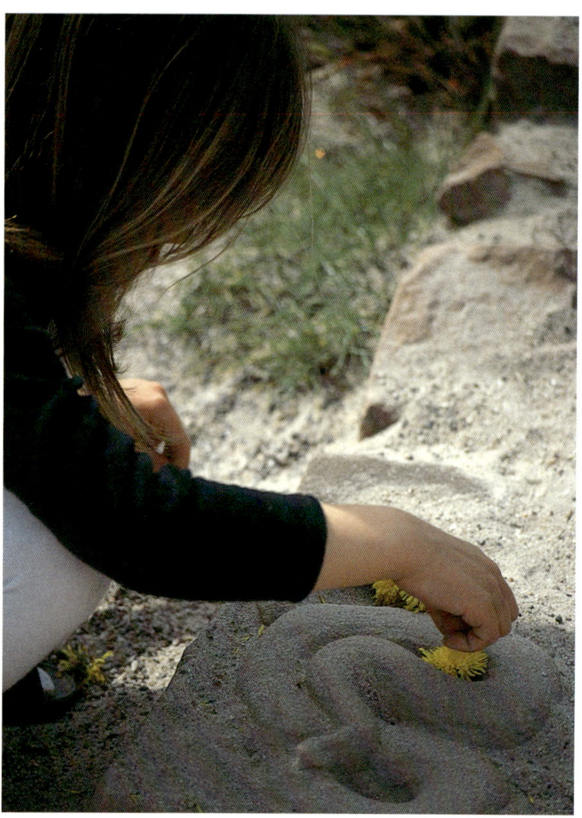

Künstlerische Ausdrucksformen bieten eine besondere Bereicherung, die Welt zu erfassen. Aus dem Zusammenspiel von Kind und Kunst sollten wir schöpfen und neue Ideen entwickeln. Dabei scheint es wichtig, dass sich künstlerische Aktivitäten nicht nur auf die Innenräume beschränken, sondern das Außengelände als Chance begriffen wird, Arbeits- und Ausstellungsbereiche zu schaffen, an denen sich Kinder frei entfalten und darstellen können.

Der mit Kindern gestaltete Skulpturengarten zeichnet sich durch seine Veränderbarkeit und Vergänglichkeit aus. Die Materialien, mit denen gearbeitet wird, sind leicht formbar, wie zum Beispiel der Ytong- oder Tuffstein und Lehm. Spuren der unterschiedlichsten Werkzeuge wie Nägel, Feilen und Sägen werden sichtbar und zeugen auch vom elementaren Bearbeiten des Materials.

Die Skulpturen entstehen nur für überschaubare Zeiträume, denn die Witterung, insbesondere Dauerregen, setzt diesen vergänglichen Materialien zu. Doch die Lust am Schöpferischen lässt immer wieder Neues entstehen und lädt dann vielleicht einmal einen ortsansässigen Künstler zum kreativen Zusammenspiel ein. Vom Skulpturengarten zum Freiluftatelier...

Mehr als nur ein Zaun

Der Zaun oder früher auch Hag genannt, stellt sich in seiner ursprünglichen Gestaltungsform als Flechtwerk oder lebende Hecke dar. Er umschloss einen »eingehegten Platz«. Im frühen Mittelalter verlief der Hag hinter den Gärten und trennte das Dorf von der Wildnis. In Mythen und Märchen saß auf dem Hag die Hagazussa (Hexe), ein Wesen, das zu beiden Welten Zugang hatte.

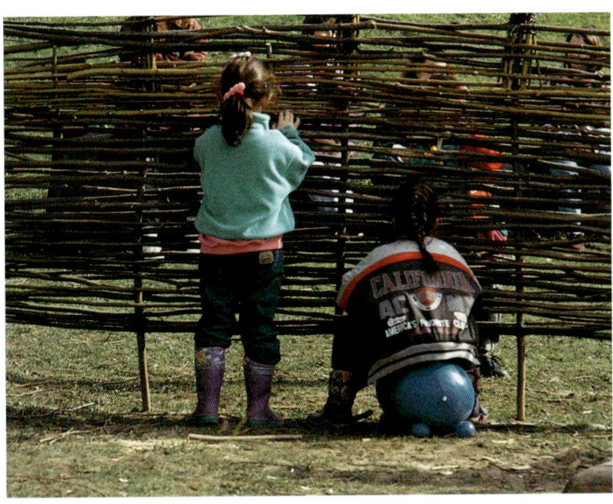

Bis in die Neuzeit wurde der Zaun umgangssprachlich auch als Umfriedung beschrieben. Zäune sollten ursprünglich Frieden bringen und wurden nicht zwangsläufig als eine Form der Ausgrenzung begriffen. Diese positive Deutung könnte die Funktion und das Aussehen von heutigen Zäunen auf dem Spielgelände bestimmen.

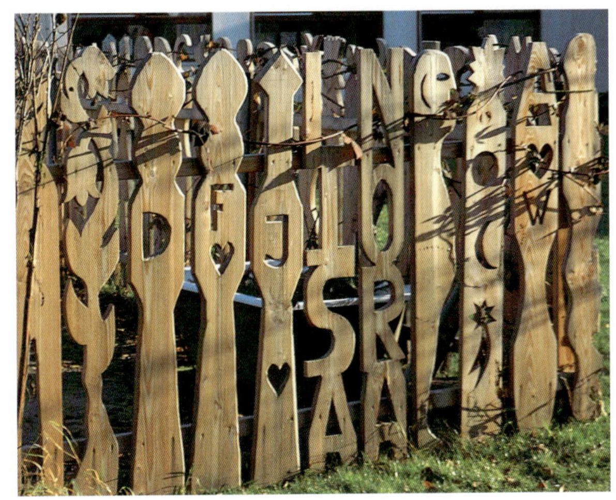

Die Symbolik des Zaunes öffnet somit den kreativen Blick für Gestaltungsmöglichkeiten und Vielfalt der Erscheinungsformen dieses raumbildenden Elementes. Wie verkümmert und genormt erscheinen dagegen die Maschendrahtzäune und andere gängige Modelle industrieller Anbieter.

Das klassische Amphitheater

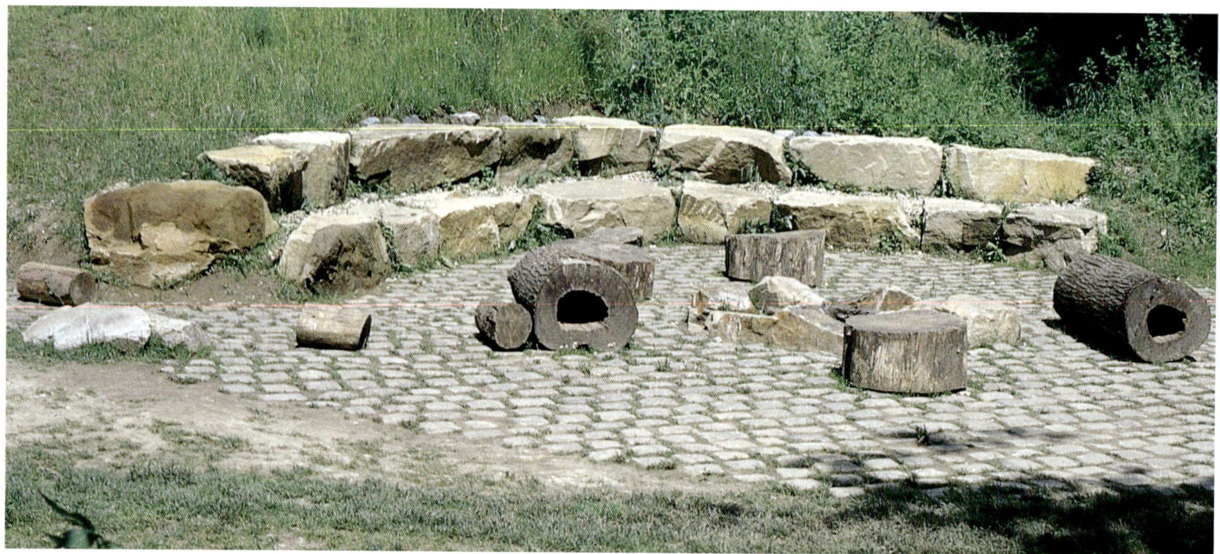

Das klassische Amphitheater der Antike sind die alten, manchmal heute noch zu besichtigenden, ehrwürdigen Zeugen einer jahrtausendealten Nutzung und Tradition. Es sind meist von großartigen Tribünen umgebene Arenen, die die Geschichte von den römischen Gladiatoren- und Wasserspielen bis zu den Opernaufführungen großer Bühnen gesehen haben; archaische Orte, die zum Verweilen einladen und die ein Hauch von Kult und Magie umweht.

Leicht abgewandelte und in der Dimension angepasste Amphitheater finden sich heute auf vielen Spielplätzen und sind dort nicht mehr wegzudenken.

Dieser traditionelle Versammlungsort ist mehr als eine überproportionierte Sitzgelegenheit; er ist auch kein gefasstes Loch in der Wiese, sondern ein besonderer Ort mit eigenem Ambiente. Ein Platz, der sich zur Landschaft oder zu einem Gebäude hin öffnet, der einlädt, der schützt und schließlich zur Aktion verführt. Kaum ein anderer Ort fordert eine größere Bandbreite an Reaktionen heraus, von versunkenen Träumen bis zum ausgelassenen Toben. Bedeutung gewinnt ein Amphitheater aber erst durch die Personen, die es beleben.

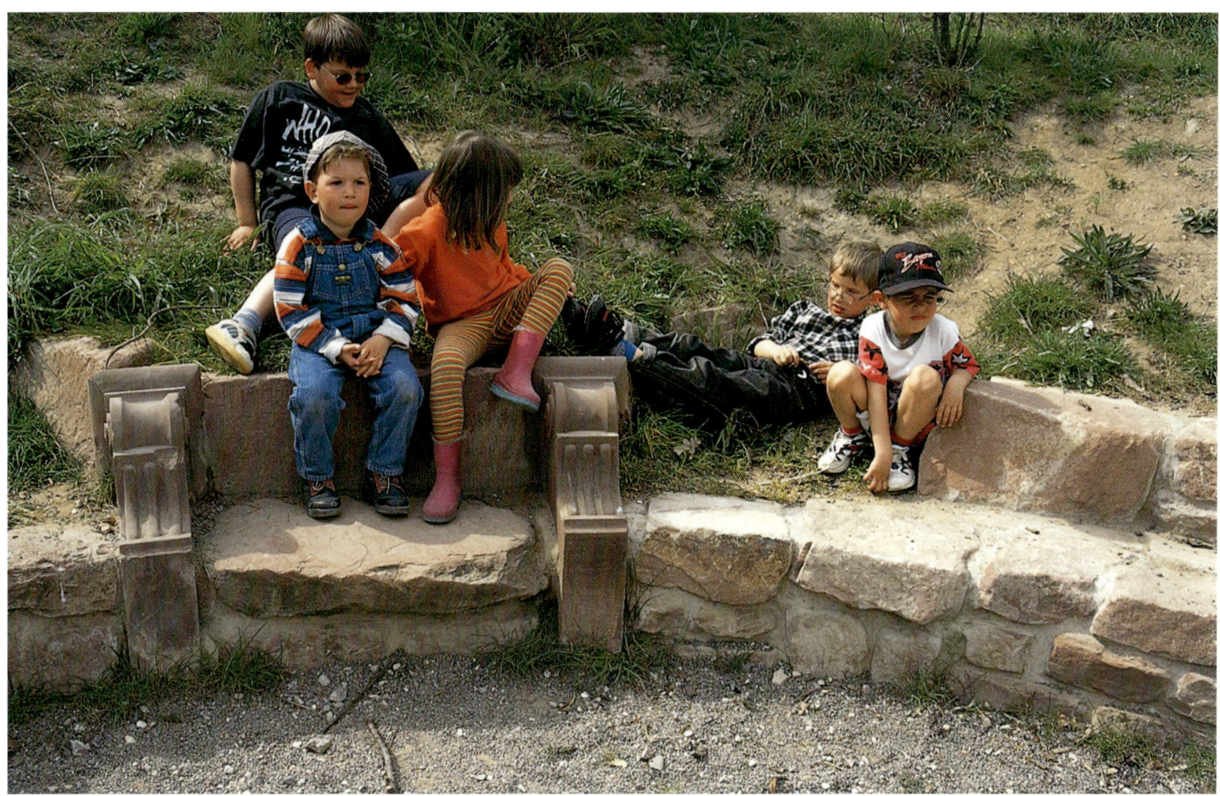

Das klassische Amphitheater, wie wir es auf Spielplätzen bauen, zeichnet sich durch seine runde Grundform aus, die in der Regel einen Durchmesser von vier bis fünf Metern hat. Zwei bis drei Sitzstufen geben in der Regel bis zu 30 Kindern Platz.

Für den Bau eignen sich Holzpalisaden, unbehandelte Schwellenhölzer, Sandstein oder aufbaufähige, ungiftige Baurecyclingmaterialien wie zum Beispiel Backsteine. Diese Materialien sind Beton und Fertigelementen, auch auf Grund der ästhetischen Möglichkeiten beim Bauen, vorzuziehen.

Die Arena kann ebenerdig liegen, sodass die Sitzstufen ansteigen. Für solch einen Aufbau benötigen wir eine Erdmodellierung, wobei aber auch das natürliche Gefälle des Geländes, falls dies vorhanden ist, genutzt werden kann. Da das Amphitheater einen geschützten Raum bieten soll, gilt es, für das nötige Umfeld zu sorgen. Büsche, Heckenpflanzungen oder ein berankter Flechtzaun schaffen Rückhalt und Sichtschutz.

Dann kann das Amphitheater ein Ort sein, der seine eigenen Geschichten erzählt.

Das Grasamphitheater

An die Tradition der Rasenbänke des Mittelalters knüpft das grüne Klassenzimmer an.

Dieses Grasamphitheater ermöglicht andere Formen der Lernkultur. Es betont die Möglichkeit der Freiarbeit für alle Unterrichtsfächer und ist außerhalb der Unterrichtszeit Versammlungsort und Treffpunkt. Im Zuge der Öffnung von Schulhöfen als Spielort im Stadtviertel gewinnt außerdem solch ein Platz zunehmend an Bedeutung.

Er verändert sich mit der Tageszeit, ist abhängig vom Sonnenstand, den Wetterverhältnissen und den Jahreszeiten.

Zudem scheint es das einzige Klassenzimmer zu sein, an dem Kinder und Jugendliche mitbauen und bei dessen Unterhalt und Pflege sie auch selbst Hand anlegen müssen.

Materialliste

Für den Bau eines grünen Klassenzimmers werden Grassoden benötigt. Dieser im Gartenbau gebräuchliche Name steht für ca. 5 cm starken Rollrasen. Falls die Möglichkeit besteht, eine Schälmaschine zu leihen, ist es sinnvoll, mit Kindern und Jugendlichen den Rasen selbst zu schälen. Ansonsten ist er im Fachhandel erhältlich. Desweiteren werden Forstmischung, Kies und Rindenmulch benötigt.

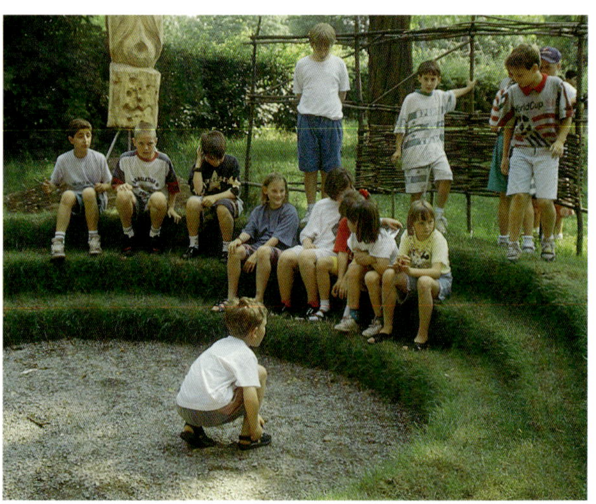

Werkzeugliste

Spaten, Schaufel, evtl. Schälmaschine, Hacken, Schubkarren, Bodenstampfer, Erdbohrer. Eimer sollten in großer Anzahl vorhanden sein. Für die Erdarbeiten ist ein kleiner Bagger von großem (Zeit-)Vorteil, der den Aushub übernehmen kann. Für die Befestigung der Innenfläche ist ein Rüttler notwendig.

Tipp:
Vor den Erdarbeiten muss geklärt werden, wo Strom-, Gas- oder Wasserleitungen verlaufen.
Wann kann ich bauen?

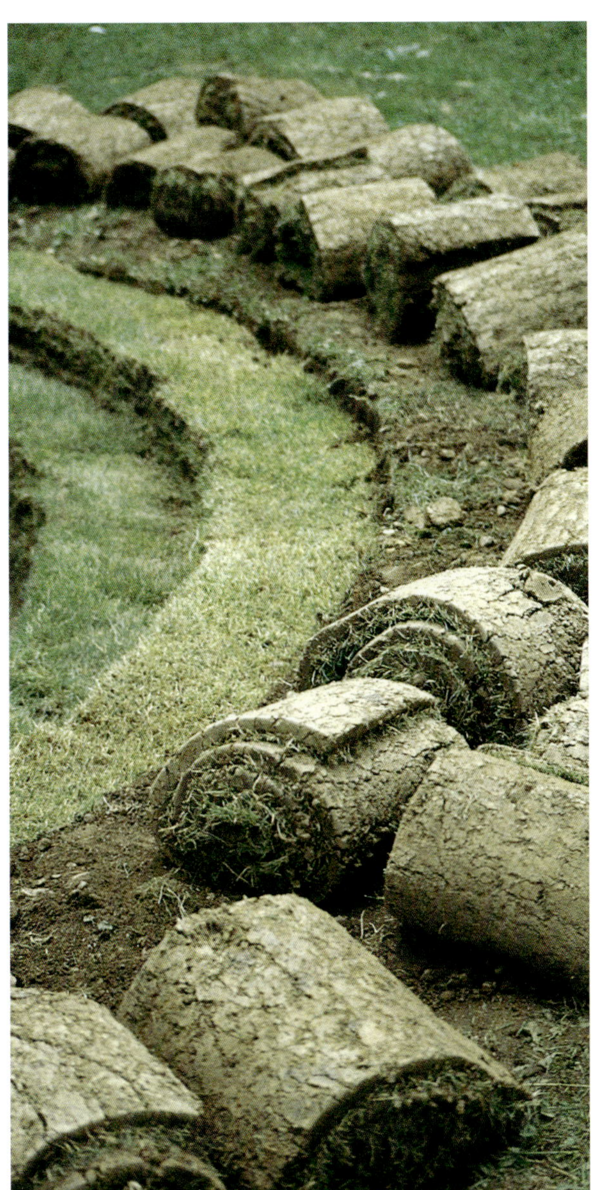

Der Bau ist vom Frühjahr bis zum Herbst denkbar. Da das grüne Klassenzimmer nach dem Bau mindestens zwei Wochen Ruhe zum Anwachsen benötigt, empfiehlt es sich, den Bauzeitpunkt kurz vor die Ferien zu legen.

Pflege und Unterhalt

Die Grassoden müssen in den ersten Monaten gut bewässert werden, um das Anwurzeln zu sichern. Nach dem Anwachsen der Rasensoden ist ein regelmäßiger Schnitt notwendig. Hier möchten wir darauf hinweisen, dass kein Rasentrimmer verwendet werden sollte, sondern eine (elektrische) Gartenschere, da die Soden nicht beschädigt werden sollten. Die Anzahl der Schnitte ist wie bei normalem Rasen anzusetzen.

Kies oder Rindenmulch, der zur Auffüllung der Arena verwendet wurde, sollten regelmäßig wieder aufgefüllt werden. Bewährt hat sich eine so genannte wassergebundene Decke, bestehend aus einer Forstmischung, die einen minimalen Pflegeaufwand benötigt.

In den meisten Schulen haben sich Klassenpatenschaften entwickelt, die in praktischen Unterrichtseinheiten die Pflege gewährleisten.

Das grüne Klassenzimmer bzw. Grasamphitheater eignet sich für alle pädagogischen Institutionen wie Kindertageseinrichtungen und Horte. Die weichen Grasstufen bieten auch für die Arbeit mit Behinderten ungeahnte Möglichkeiten.

Für öffentliche Spielplätze wird es seltener eingesetzt, da es dort als zu pflegeintensiv gilt.

Arbeitsschritte für das Grasamphitheater

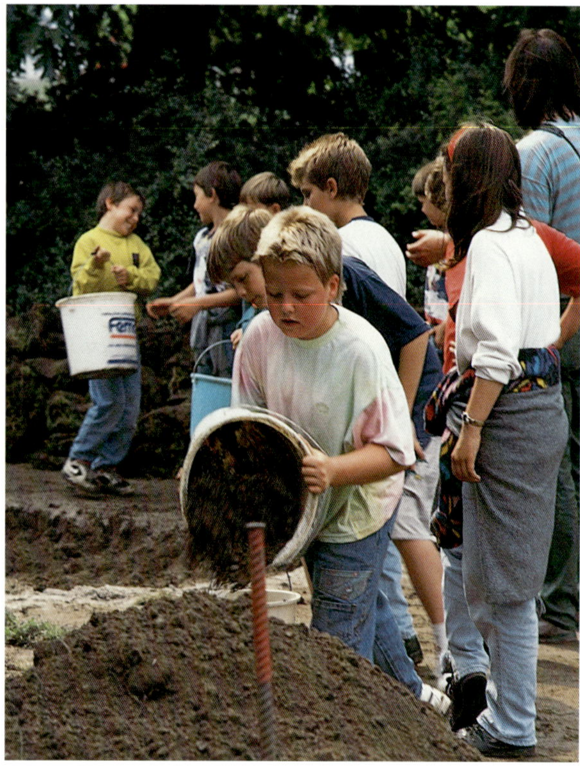

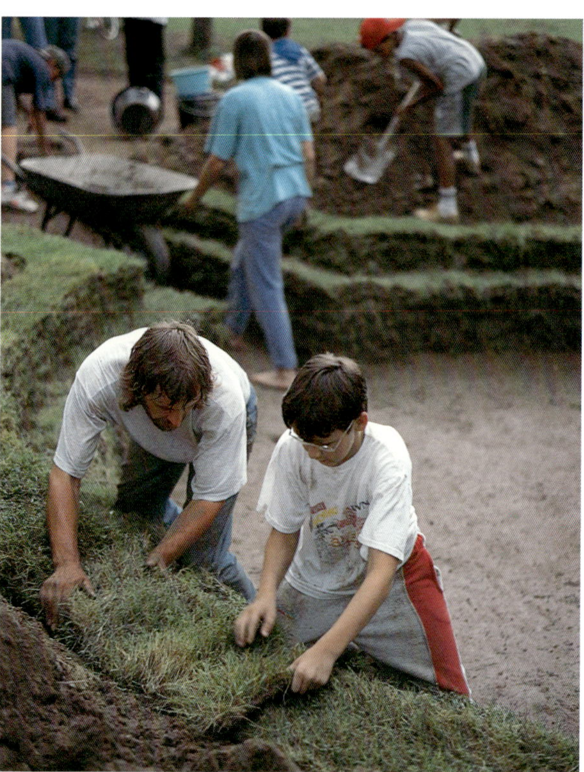

Zuerst wird die Größe des Grasamphitheaters über einen Kreis mit Sand markiert. Dabei hat sich ein Durchmesser von ca. fünf Metern bewährt. Für die Erdarbeiten empfiehlt es sich, einen kleinen Bagger zum Einsatz kommen zu lassen. Der Abtransport der Erde kann über eine Menschenkette geschehen, in der die Kinder und Jugendlichen eimerweise die Erde weiterreichen. Das meiste Aushubmaterial wird später noch für die Anschüttung benötigt. Der Rest kommt in den Schulgarten.

Eine große Faszination üben die Fundstücke während der Ausgrabungsarbeiten auf die Kinder aus.

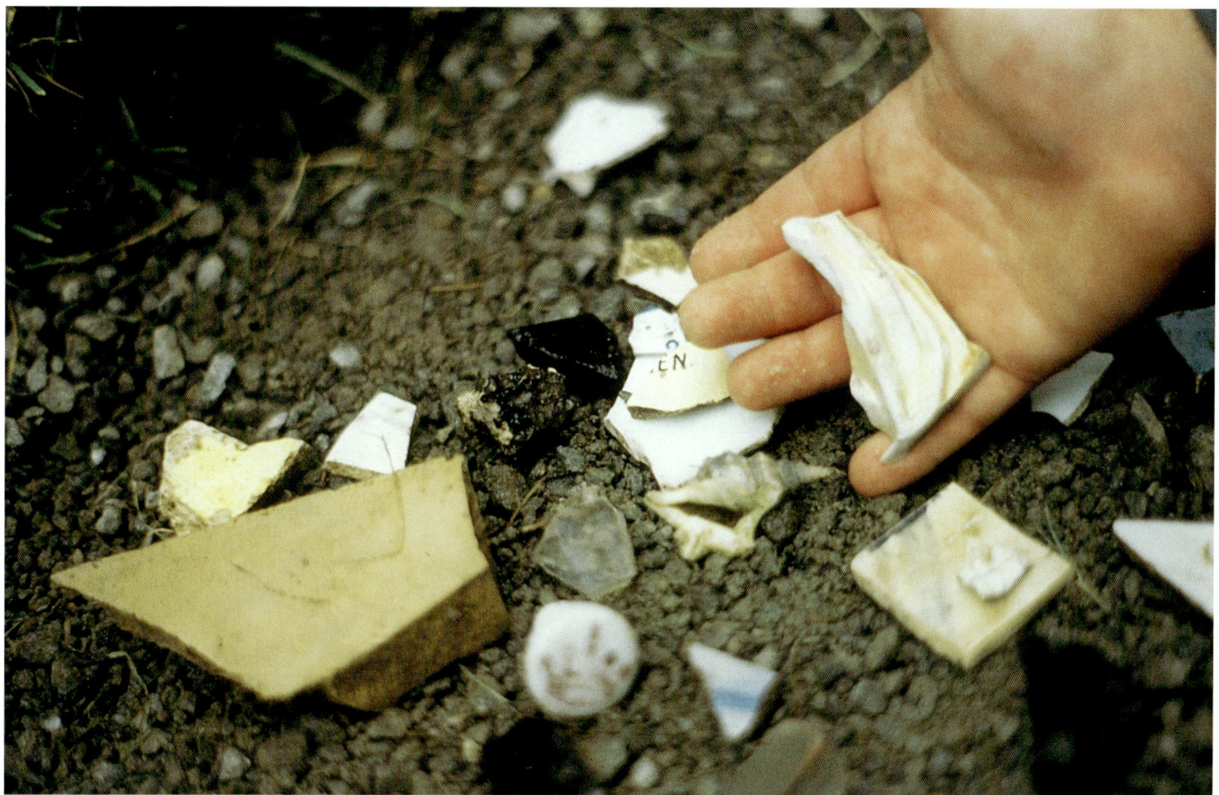

Archäologische Spuren, die an nie gefundene Schätze und längst vergessene Abenteuer erinnern können.

Der äußere Randbereich muss gerade abgestochen werden, um das anschließende Setzen der Grassoden zu erleichtern. Zuvor wird allerdings der Bodenbelag eingebracht und festgerüttelt. Dabei ist auf eine Drainage zu achten.

Die Rasensoden werden nun Schritt für Schritt aufeinandergeschichtet. Dabei werden die Schnittstellen versetzt angebracht, um ein besseres Anwachsen zu ermöglichen. Es ist besonders darauf zu achten, dass keine Hohlräume entstehen. Erde hilft hier, Löcher zu stopfen. Wenn die Sitzstufen angelegt sind, wird das zwischengelagerte Aushubmaterial aufgeböscht und ebenfalls mit Grassoden belegt.

Um das Anwachsen zu erleichtern, sollte dem grünen Klassenzimmer eine Ruhepause von mindestens zwei Wochen gegeben werden.

Eine Randbepflanzung oder ein Flechtzaun bieten sich an, um den Besuchern des grünen Klassenzimmers Sichtschutz und Rückhalt zu geben. Skulpturen verhelfen diesem Ort zu einer besonderen Atmosphäre.

Die Terrasse

Diese Verbindung zwischen Innen und Außen findet vor allem in Kindertageseinrichtungen eine wichtige Anwendung und stellt eine Erweiterung der Gruppenräume dar. Früher hat man sich in den Gruppenräumen verbarrikadiert, doch im Zuge der Öffnung der Einrichtungen hat auch der Terrassenbereich besondere Bedeutung gewonnen.

Hier leben die Kinder die ersten Frischluftaktivitäten des Tages aus, eine Gegenerfahrung zur klimatisierten Kindheit, in der zwischen der beheizten Wohnung, dem vorgewärmten Auto und dem warmen Gruppenraum selten genügend Bewegungsfantasien ausgelebt werden können.

Der erweiterte Gruppenraum ermöglicht noch eine Zuordnung zu der Gruppe und scheint deshalb speziell für die jüngeren Kinder enorm wichtig.

Draußen gibt es andere Dinge zu entdecken als im Gruppenraum, und somit können Aktivitäten da angesiedelt werden, wo sie hingehören.

Die Terrasse ist eine Aufwertung des Gruppenraumes, ein geschützter Ort, an dem eine Vertiefung im Spiel möglich ist und der zum Gestalten herausfordert. Ein Platz, an dem das Frühstück in der Morgensonne genossen wird, der aber auch zum Experimentieren einlädt. Hier können Naturphänomene untersucht werden, auch Beobachtungen am kleinen Pflanzgärtchen sind möglich, Wasserspiele akzeptabel. Duftkräuter können für die kleine Zwischenmahlzeit geschnitten werden. Ein Bereich, der schon draußen und immer

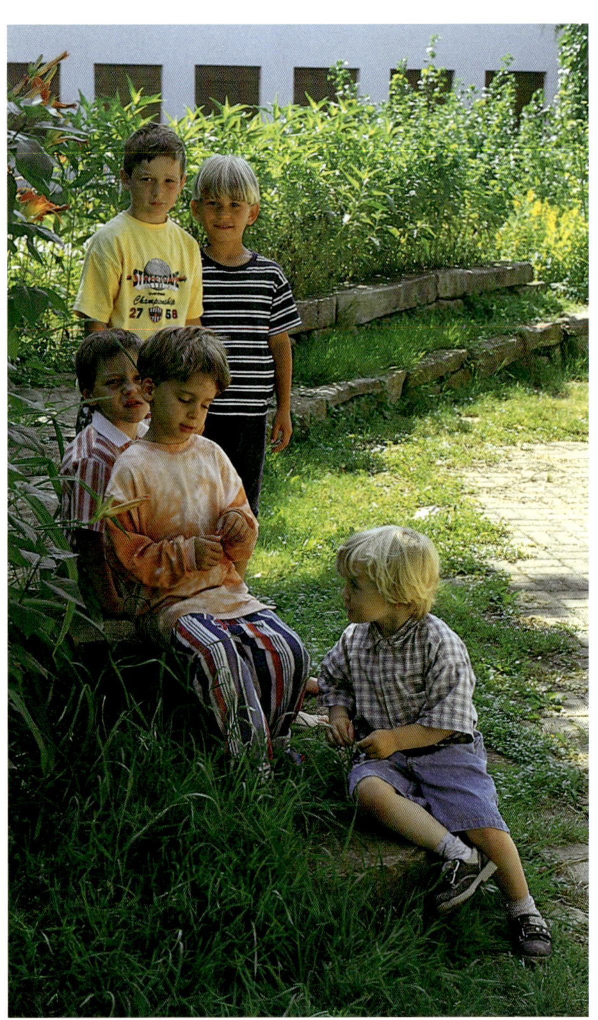

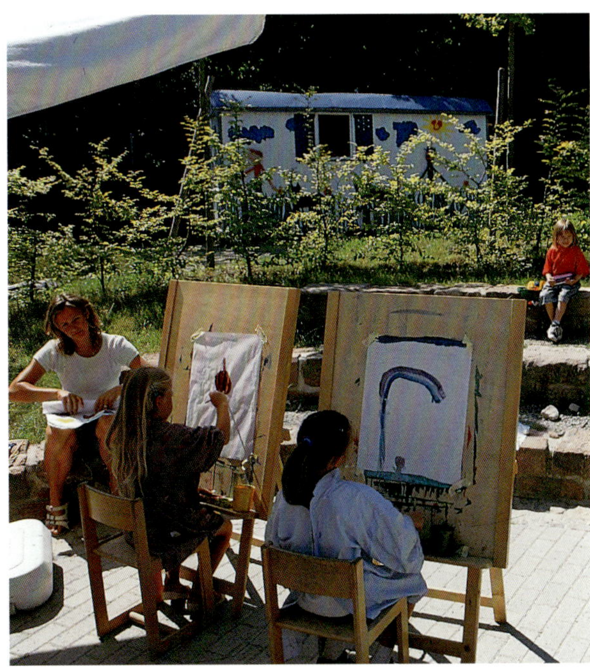

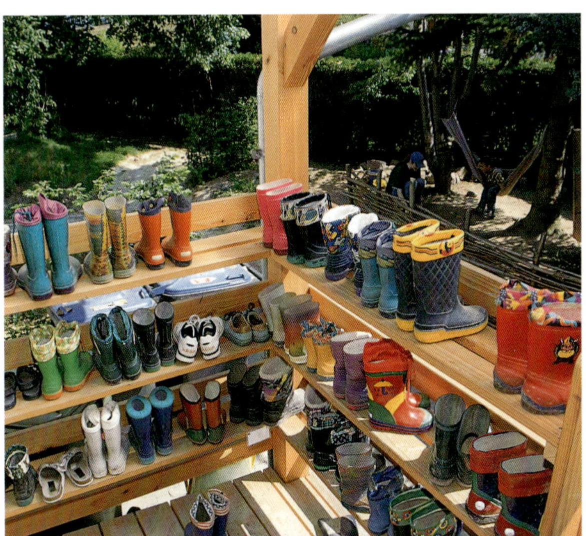

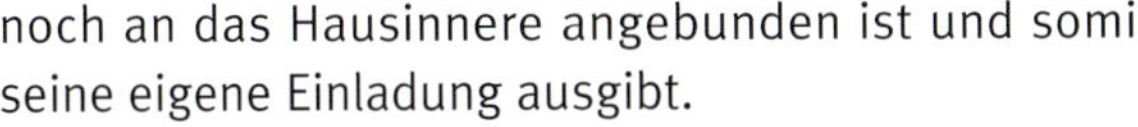

noch an das Hausinnere angebunden ist und somit seine eigene Einladung ausgibt.

Die Terrasse sollte einen befestigten Bodenbelag haben, der auch als Schmutzschleuse fungieren kann. Asphalt und Waschbetonplatten sind Bodenbeläge, die oft anzutreffen sind. Warum nicht Natursteine, unterschiedlich farbige Platten oder Bodenmosaike, die durch ihre eigenen Muster zum Hopsen, Springen anregen?

Um die Zuordnung zum Gruppenraum zu verstärken, wird der Terrassenbereich optisch begrenzt. Durch eine kleine Bodenmodellierung, Hecken- oder Strauchpflanzungen oder in Form von gefassten Sitzstufen wird Raum geschaffen, der die Verbindung von Innen und Außen verdeutlicht.

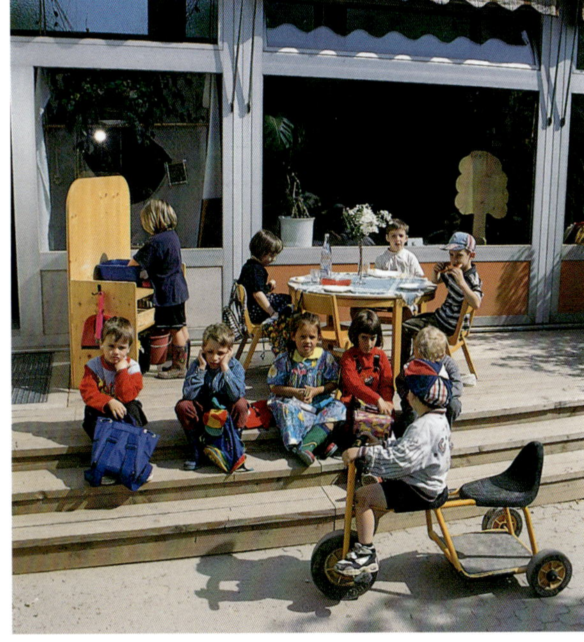

Die Sitzspirale

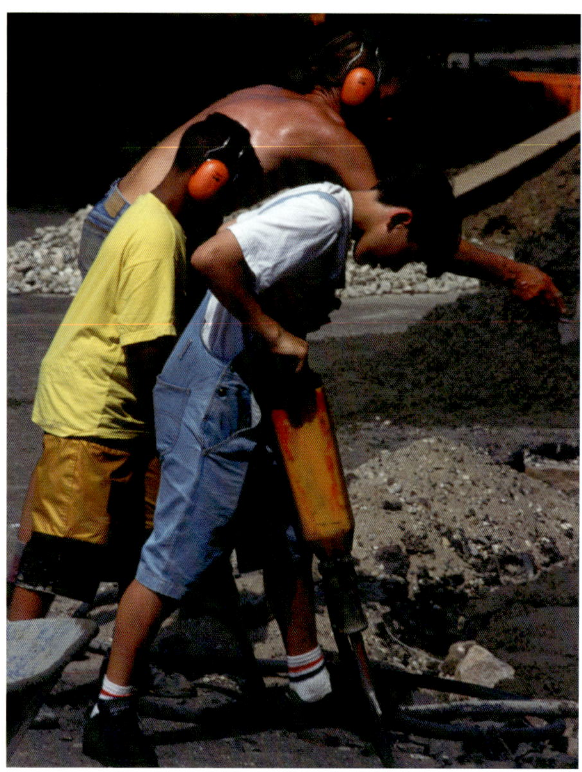

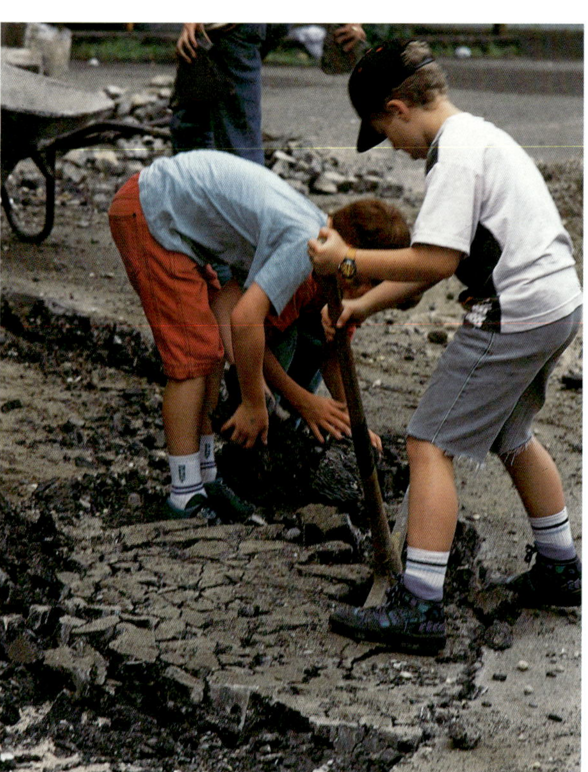

Stehen und sitzen, springen und klettern, bewegen und ausruhen, beobachten und gesehen werden, riechen, hören, es sich bequem machen, Platz nehmen, sich niederlassen und wohl fühlen, Verabredungen treffen und Geheimnisse austauschen, thronen und verstecken, Murmeln kullern lassen, entdecken und entdeckt werden, zusammen sein, abgrenzen und doch nicht ausgrenzen. Überblick bewahren, Licht und Schatten spüren, Materialien wieder erkennen. Unterschiede wahrnehmen, eng aneinander rücken, aneignen und verantworten, träumen und dösen und lümmeln.

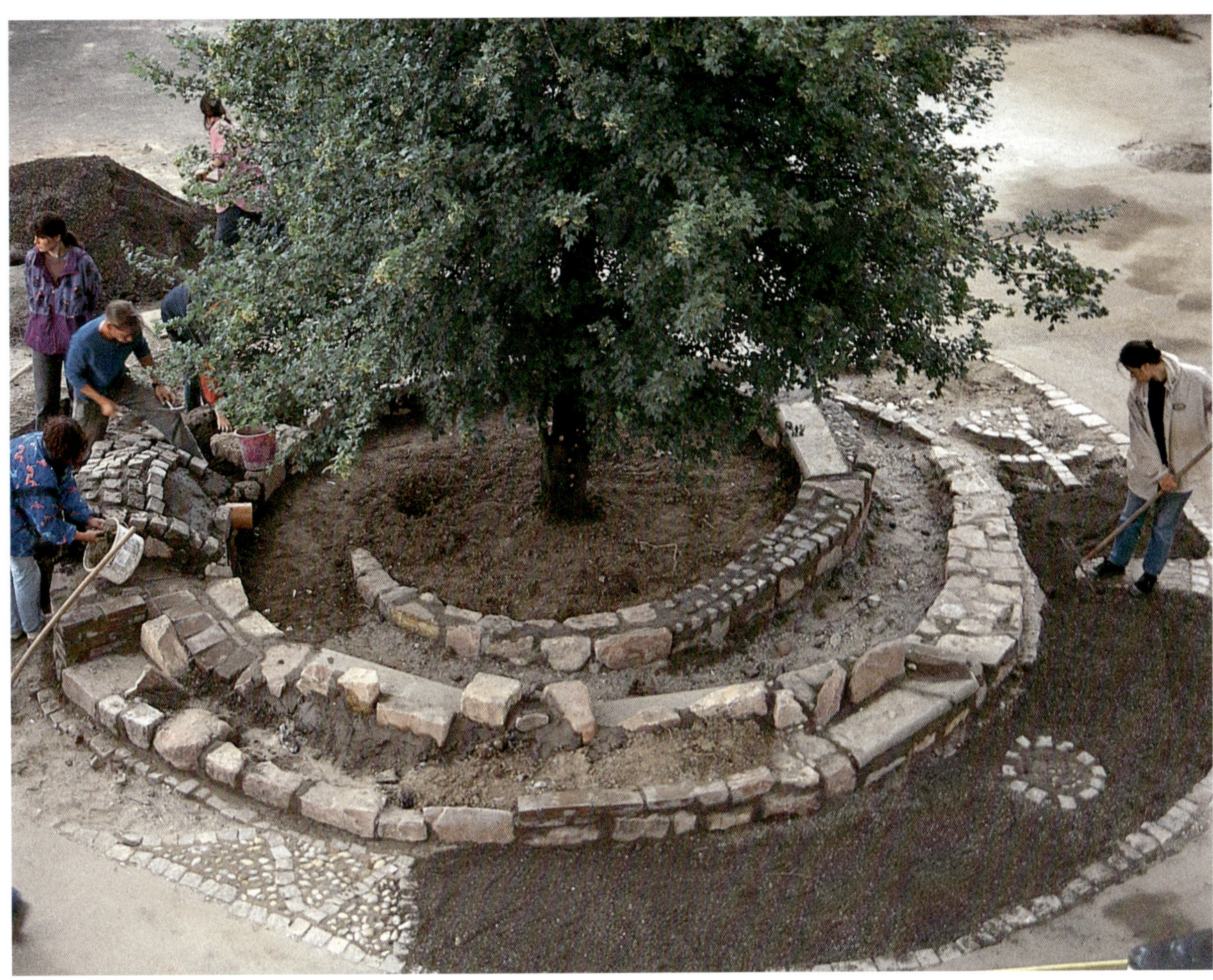

Werkzeugliste

Absteckeisen, Fäustel, Wasserwaage, Scharniereisen, Steinbeil, Maurerhammer, Kellen, Fugenkellen, Richtlatte, Nylonschnur, Schaltafeln, Schaufel, Spaten, Pickhacke, Bohrhammer mit Holz- und Steinbohrer bis 10 mm, Vorschlaghammer, Schubkarren, Rüttelplatte, Mörtelmischmaschine, Handstampfer, Sicherheitsbrillen, Schwamm, Arbeitshandschuhe, Wasserschlauch, Asphaltsäge, Kreide, Presslufthämmer, Flex...

Materialliste

- 5,5 Tonnen Großsteinpflaster,
- 6 Tonnen Kleinsteinpflaster,
- 2 m³ Recycling-Schotter, Kalksplitt, Rheinkiesel, Abbruchmaterial, Zement, Beton,
- 2,5 m³ Sand,
- 2 m³ Grobkies, Sandsteinquader,
- 15 Findlinge, Kanthölzer,
- 2,5 m³ Hackschnitzel,
- 3 bis 4 m³ grober Bauschutt, gebrauchte Pflasterklinker,
- 0,25 m³ Oberbodenkompostgemisch,
- Holzschrauben.

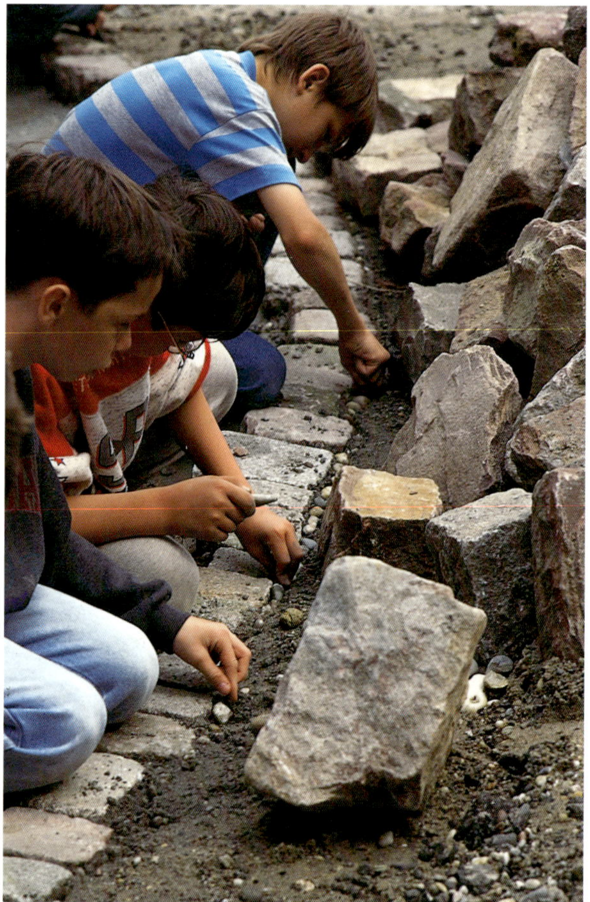

Schülerinnen und Schüler berichteten in ihrer Schülerzeitung der Grund- und Hauptschule in Oberreut: »Es muss als erstes mit dem Presslufthammer gearbeitet werden, um den Steinboden zu entsiegeln. Wir müssen aufpassen, damit wir nicht die Wurzeln vom Baum abhacken. Abwechselnd machen wir mit dem Presslufthammer die Erde sichtbar, und der Hammer macht außerdem noch sehr viel Lärm. Anfangs flogen uns dabei fast die Arme weg, der ganze Körper wurde durchgeschüttelt und das Gehirn auch. Doch wir wechselten uns gegenseitig ab. Viele andere standen Schlange, um mal den Presslufthammer auszuprobieren. Der Lärm war ohrenbetäubend, und deshalb mussten wir auch einen Ohrenschutz tragen. Um ein Haar wären die Regenwürmer draufgegangen, wenn da nicht die Truppe von der 7 b wäre. Sie trug die Würmer in ein anderes Gebüsch und rettete ihnen somit das Leben.«

Die notwendige Entsiegelung um zwei Bäume herum war Ausgangspunkt für die Sitzspirale. Durch den Standort der Bäume im Pausenhof der Schule lag es nahe, diesen Eingangsbereich als Ort des Willkommenseins und des sich Wohlfühlens zu thematisieren. So entstanden innerhalb einer Projektwoche zwei aufeinander zulaufende Spiralen, die fast ausschließlich aus Recyclingmaterialien gebaut wurden. Tag für Tag entwickelte sich auf der Baustelle ein emsiges Treiben, aus dem sich ein stetig wachsendes kreatives

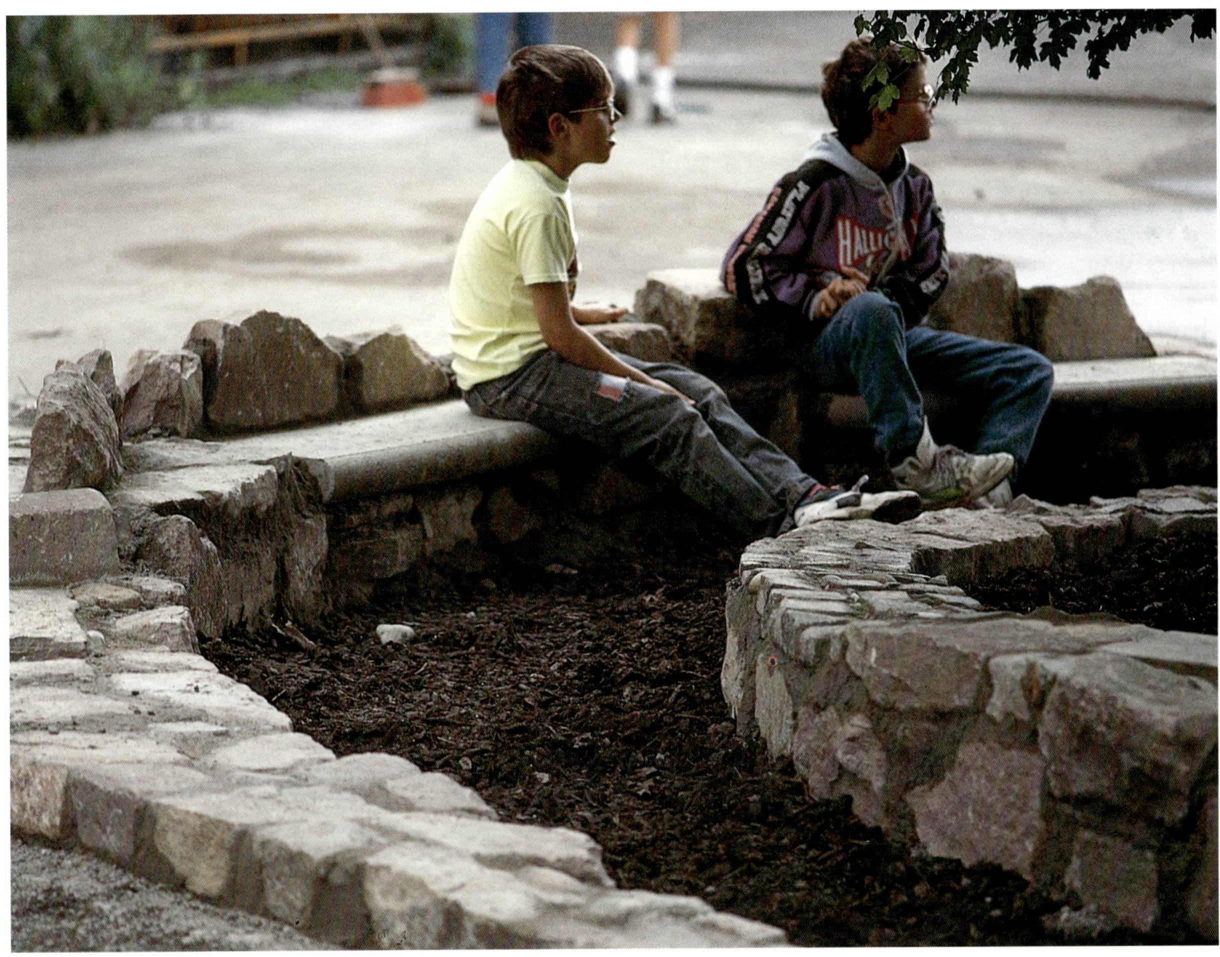

Potenzial entfaltete. Da zuerst die gröberen Arbeiten, wie zum Beispiel die lautstarke Entsiegelung mit dem Presslufthammer und die Entsorgung des Asphaltes notwendig waren, konnte nach dem Aufmauern gegen Ende der Woche zu den feineren Arbeiten wie dem Verlegen von Steinmosaiken in allen Größen übergegangen werden. Die daraus entstandenen, sehr fantasievollen Lösungen sind als Ergebnis dieses wachsenden Identifikationsprozesses zu betrachten. Neben den verschiedenen Sitzplätzen sind Pflanzbereiche angelegt, durch versteckte Röhren werden Murmeln gerollt, auf Platten sind Liebesschwüre aufgeschrieben, und viele andere Geheimnissse werden künftige Schülergenerationen erst noch entdecken.

Die Mosaikschlange

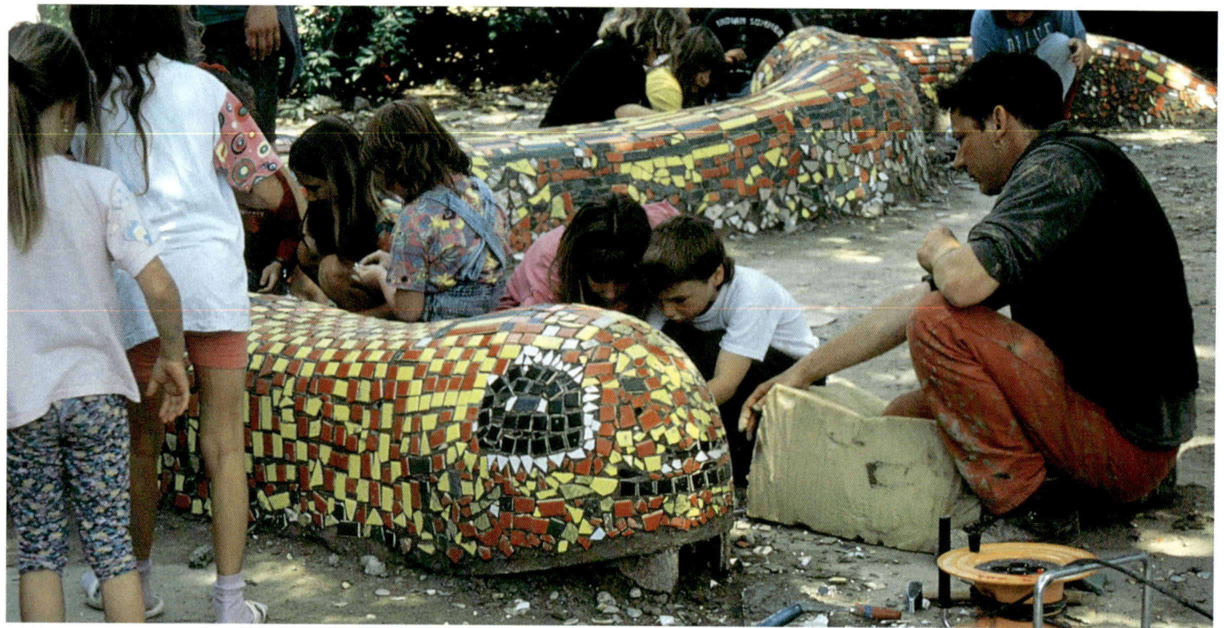

Seit Jahrtausenden verschönert der Mensch mit farbenprächtigen Mosaiken seinen privaten und öffentlichen Lebensraum.

Die Auswahl an Materialien, Farben, Oberflächen und Formaten ist heute schier unerschöpflich.

Der Bau einer Mosaikschlange vereint handwerkliches Können und künstlerische Gestaltungsmöglichkeiten in wunderbarer Weise. Für die Kinder und Jugendlichen bietet sich hier eine besondere Gelegenheit, jeden einzelnen Arbeitsschritt mitzugestalten und auf Form, Aussehen und Individualität der Mosaikschlange entscheidenden Einfluss zu nehmen.

Da beim Bau der Mosaikschlange konsequent Recyclingmaterialien verwendet werden, sind in allen Bauphasen vielfältige Materialexperimente und eigenständige Bauerfahrungen garantiert. In den Projektwochen zeigt sich immer wieder, dass sich besonders die jüngeren Schülerinnen und Schüler von diesem Werkstattbereich angezogen fühlen.

Werkzeugliste

- Arbeitshandschuhe
- Betonmischmaschine
- Eimer
- Hacken
- Hämmer
- Kellen
- Pickel
- Putzkellen
- Schaltafel
- Schaufel
- Schubkarren
- Schwämme
- Spachtel
- Spaten
- Wannen
- Wasserschlauch

Materialliste

- Bruchfliesen
- Fliesenkleber
- Fliesenrestposten
- Fugenmasse
- Grober Bauschutt
- Halbformatsteine
- Hohlblocksteine
- Kies
- Mörtel
- Moniereisen
- Putz
- Sand
- Zement
- Ziegelmaterial

Tipps:

Durch die während der Bauabschnitte notwendigen Trocknungszeiten ist für den Bau einer Mosaikschlange eine klare Zeitplanung unabdingbar. Fünf sollten mindestens angesetzt werden. Wenn Kinder die Kacheln selbst mitbringen, sollte darauf geachtet werden, dass diese für den Außenbereich geeignet Tage und frostsicher sind. Die Kacheln sollten nicht zu unterschiedliche Stärken aufweisen, dann ist auch das Verfugen leichter. Die Länge des Bauwerkes sollte bei diesem Zeitplan sechs Meter nicht überschreiten.

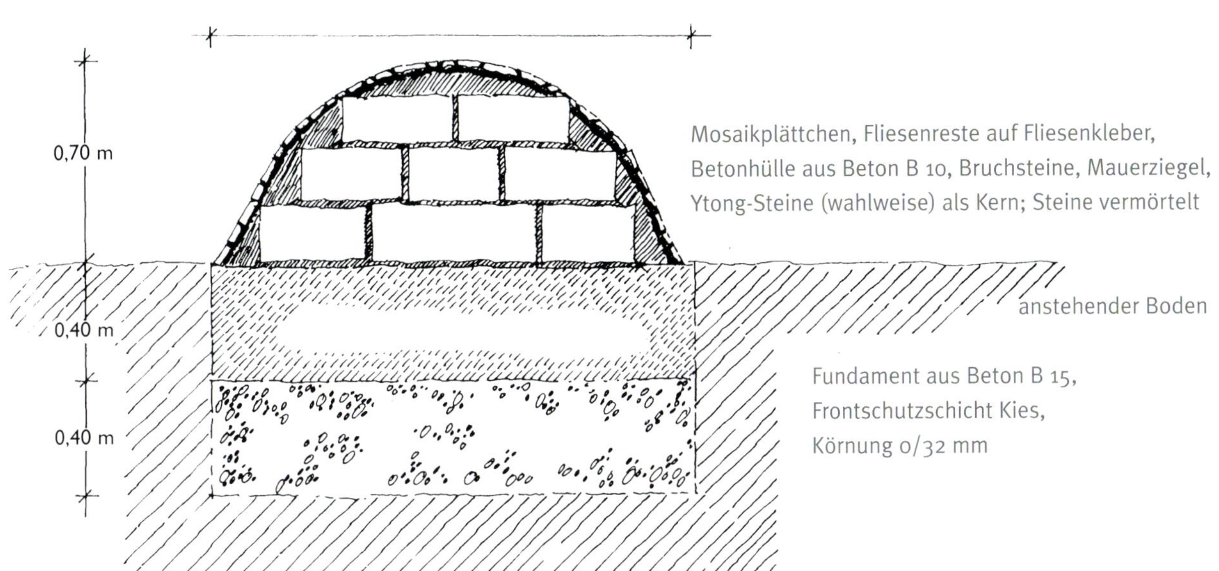

Arbeitsschritte für die Mosaikschlange

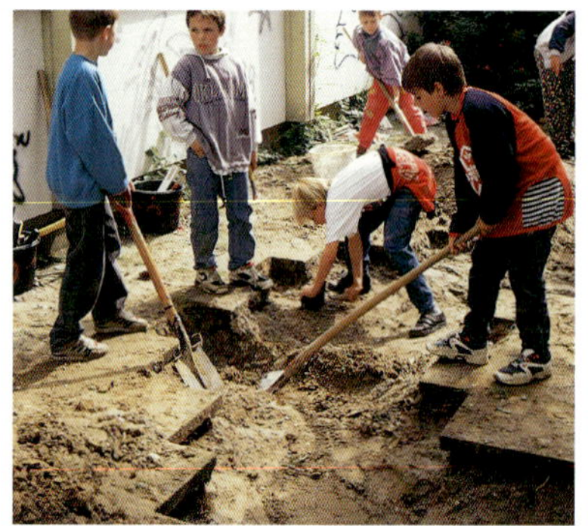

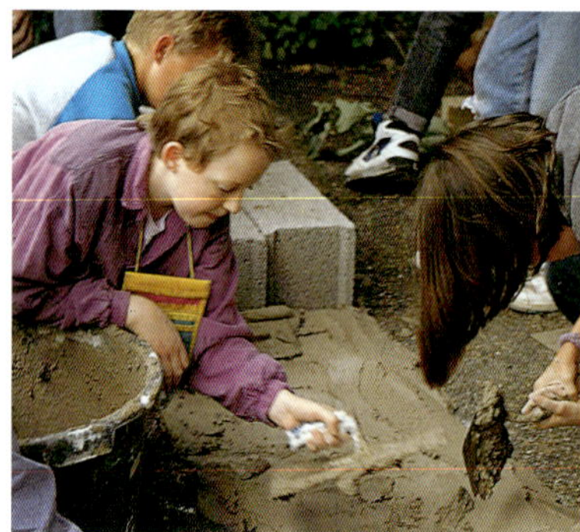

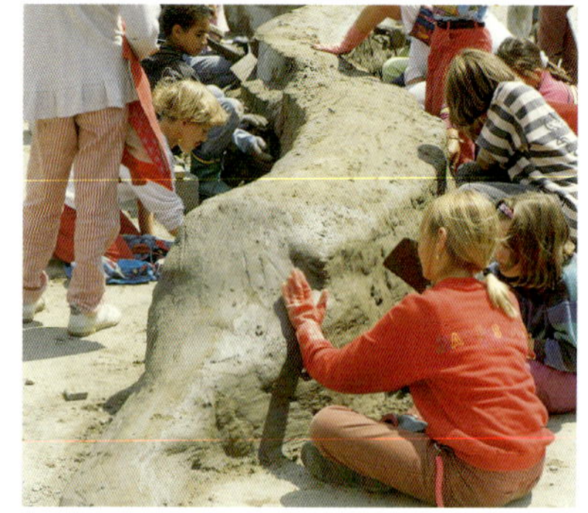

1. Tag

Zunächst ist eine Vorbereitung der Grundfläche notwendig. Damit es später zu keinen Frostschäden kommen kann und die Stabilität gesichert ist, muss ein Fundament ausgehoben und gesetzt werden.

Die Fundamentarbeiten erübrigen sich, wenn die Mosaikschlange auf eine bereits vorhandene Asphaltdecke gesetzt und mit dieser verbunden wird. Als Feuchtigkeitssperre sollte hier unter das Mauerwerk ein Streifen Dachpappe gezogen werden.

2. Tag

Mit Hohlblockziegeln oder Zementsteinen wird der Grundkorpus aufgemauert. Grobes Baumaterial wird für die weitere Verwendung zerkleinert. Danach werden die entstandenen Hohlräume mit diesem Bruchmaterial gefüllt und damit das Skelett gefertigt. Wenn die Mosaikschlange einen freistehenden Kopf bekommen soll, muss eine Verschalung aus Holz angelegt werden.

3. Tag

Das Verputzen muss sehr sorgfältig geschehen, damit ein saugfähiger Untergrund für das Bekleben der Kacheln geschaffen ist. Deshalb sollte der Putz sorgfältig glattgestrichen und gut abgerieben sein. Während das Material abbindet, werden die gesammelten Kacheln zerkleinert. Hierbei werden die Kacheln in ein grobes Tuch gehüllt, um Verletzungen durch Splitter zu vermeiden.

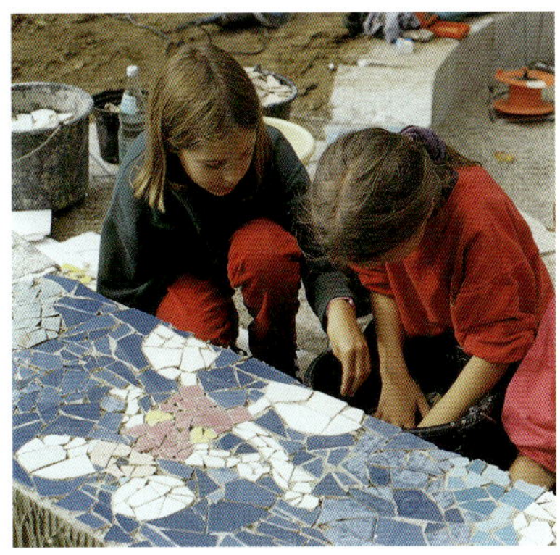

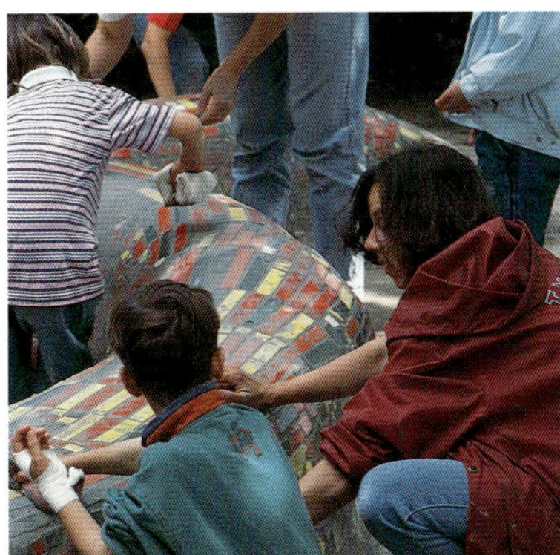

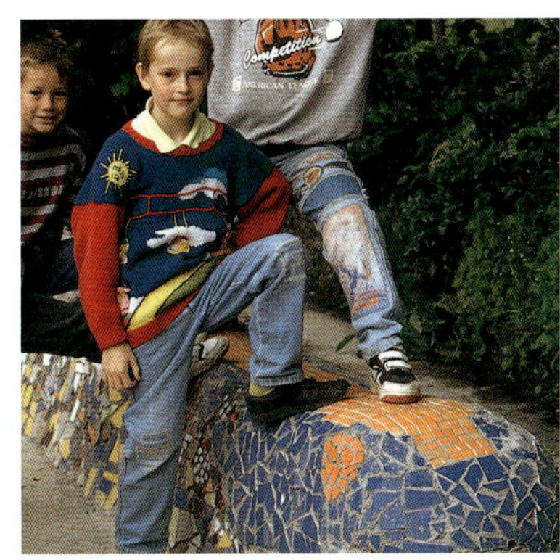

4. Tag

Das Bekleben der Schlange mit den Kacheln ist einer der Höhepunkte für die Kinder. Es hat sich bewährt, über eine einheitliche Farbgebung zu Beginn ein verbindendes Element zu schaffen (zum Beispiel die Rückenpartie). Dann gestaltet jeder seinen eigenen kleinen Bereich. Für jüngere Kinder ist es einfacher, wenn der Kleber direkt auf der Schlange aufgetragen wird, und die Kachelstücke nur noch eingedrückt werden müssen. So wächst das Mosaik langsam zusammen.

Tipp:
Der überschüssige Kleber muss nass abgewischt werden, bevor er auf den Kacheln antrocknen kann.

5. Tag

Damit keine Kanten verletzen und die Mosaikschlange endgültig wetterfest ist, wird das Mosaik verfugt. Um die Farbigkeit der Mosaike hervorzuheben, sollte eine graue oder schwarze Fugenmasse verwendet werden. Zuvor sollte man sich noch einmal vergewissern, dass alle Kacheln gut befestigt sind. Da beim Verfugen sehr zügig gearbeitet werden muss, sollten einige Erwachsene mithelfen. Wenn die Fugenmasse angezogen hat, wird mit Schwämmen das überflüssige Material abgewaschen.

Ausblick

Die Mosaikschlange sollte mindestens ein Wochenende Ruhepause bekommen, um gut durchtrocknen zu können. Falls nicht gründlich genug gearbeitet wurde, können mit einer Flex überstehende Kanten abgerundet werden. Stahlwolle oder Wasser mit Quarzsand hilft bei der Schlußreinigung der Kacheln. Empfehlenswert ist eine Patenschaft für die Schlange, um kleine Ausbesserungsarbeiten (beispielsweise Nachkleben) zu sichern. Vielleicht findet die Mosaikschlange dann auch eine Fortsetzung an anderer Stelle...

Vergesst das Feiern nicht!

Wir sind am Schluss dieses Kapitels ganz bewusst beim Feiern angelangt. Feste sind für uns Wegmarken, die zwischen den einzelnen Bauphasen mehr oder weniger bedeutsam Höhepunkte darstellen. Auf allen Baustellen existieren eine Vielzahl von wunderbaren Anlässen, um eine Kultur des Feierns zu pflegen.

In ihrer ursprünglichen Bedeutung ist die Feier der Tag, an dem alle Geschäfte ruhen und die Arbeit unterbrochen wird. Hier treffen die beiden Pole Arbeit und Nichtstun aufeinander und bedingen sich gegenseitig. Da in unserem Wortschatz leider ein positiver Begriff für das Nichtstun fehlt, könnte jede Unterbrechung der Arbeit somit ein willkommener Anlass zum Feiern sein!

Bei allem Aktionismus auf den Baustellen sollten wir diesen Grundsatz nicht vergessen. In vielen Situationen zeigten uns vor allem die Kinder wie sinnvoll es sein kann, die Arbeit zu unterbrechen und Spielraum für spontan entstehende Bedürfnisse zuzulassen. Welch ein Fest!

Die schönsten Feste tragen all unsere Sehnsüchte, Wünsche und Bedürfnisse in sich. Viele der zuvor beschriebenen Bauaktionen mit Kindern und Erwachsenen beinhalten eine Vielzahl von lebendigen Situationen, in denen die Arbeit immer wieder unterbrochen wurde, um gemeinsam erste sichtbare Ergebnisse zu feiern und auszukosten. Gerade diese spontanen Erlebnisse sind unvergessen und schaffen unkomplizierte und tragfähige Formen von Gemeinschaft, die auch in Belastungssituationen Bestand haben. Manchmal sind es zunächst Kleinigkeiten, die zusammenführen, sei es das erste gemeinsame Brotbackfest oder der abendliche Sängerwettstreit im halbfertigen Amphitheater. Aber immer sind es unvergessliche Situationen, die generationsübergreifend Jung und Alt zusam-

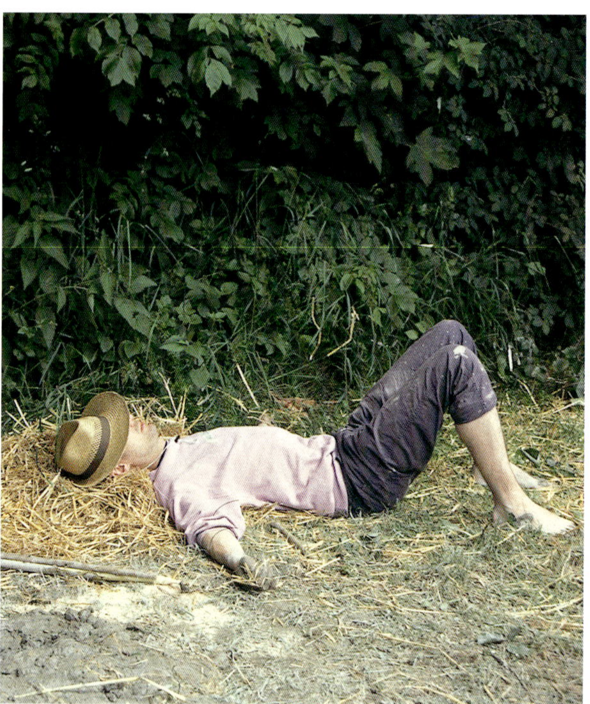

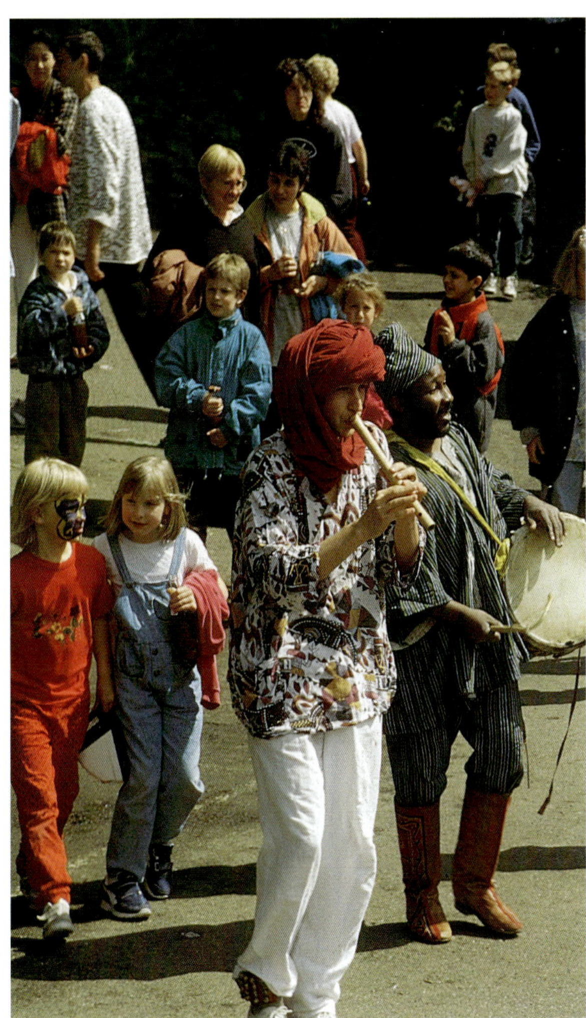

menführen. Es müssen nicht viele Menschen sein, die an diesen Festen teilnehmen, aber immer haben die Inhalte des Feierns etwas mit den Personen und ihren Ideen zu tun. Es sind nicht selten kleine Gruppen, die nach einem intensiven Arbeitstag zusammenbleiben und gemeinsam den Tag ausklingen lassen, und vor allem sind es die Kinder, die diese Situationen genießen und gemeinschaftliche Nähe mitgestalten.

Feste können aber auch neugierig machen und Menschen zusammenführen. Mit einem nachbarschaftlichen Spielfest werden die Bewohner eines Stadtteiles auf ein bis dahin unbelebtes Grundstück gelockt und erkunden die Möglichkeiten eines zukünftigen Spielgeländes. Bereits hier können erste Fantasien freigesetzt werden. In Verbindung mit einer Stadtteilralley beschreiben Kinder ihre beliebtesten Spielorte und dokumentieren für die Erwachsenen in der Nachbarschaft, wodurch sich Lebensqualität in einem Wohnquartier auszeichnet. Vielleicht ist es auch ein bunter Flohmarkt, der dieses besondere Stadtteilfest begleitet, oder ein kleiner Bazar, auf dem die Anwohner aller Altersgruppen diverse Köstlichkeiten anbieten.

Die Erfahrung zeigt, dass diese ersten Treffpunkte immer sinnstiftende Aktionsmöglichkeiten für alle Besucher aufweisen müssen, um deutliche Signale für die Zukunft zu setzen. Vor allem die Erwachsenen müssen ihre Spielnatur wieder entdecken, um Spielraum für sich zu erobern, womit Kinder selten Probleme haben. Über eine erste gemeinsame Materialaktion werden auf dem Gelände vergängliche Spuren hinterlassen, die alle Bewohner an das Nachbarschaftsfest erinnern. Vielleicht ist es ein geheimnisvoller Kreis aus Steinen und Stangen, der zurückbleibt, oder ein bunter Fahnenwald, der in den Büschen und Bäumen flattert.

Feste sind nicht zuletzt Wendepunkte, die für alle Beteiligten aufzeigen, dass ein neuer Zeitabschnitt beginnt oder ein alter abgeschlossen ist.

Und zu guter Letzt: die Sicherheit

An dieser Stelle sei noch einmal darauf hingewiesen, dass Engagement, finanzielle Aufwendungen, persönlicher Einsatz und Veränderungseuphorie immer auch den gesetzlichen Sicherheitsanforderungen genügen und sich mit diesen auseinander setzen müssen.

Die Ansprüche und Vorschriften in Bezug auf Materialsicherheit, Untergrund, Umwehrungen, bewegliche Spielelemente, Fallhöhen, Aufstellung, Sicherheitsabstände, Oberflächen und Wartungsintervalle sind von den zuständigen Unfallversicherungsträgern des jeweiligen Bundeslandes genau festgeschrieben und dort in der neuesten Fassung auch immer zu beziehen. Die meisten dieser Regelungen beziehen sich auf die sicherheitstechnischen Anforderungen für Spielgeräte und deren Nutzung. Der Schutzgedanke darf allerdings nicht als Schutzschild benutzt werden, um in einer Vollkaskomentalität alle Risiken auszuschalten; damit würden notwendige Veränderungsprozesse ausgebremst.

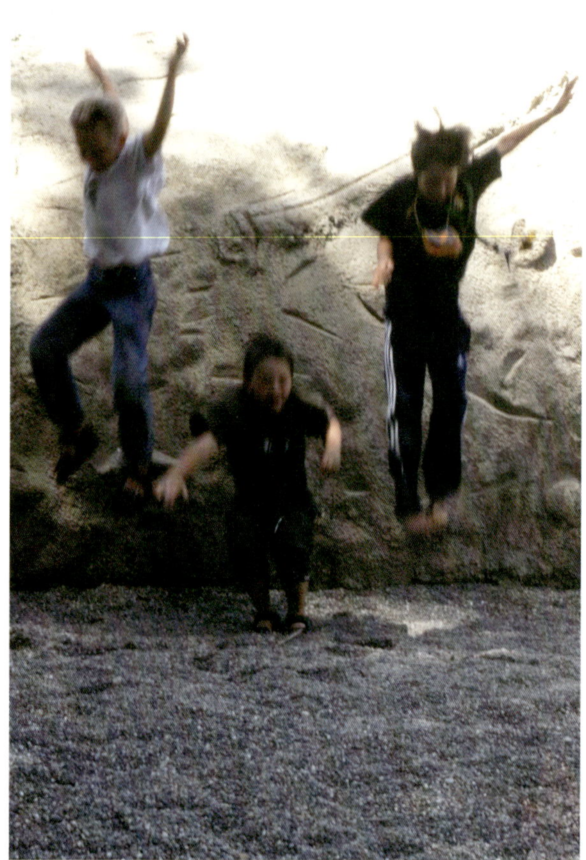

Die in diesem Kapitel vorgestellten gemeinsamen Bauaktionen mit Kindern und Erwachsenen genügen den Sicherheitsnormen und zeigen dennoch Chancen auf, wie über die gemeinsame Entstehungsgeschichte an Gefahren herangeführt werden kann.

In der DIN-Norm 18034 ist festgelegt, dass das Risiko als Bestandteil des Spielwertes als spielerische, sportlich kalkulierte Betätigung erwünscht ist. Der Schutzgedanke von Erwachsenen sollte deshalb eigenständiges Handeln der Kinder nicht verhindern. Abenteuer zu bestehen, Risiken einzugehen und Kräfte zu messen, war schon immer Bestandteil des kindlichen Spieles. Dies erscheint umso wichtiger, als die Gefah-

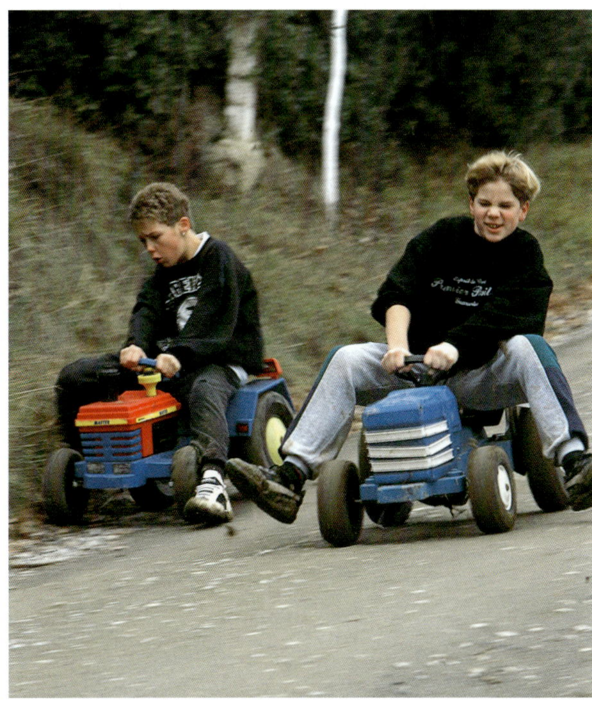

renquellen im Umfeld der Kinder (zum Beispiel der Verkehr in den letzten Jahren) stetig gewachsen sind. Wie wichtig in diesem Zusammenhang auch die Bewegungsförderung ist, zeigen die Unfallstatistiken. Die eigentlichen Unfallrisiken liegen nicht in der Spielsituation an sich, sondern in der zunehmenden motorischen Schwäche und Ungeschicklichkeit bei Kindern. Kinder, die ihre Grenzen nicht mehr erfahren können, werden sich nicht weiterentwickeln. Insofern bedeutet eine permanente Unterforderung letztlich auch Risikozuwachs. Mobile und bewegliche Spielmaterialien gewinnen deshalb zunehmend an Bedeutung und helfen, Bewegungsmängel und Bewegungsauffälligkeiten auf spielerische Weise zu kompensieren.

Grundsätzlich kann man sagen, dass man die Chancen und Risiken von Spielmöglichkeiten für die Kinder abwägen sollte. Um Risiken weitestgehend auszuschalten, sollte alles abgebaut oder erst gar nicht aufgebaut werden, was eine ständige Beaufsichtigung von Erwachsenen benötigt. Kraft und Energie sind darauf zu verwenden, sinnvolle Lösungen zu schaffen, um eine Unfallgefährdung von Kindern zu vermeiden.

Sollen ein Spielbereich oder ein Spielgerät in eigener Regie gebaut werden, hat es sich bewährt, dem zuständigen Unfallversicherungsträger eine Detailskizze zu schicken, um schon im Vorfeld die notwendigen sicherheitstechnischen Fragen abzuklären und darauf reagieren zu können. Selbstverständlich sollte dennoch auf jeden Fall auf eine kompetente Ausführung geachtet werden. Vorgefertigte Spielgeräte unterliegen immer den DIN-Normen, wobei sich gezeigt hat, dass nicht immer die billigste Lösung die beste ist.

Das Selbstsicherungsverhalten von Kindern und die Herausforderung an sich selbst sollten für uns an oberster Stelle stehen und uns den Mut und die Gelassenheit geben, nicht in überängstliches Sicherheitsdenken zu verfallen. Auch Sicherheitsnormen dürfen nicht als statische Größe Gültigkeit besitzen, sondern sind immer am Entwicklungsstand von Kindern auszurichten und somit im gesellschaftlichen Wandel veränderbar.

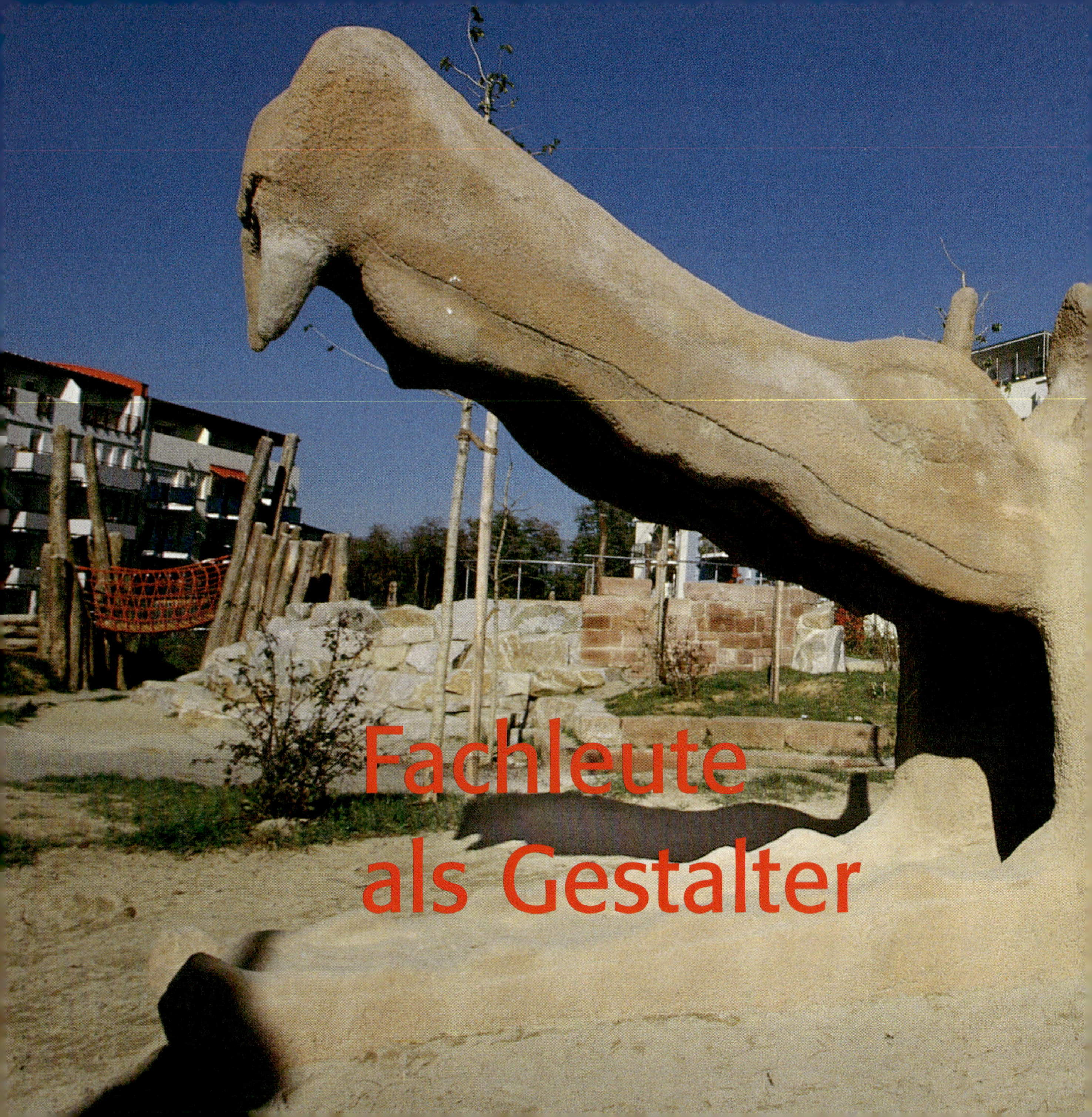

Fachleute als Gestalter

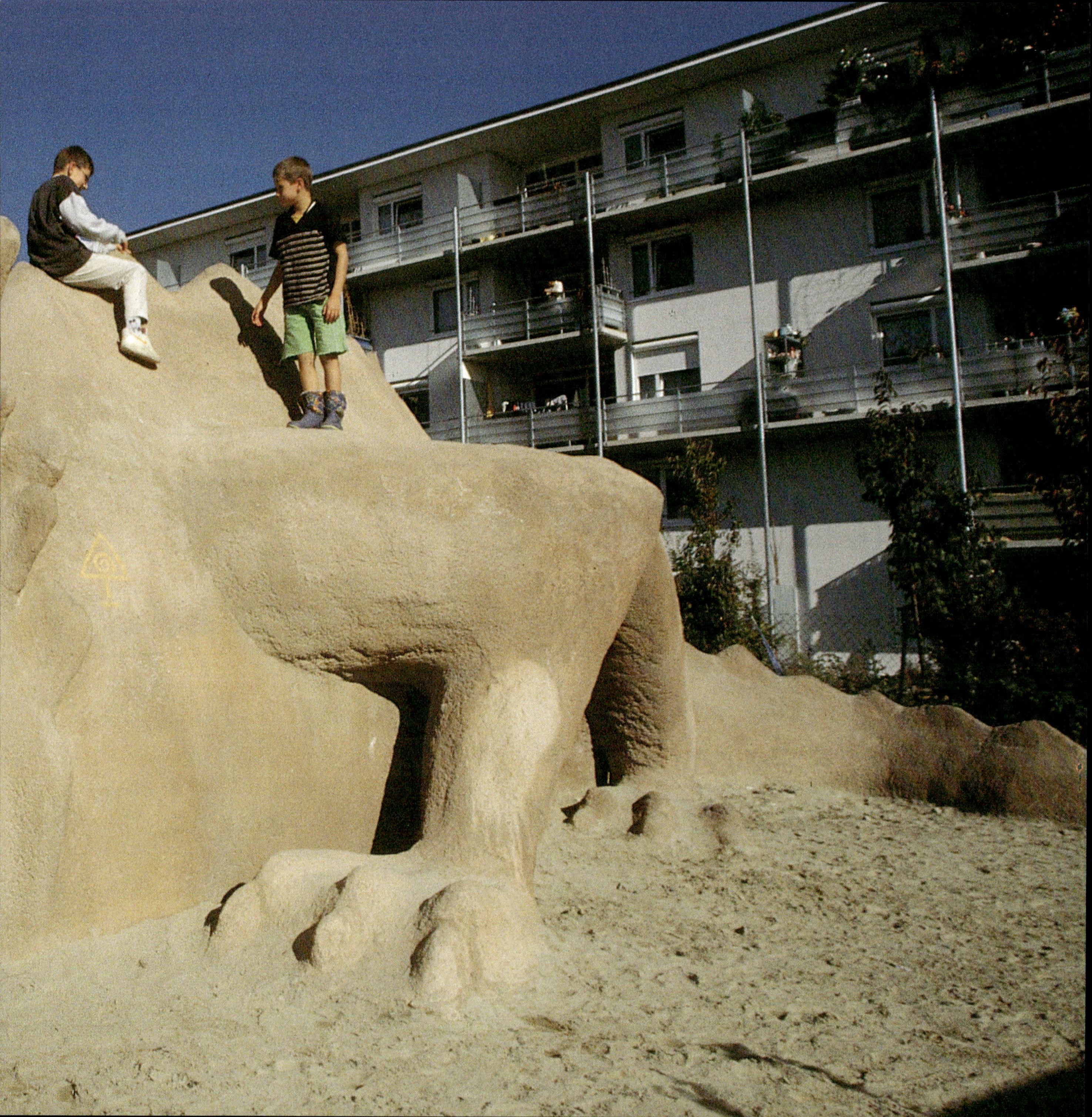

Landschaftsfenster

Perspektivenwechsel, Zeit zum Innehalten, Neues entdecken, Vertrautes betonen, scheinbar Bekanntes durch eine andere Wahrnehmungsbrille betrachten, Ausblicke wagen.

Hochtransparente Farbfolien auf einem Passepartout aus Pappe lenken den neugierigen Blick durch ein rundes Rot. Das rechteckige Blau ermöglicht großzügige Einblicke, während der schmale Sehschlitz von Gelb erst langsam vom Auge erobert werden will.

Geheimnisvolle Gucklöcher in eine vertraute Welt. Kinder und Erwachsene, jeder kennt inzwischen seinen Lieblingsplatz, markiert ihn mit einer langen Stange und befestigt daran das magische Auge. Hier soll der Blick auf das gerichtet werden, was in den letzten Tagen besonders fasziniert hat. Eine Gruppe von Menschen, die inmitten einer Landschaft verspielte Gestaltungsspuren hinterlässt und abschließend einen stillen Ausblick wagt. Auf Bauwerke aus Lehm, Haselnuss und Weide, einen rauchenden Brotbackofen und den Skulpturenkreis, dessen Erdfarben durch den Regen zunehmend verblassen. Manche lenken den Blick durch die farbige Brille auf den weiten Himmel. Wolkenschiffe schweben über einen Ort, der über Tage hinweg Schauplatz eines großartigen Spieles war.

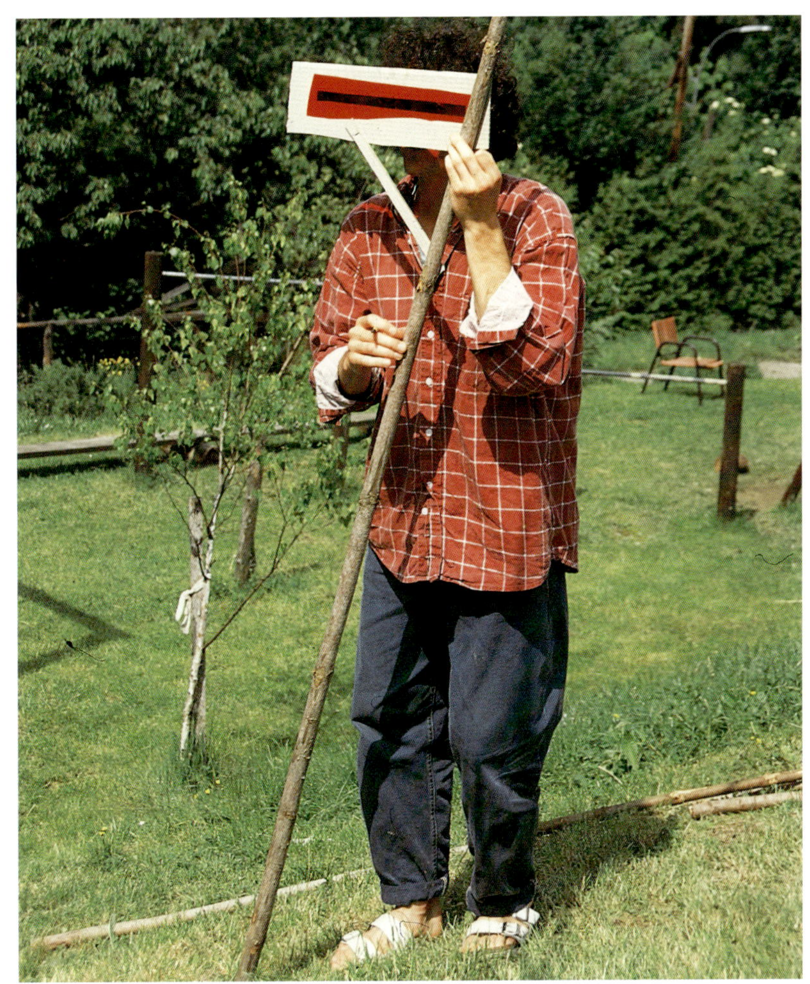

Rund um den Sand

Sandkästen sind eckig, langlebig in Beton gefasst, selbstverständlich mit wenigen Griffen abdeckbar, hygienisch unbedenklich und überschaubar.

Ein gängiges Kunstprodukt mit naturidentischen Aromastoffen, weit entfernt von den Sandstränden der Schmuddelkinder.

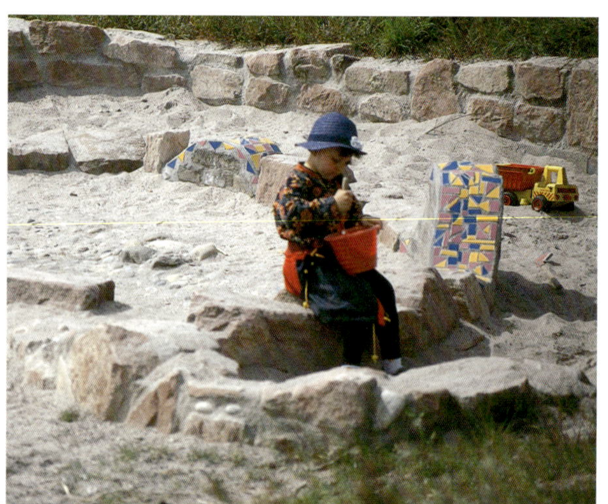

Warum unsere Angst vor Unübersichtlichkeiten?

Streng geometrische Formen sind in der Natur weitgehend unbekannt. Es ist unser gradliniger und ordnender Anspruch, der versucht, alles perfekt in Reih und Glied zu bringen.

Hingegen betonen Spielräume mit naturbelassenen Landschaftselementen das Prinzip der Vielfalt und messen dem Kind als »Baumeister seiner Entwicklung« eine aktive Rolle bei.

Außerhalb der Quadratur kann Wachstum einsetzen, der Zufall wird nicht ausgegrenzt, und das »Unfertige« fordert heraus. Kinder fühlen sich von diesen Baustellen magisch angezogen.

Spiellandschaften verändern sich mit den Fantasien ihrer Bewohner und drücken Bewegung aus.

Sandkästen verwandeln sich in Spielbuchten, die an Meer, Dünen und Strandkorb erinnern. Grenzen und Befestigungen gestalten sich fließend. Erinnerungen an ein ausgetrocknetes Flussbett werden wach, welches seine eigene Ästhetik ausstrahlt, nicht in allem berechenbar ist und Wildwuchs zulässt.

Gestaltete Sandlandschaften

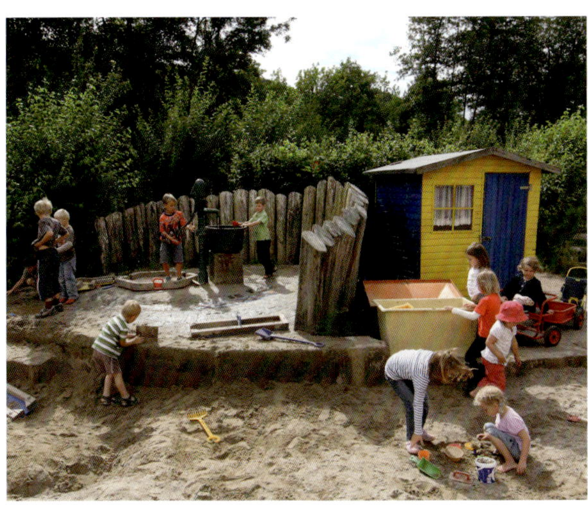

Bei der Planung und Gesamtkonzeption eines Spielplatzes haben Sandlandschaften eine zentrale Bedeutung. Hierbei ist das besondere Augenmerk darauf zu richten, den unterschiedlichen Spielbedürfnissen gerecht zu werden. Sand ist für die enorme Altersspanne vom Kleinstkind bis weit ins Schulalter hinein eines der elementarsten Spielmaterialien. Gerade deshalb sind hier differenzierte planerische Antworten gefordert. Kleinere Kinder benötigen noch die Möglichkeit der Anbindung an Erwachsene und den Rückzug in überschaubare Spielbuchten. Eine Spielbucht erhalten wir durch raumbildende Elemente (z.B. Palisaden, unbehandelte Eisenbahnschwellen, Sandsteinblöcke) oder Absenkungen, die verschiedene Spielebenen andeuten. Hier ist eine Entzerrung des Spielgeschehens möglich.

Die häufig zu beobachtenden Streitereien in den klassischen Großraumsandkästen werden somit vermieden. Vertieftes Spiel wird erst möglich, wenn der Erwachsene nicht permanent als Regulator auftritt.

Am Beispiel des Spielens im Sand wird deutlich, dass Kinder den Willen und die Kraft besitzen, sich ausdauernd und konzentriert spielerisch mit einer Materie auseinander zu setzen. Fehl am Platz sind daher Sandkästen, die gleichzeitig als Fallschutz für multifunktionale Spielgeräte genutzt werden.

Wir tun gut daran, eine architektonische Sprache zu entwickeln, die vom Sandkasten zur Sandlandschaft führt.

Sandlandschaften fügen sich durch ihre fließenden Formen organisch ins Gelände ein. Sie erinnern an natürliche Landschaftselemente wie Meeresbuchten, ausgetrocknete Flusstäler oder Kiesgruben. Unterschiedliche Körnungen des Sandes ermöglichen Spielvarianten, die im gängigen Rieselsand kaum denkbar sind. Die Einfassungen dieses Spielbereiches sind nicht rein funktional zu verstehen, vielmehr sind sie Bindeglied und gleichzeitig fließender Übergang zum angrenzenden Gelände.

Vom Sand zum Wasser

Die Idee einer Sandlandschaft führt sehr schnell zum Urelement Wasser. Gerade die spielerfahrenen älteren Kinder entdecken in dieser Kombination plötzlich eine eigene Welt, die dazu anregt, Staudämme zu bauen, Wälle zu fluten, Seen und Inseln zu gestalten, Berge zu unterhöhlen, Fließbewegungen zu beobachten und ganz einfach selbstvergessen zu matschen.

Diese Alltagserfahrungen waren über Generationen hinweg selbstverständlich und müssen heute (leider) von Planern wieder ermöglicht werden.

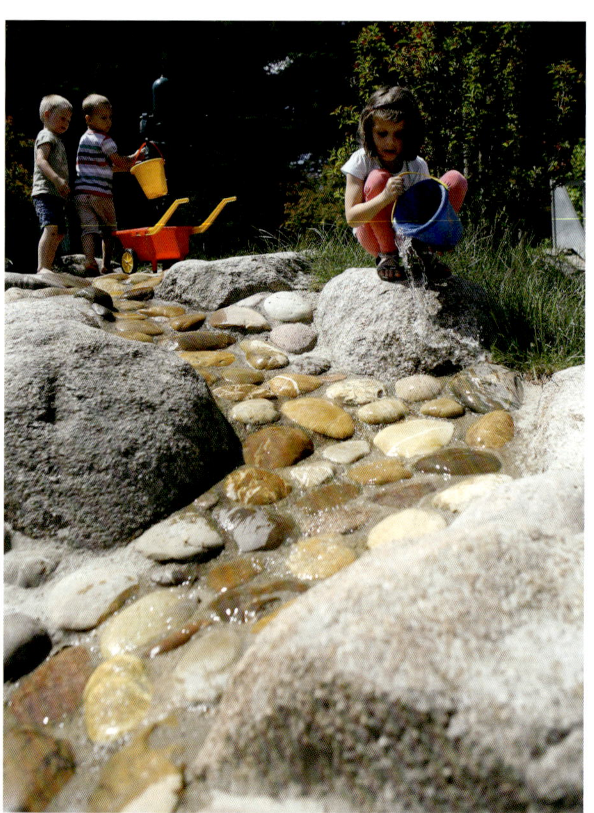

Sicher wäre es sinnvoll, vorhandene Gewässer wie Quellen, Grundwasser, Bachläufe und Sumpflöcher in die Planung miteinzubeziehen. In Anbetracht der zumeist ungenügenden Wasserqualität tritt heute jedoch der paradoxe Umstand auf, dass wir natürliche Bachläufe mit einem Zaun ausgrenzen müssen. Dieses Problem scheint in letzter Konsequenz nur politisch lösbar zu sein. Gerade deshalb sind wir gefordert, auch im Sinne eines verantwortungsbewussten ökologischen Denkens, den Kindern Alternativen anzubieten, um einen unbelasteten, freien und großzügigen Zugang zum Wasser zu ermöglichen.

Das über Jahrhunderte hinweg bewährte Prinzip der Zisterne zum Auffangen des Regenwassers wäre sicher die umweltverträglichste Lösung, um Spielwasser zu erhalten. Diese aufwendigen Zisternenbauten sind allerdings mit einem hohen Kostenfaktor verbunden. Alternativ hierzu hat sich ein Pumpsystem mit Anschluss an die örtliche Wasserleitung bewährt, um die notwendige Trinkwasserqualität zu sichern. Vorwürfe über die Höhe der Wasserrechnung und der Wasservergeudung sind dabei völlig nebensächlich.

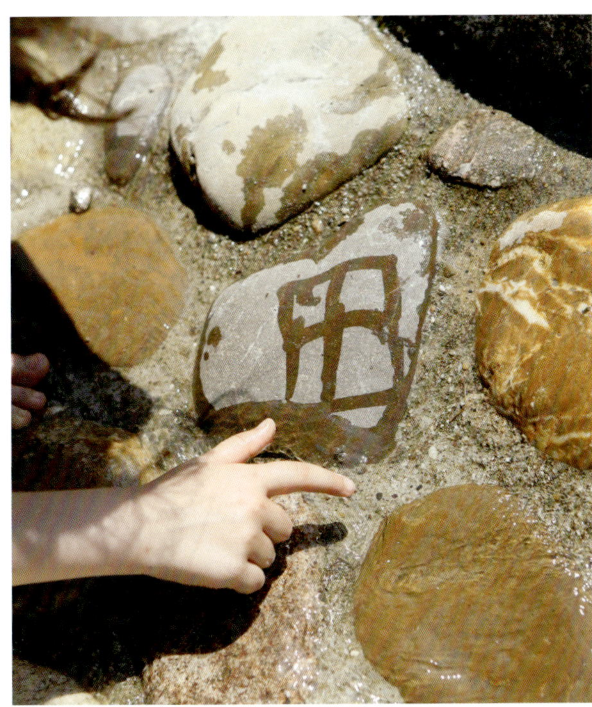

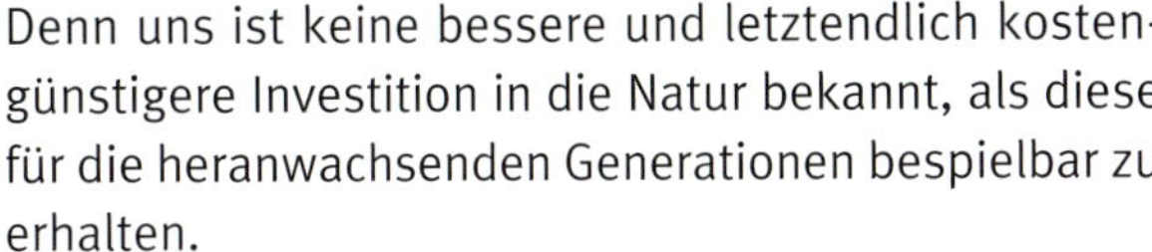

Denn uns ist keine bessere und letztendlich kostengünstigere Investition in die Natur bekannt, als diese für die heranwachsenden Generationen bespielbar zu erhalten.

Durch Schwengelpumpen, die entsprechende Muskelkraft benötigen, um die gewünschte Wassermenge zu fördern, reguliert sich der Verbrauch auf natürliche Weise.

Das fließende Wasser kann unterschiedlich gefasst werden und sollte immer ein Gefälle aufweisen. Ausgehöhlte Baumstämme, aufgemauerte oder mit Naturstein gesetzte, kaskadenartige Absätze sind kostengünstige, individuelle Möglichkeiten, den Wasserstrom

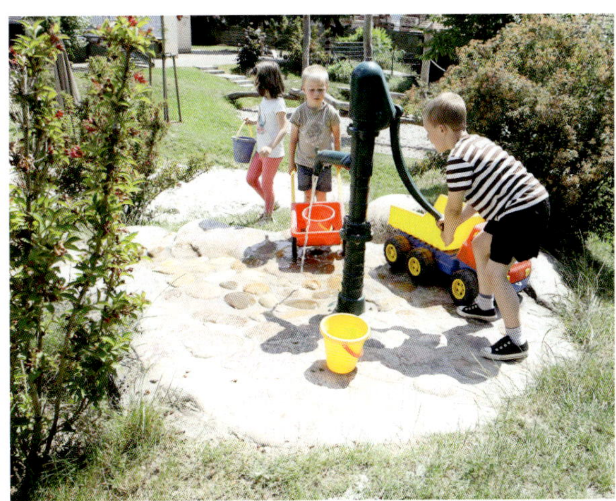

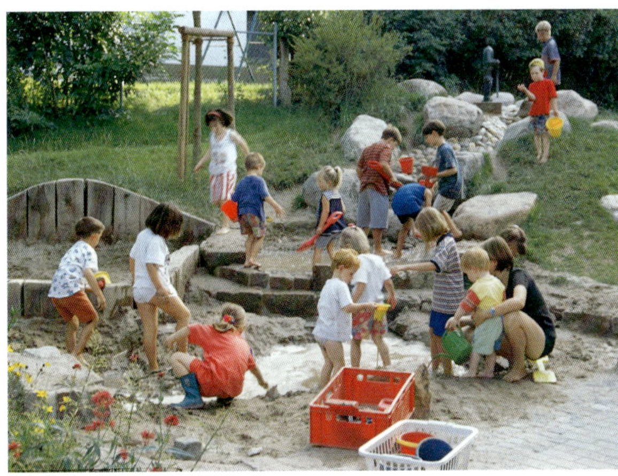

zu führen. Dieser kann in einem kleinen Bassin münden, das wiederum neue Spielideen freisetzt. Abschließend bleibt festzustellen, dass die Sandlandschaft mit Wasseranschluss einer gründlichen planerischen Vorarbeit bedarf und im Zusammenhang mit der notwendigen Drainagierung in der Regel von Fachleuten auszuführen ist.

Sonnenschutz und vieles mehr

In den letzten Jahren ist auf Grund des wachsenden Ozonloches die Frage der Beschattung von Sandbereichen immer mehr in den Mittelpunkt getreten. Da Kinder gerade hier lang und ausdauernd spielen, muss zumindest ein Teil des Sandbereiches gut beschattet sein. Dabei ist das ausladende Blätterwerk eines am Sandbereich gepflanzten Baumes allen künstlichen Lösungen vorzuziehen. Ist eine Neupflanzung notwendig, sollte eine angemessene Zwischenlösung gefunden werden.

Da Sonnensegel sehr anfällig für Zerstörung sind, haben sich große, flexibel zu handhabende Marktschirme in der Praxis bewährt. Im öffentlichen Bereich eignet sich eine angrenzende Pergola, die, individuell gestaltet und bepflanzt, einen optimalen Sonnenschutz gewährleistet. Eine interessante Variante hierzu sind die lebenden Laubengänge, welche der Form des Sandbereiches, der Sonneneinstrahlung und des Geländes angepasst werden können. Um kräftige Rundbögen zu erhalten, ist ein regelmäßiger Rückschnitt im Frühjahr notwendig.

Neben den Schattenzonen sind aber auch Sonnenplätze im Sandbereich erwünscht. Vor allem frühmorgens und im Frühjahr und Herbst können hier die wärmenden Sonnenstrahlen genossen werden. Zudem wird durch die UV-Strahlung der Sonne die Oberfläche des Sandes von Bakterien gereinigt.

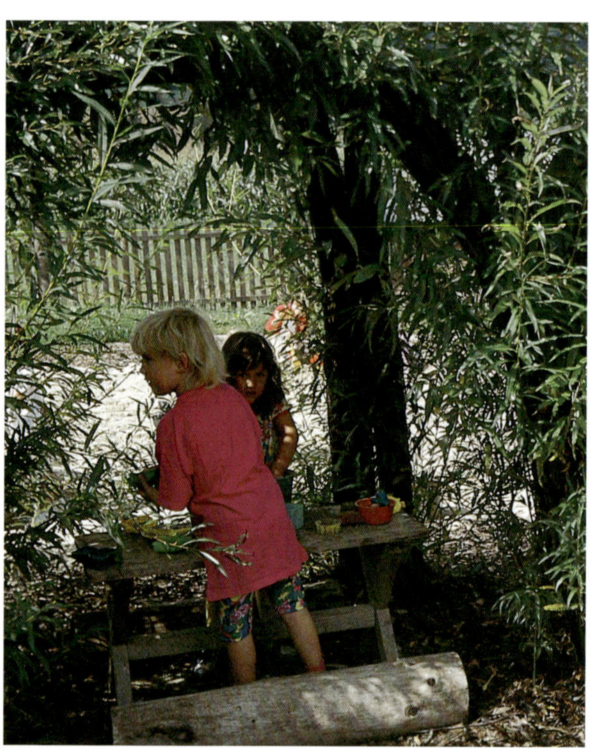

Ein Spielhäuschen, das dem Sandbereich zugeordnet ist, erhöht die Spielanreize. Schnell werden die gebackenen Kuchen an der angebauten Ladentheke der Bäckerei verkauft; auch andere Rollenspiele entstehen. Eine vorgelagerte Holzplattform ermöglicht das Spielen bei allen Jahreszeiten.

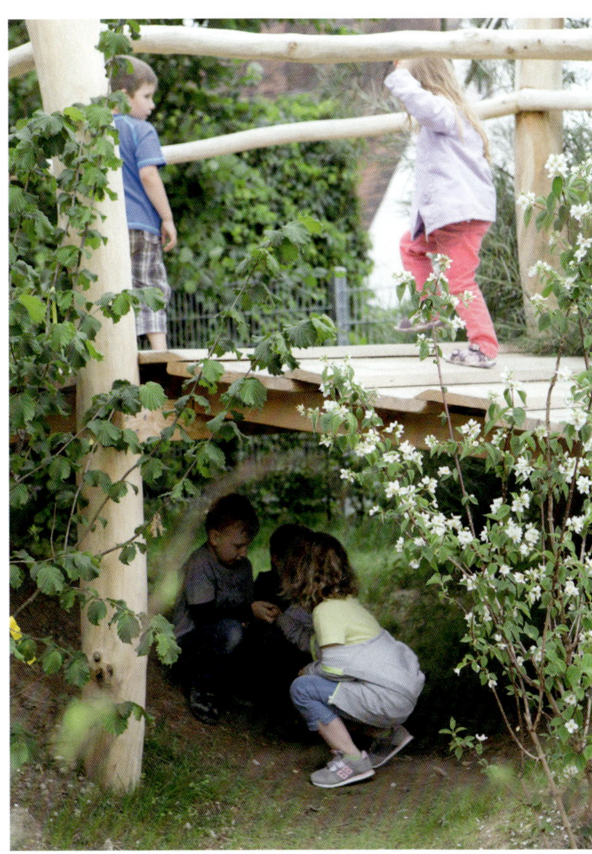

In pädagogischen Einrichtungen kann das Sandelzeug am Abend im abschließbaren Anbau des Spielhäuschens verstaut werden, was manchen langen Weg vermeiden hilft.

Mit wenig Aufwand ist eine Verlängerung des Firstbalkens am Spielhäuschen möglich. Hieran kann mit Hilfe eines Karabinerhakens ein mobilder Flaschenzug befestigt werden.

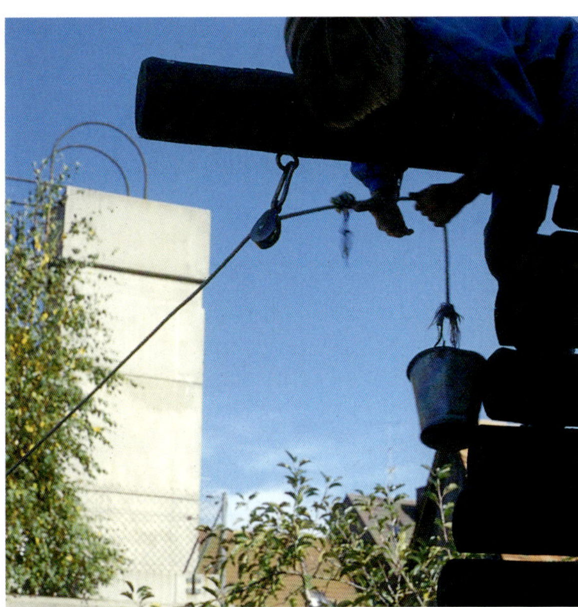

Die Kinder erleben das unterschiedliche Gewicht beim Transport von nassem und trockenem Sand, und manch physikalisches Problem wird buchstäblich im Sandkasten gelöst.

Um vor ständigen Verunreinigungen, hauptsächlich durch Katzenkot, zu schützen, bietet sich eine Abdeckung an, die auch von den Kindern selbst weggenommen werden kann.

Schwere Planen haben den Nachteil, dass sie auf Grund ihrer Unhandlichkeit bei zweifelhafter Witterung zu lange den Zugang zum Sandbereich verhindern. Zudem fördert das zu dichte Gewebe oftmals die Entstehung von Staunässe und beschleunigt dadurch Fäulnisprozesse, die der Sandqualität abträglich sind.

Ein naturnahes Gelände, das Landschaft ist

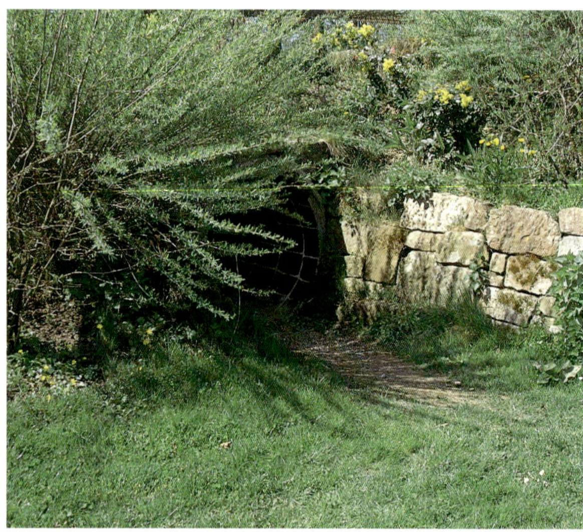

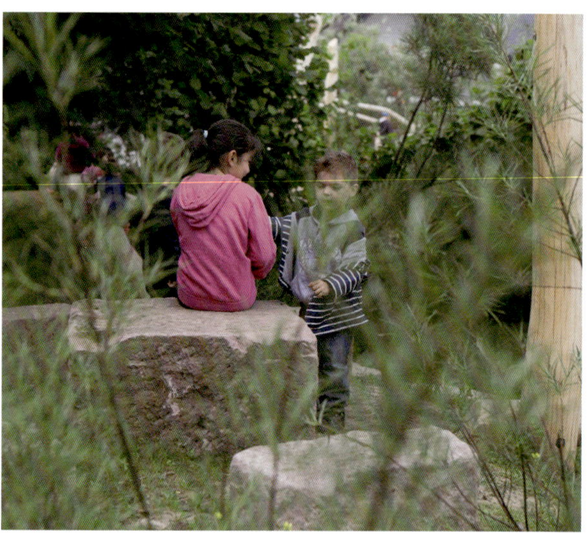

Meist ist das Spielgelände zu klein, um hohe Berge und tiefe Täler, schroffe Abhänge oder weite Ebenen aufnehmen zu können. Aber wir können Anklänge an solche Landschaften schaffen.

Holen wir uns aus jeder Landschaftsform das, was in unserem Gelände für die Kinder besonders wichtig ist: Vom Wald oder Hag den Schatten und die Kühle im Sommer, lichte Ausblicke und Kletterpartien für den Winter. Vom Hügel den winddurchtosten Rundblick und den Vorteil in der Verteidigungsposition, vom Tal die Geborgenheit, Windstille und Wärme, von der Ebene den weiten freien Platz für gemeinschaftliche Spielideen. Pflanzen wir Hecken zum Verstecken! Wir bringen Struktur in unser Spielgelände, indem wir uns bei seiner Verwirklichung von den herausragenden Eigenschaften der jeweiligen Landschaften leiten lassen.

Und das mit allen Kriterien, welche eine natürliche Landschaft auszeichnen. Landschaft muss wachsen und kann nie endgültig am Reißbrett geplant werden. Landschaft entstand immer aus einer Symbiose zwischen Mensch und Natur. Landschaft besitzt ein Eigenleben und verändert sich stetig. Landschaft ist nie streng geometrisch und braucht auch Zufälle und Ungenauigkeiten, und trotzdem hat sie ihren eigenen Rhythmus und ihre Struktur, deren wichtigste Eigenschaft die Offenheit ist. Sie entzieht sich allen festen und engen Zuordnungen von Funktion.

Landschaft ist besiedelt. Auch unsere Kinder brauchen Behausungen, in denen sie sich aufhalten, in die sie sich zurückziehen und wo sie sich verstecken können. Die Höhle im Berg, ein Haus im Baum oder die Mauerreste, auf die sie klettern oder sich einfach nur anlehnen können. Und sie brauchen Wege, auf denen sie zu ihren Spielbereichen gelangen und die ihnen Orientierung ermöglichen. Auch die sensible Einbettung von Spielgeräten wie Rutsche und Schaukel birgt vielfältige Möglichkeiten und kann zur Bereicherung einer Spiellandschaft beitragen.

Landschaft ist stets abwechslungsreich, unübersichtlich und verlockt zu überraschenden Einblicken und Ausblicken. Es gibt Hügel, Mulden, Ebenen, Abbrüche, Gräben... kurz, viele unterschiedliche Bereiche, die nicht unbedingt von überall aus einsehbar sind. Lassen wir diese Vielfalt zu! Hier können sich die Kinder in kleinen Spielverbänden treffen, sich verbergen und dem allgegenwärtigen Blick der Erwachsenen zeitweise entziehen.

Landschaft ist im positiven Sinne ungepflegt, sie braucht keine übertriebene Pflege. Ganz sicher sind lebendige Spiellandschaften nicht immer so »schön«, wie manche Erwachsene sie sich vorgestellt hätten.

Doch Kinder brauchen »Schönheitshindernisse« und finden all das schön, was sich ihrem Entdeckungs- und Spieldrang nicht verschließt.

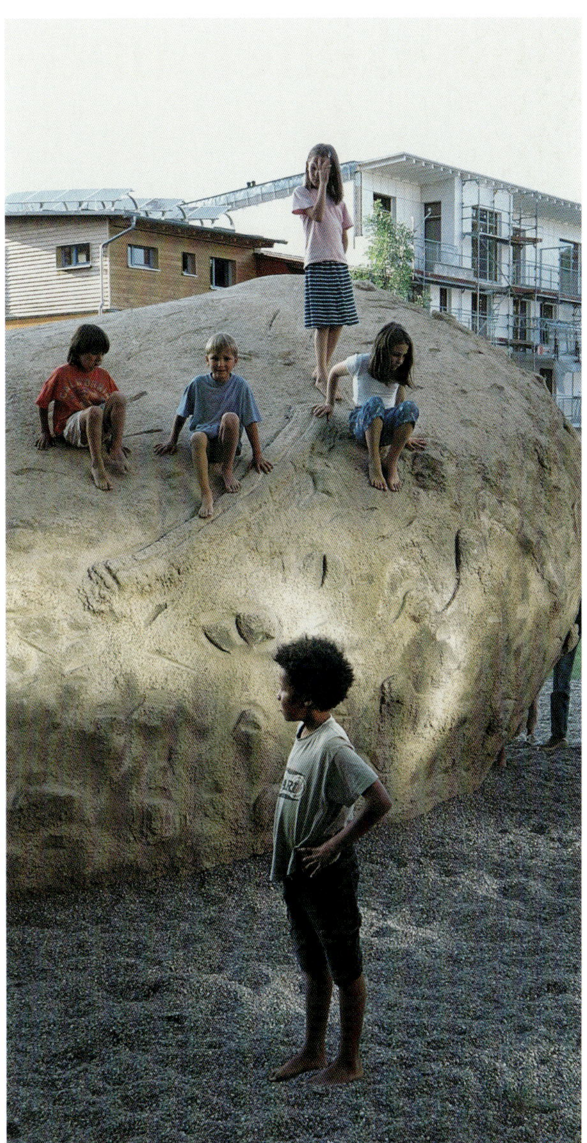

Hügelketten und Spielmulden

Die Modellierung des Spielgeländes beinhaltet eine Vielzahl an belebenden Gestaltungsmöglichkeiten. Erdaufschüttungen in Form einer bewegten Hügelkette fordern zum Klettern, Rutschen, Kullern, Springen und Rollen heraus.

Von hier aus ergeben sich Ausblicke, die Orientierung ermöglichen und Fantasien beflügeln. Dabei müssen wir nicht immer hoch hinaus. Bereits kleine Wälle gliedern mit einer entsprechenden Bepflanzung raumbildend die Fläche und schaffen in Verbindung mit einer leichten Absenkung des Geländes reizvolle Spielbereiche.

Bei entsprechenden Größenverhältnissen wird es sich anbieten, in den Hügelbereich entsprechende Spielmöglichkeiten zu integrieren. Bevor wir jedoch über Hangrutsche und Tunnelsystem nachdenken, sollten wir immer im Auge behalten, was den ursprünglichen Reiz dieser Spielberge ausmacht. Es ist zunächst die Möglichkeit, sich trennend, rutschend, kriechend und kletternd, womöglich auf allen Vieren, in einem Gelände zu bewegen, das nicht auf den ersten Blick berechenbar ist. Und schließlich ist es die Lust am Buddeln und Wegschleifen, die das Aussehen vieler Hügel bestimmt.

Hieraus ist zu folgern, dass bei allen planerischen Überlegungen immer die Spielfantasien der Kinder als Gestaltungsmoment im Vordergrund stehen müssen. Wem nützt ein fingerhutförmiger Hügel, der unvermittelt im Gelände steht und auf Grund seiner zu kleinen und steilen Abmessungen allmählich zertrampelt wird? Hügel müssen nicht der Grund für neue Konflikte und nur schwerlich einzuhaltende Pflegevorschriften sein, wenn wir den Gedanken einer großzügigen Landschaftsmodellierung aufgreifen.

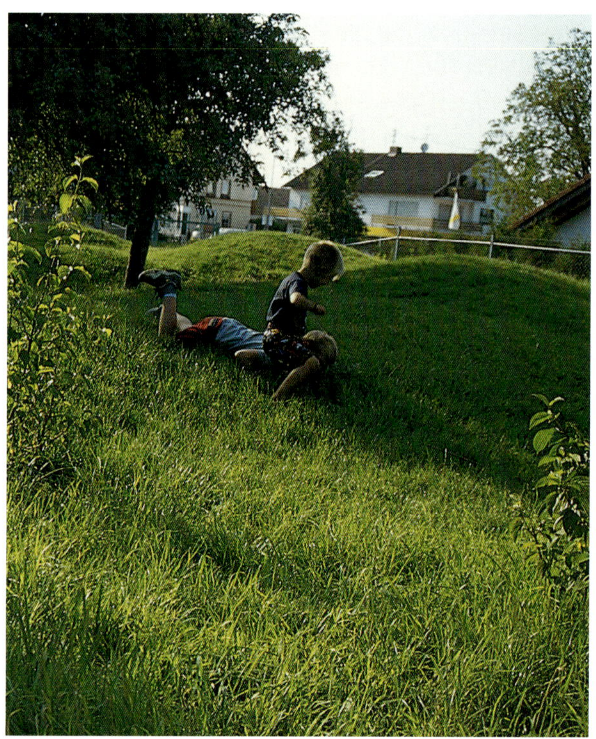

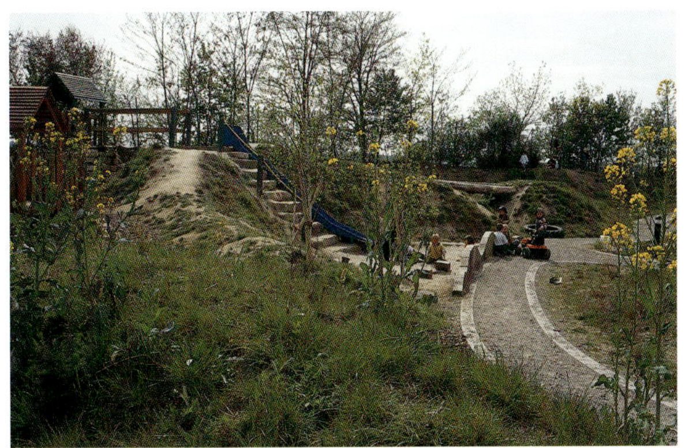

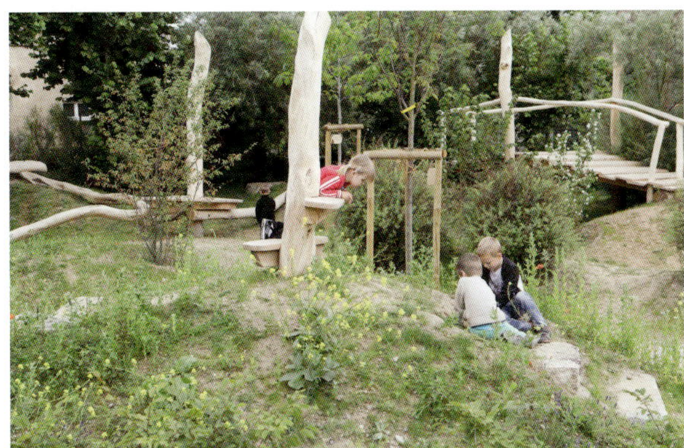

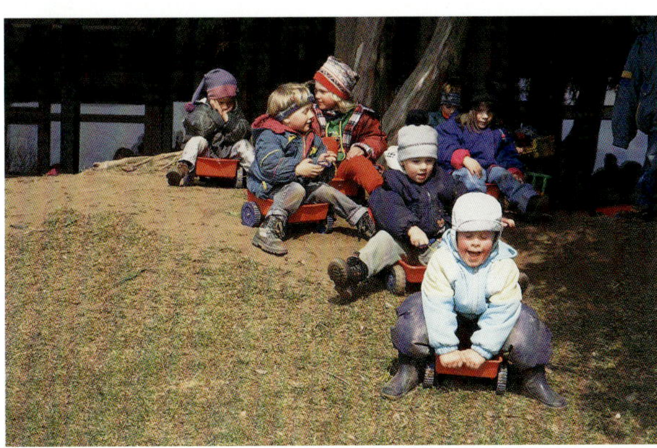

Hier ist es denkbar, dass sich die Erhebungen in mehrere Wellen und unterschiedlichen Höhen aufwerfen.

So entstehen innerhalb der Topographie natürliche Mulden, kleine Plateaus, unterschiedlich steile Taleinschnitte, und vielleicht entsteht sogar eine Art befestigter Miniaturhohlweg. Die Wegsysteme innerhalb dieser Hügelkette können als Hauptverkehrsweg von außen festgelegt werden, doch ist mit Sicherheit anzunehmen, dass die Kinder ihre eigenen und immer auf Zweckmäßigkeit angelegten Saum- und Trampelpfade schaffen und verändern werden. Über entsprechende Bepflanzungen mit robusten Stauden oder heimischen Büschen können hier Sicherheitspuffer gepflanzt werden. Ein gemauertes Ruinenfragment aus Abbruchsteinen könnte ähnlich einer kleinen Krone den höchsten Punkt betonen, ein Windrad oder eine fantasievolle Fahnenkonstruktion wären ebenso reizvoll. Ein dicker Baumstamm überbrückt den Taleinschnitt, und im Berginnern ist ein verwinkeltes Tunnel-System zu finden. Der Tunneleingang erinnert vielleicht an einen Bergwerkstollen, und im Innern der Röhre sind an einigen Stellen glitzernde Mosaike angebracht.

Neben dem Hügelbereich ist die Spielmulde ein sehr attraktives Geländeelement. Je nach Funktion kann sie einen Durchmesser von mehreren Metern aufweisen. Die elementarsten Spielmulden werden von den Kindern selbst gegraben und entwickeln sich schnell zu einem reizvollen Treffpunkt. Spielmulden für kleine Gruppen sollten am Rand etwa durch Rasenstufen befestigt sein und lassen sich mit Feinkies oder Rindenmulch auffüllen. Ein lebender Weidenzaun oder Schatten spendende Gewächse beleben und fassen diesen beliebten Rückzugsort ein.

Die Kunst des Kletterns

Klettern ist eine der ursprünglichsten Bewegungsformen der Kinder und zudem sehr lustbetont. Bevor Kinder das Laufen erlernen, sind sie bereits in der Lage zu klettern. Dieser Klettertrieb bleibt bis ins Schulalter hinein erhalten und scheint nicht geschlechtsspezifisch zu sein. Kinder untersuchen systematisch ihre natürliche Umgebung nach Klettermöglichkeiten. Der Reiz des Kletterns führt oft genug in Risikobereiche, die bewusst angesteuert werden, um Grenzen auszuloten und Spannung aufzubauen.

Klettern wird von manchen Kindern wie eine Kunst zelebriert und stellt immer eine Herausforderung an sich selbst dar. Manche Kinder müssen hoch hinaus, um etwas über sich und die Welt, in die sie hineinwachsen, zu erfahren.

Um das Klettern auf dem Spielgelände zu thematisieren, bedarf es nicht schwindelnder Höhen. Am Beispiel der Kletterwand zeigt sich, das der Weg nicht unbedingt von »unten nach oben« erfolgen muss. Durch sogenannte »Quergänge« ergeben sich attraktive Angebote, die keine aufwendige Sicherung benötigen. Künstliche Griffe und Tritte werden in die Wand fest eingedübelt, wobei die Tritte eine maximale Höhe von 50 cm aufweisen sollten. Pro laufenden Meter Kletterwand rechnen wir 6 bis 8 Griffe, als Fallschutz hat sich runder Feinkies mit einer Körnung bis 8 mm bewährt.

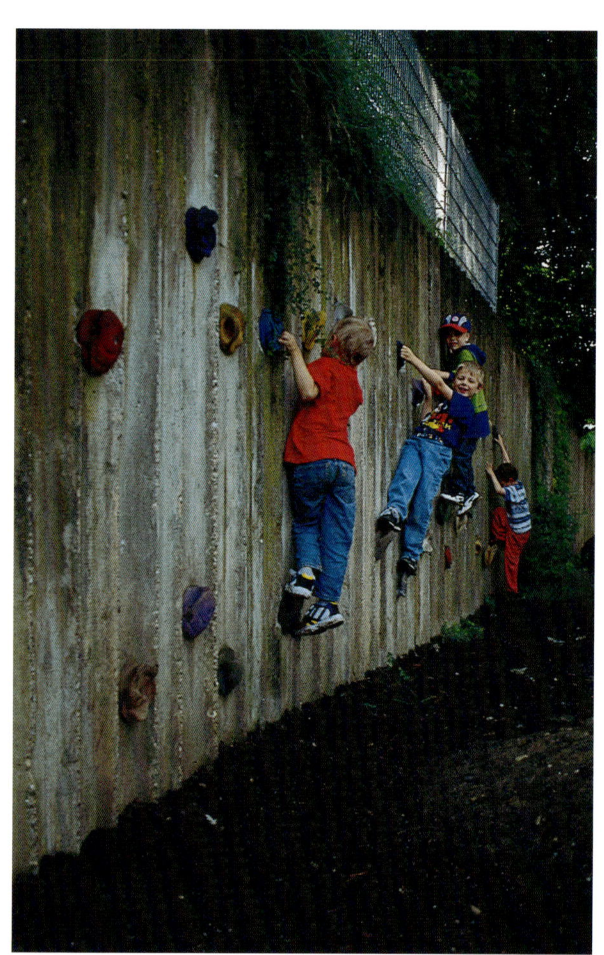

Kunst im Spiel

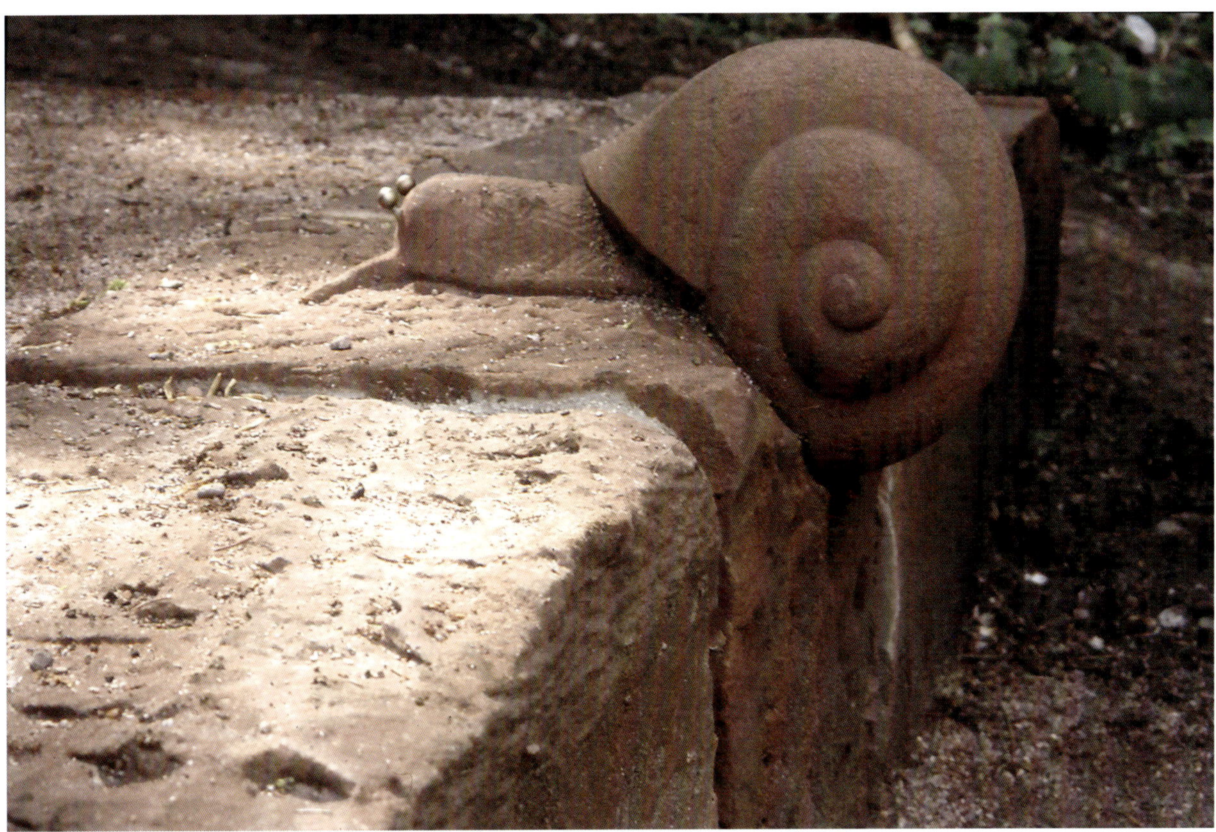

Wagen wir uns an die Kunst heran! Künstlerische Gestaltungselemente eignen sich in ganz besonderer Weise, um alle Sinne anzusprechen und Neugierde zu erwecken. Die fruchtbare Verbindung zwischen Kunst, Architektur und Pädagogik erlaubt gestalterische Lösungen, die manch ödes Spielgelände in ein Gesamtkunstwerk verwandelt.

Wege

Der Begriff Be-weg-ung deutet darauf hin, dass wir uns im Gelände immer an direkten und indirekten Wegen orientieren. Ein Thema, das in der Spielraumplanung oftmals zu wenig Beachtung findet. Bereits der Weg kann Erlebnis und Erfahrung beinhalten. Der versteckte Trampelpfad durch eine Buschgruppe oder die ausgetretene Rinne im Hügelbereich stellen andere Herausforderungen an die Kinder als ein gleichförmiger Zugangsweg, der womöglich autobahnähnlich blindlings begangen werden kann. Es gibt verschlungene Wege, deren Verlockung kaum zu widerstehen ist, und verträumte Pfade, bei denen bereits die Wegstrecke zum Erlebnis wird. Andere Wegführungen eignen sich durch ihre geschlossene Oberfläche vorzüglich zum schnellen und problemlosen Fortbewegen.

Wege sollten nicht als laufende Meter von der Stange geliefert werden. Gestalt, Beschaffenheit und Oberflächenstruktur werden sich immer an der jeweiligen Funktion messen müssen. Bei den so genannten primären Wegen, die zentrale Bereiche miteinander verbinden, sollte beispielsweise eine klare Wegführung angestrebt werden, um unnötige Konflikte

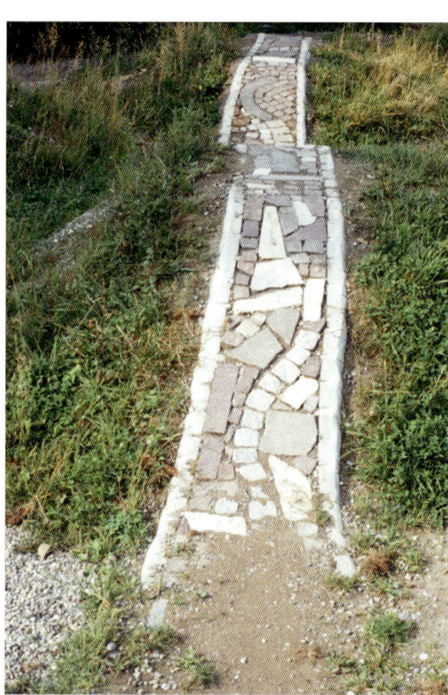

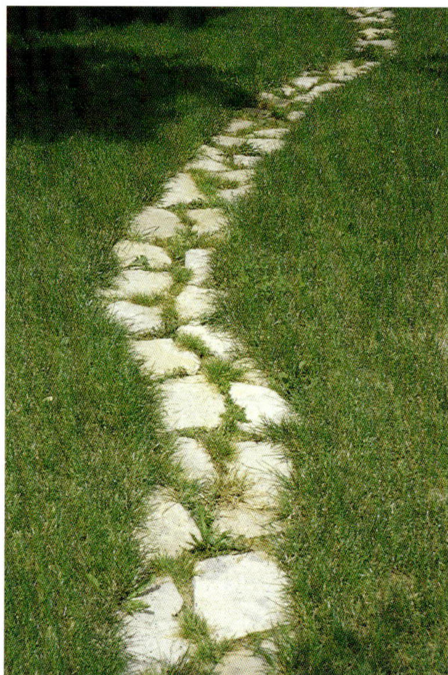

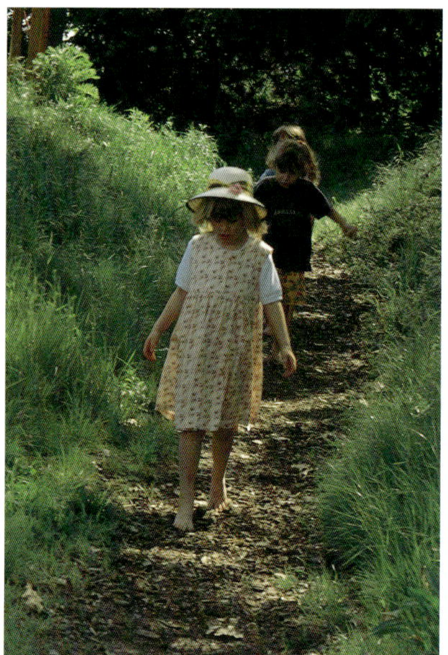

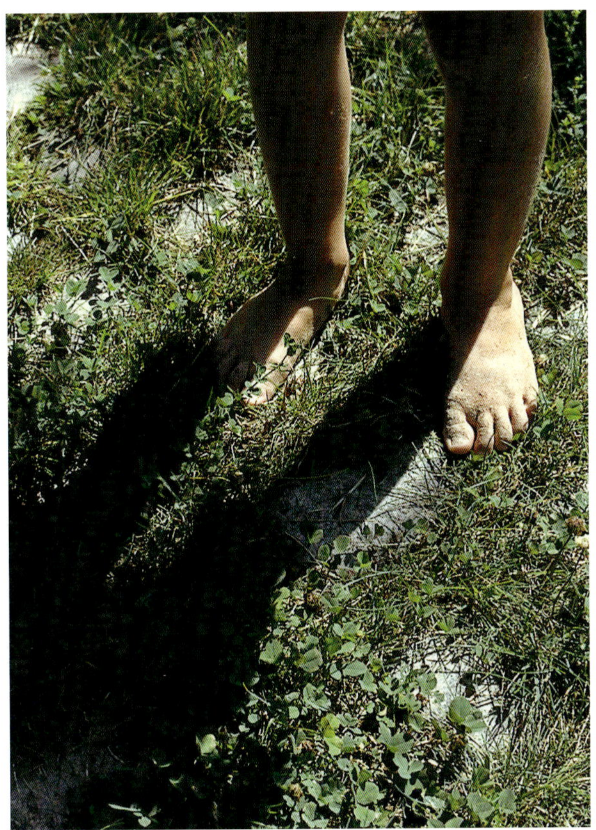

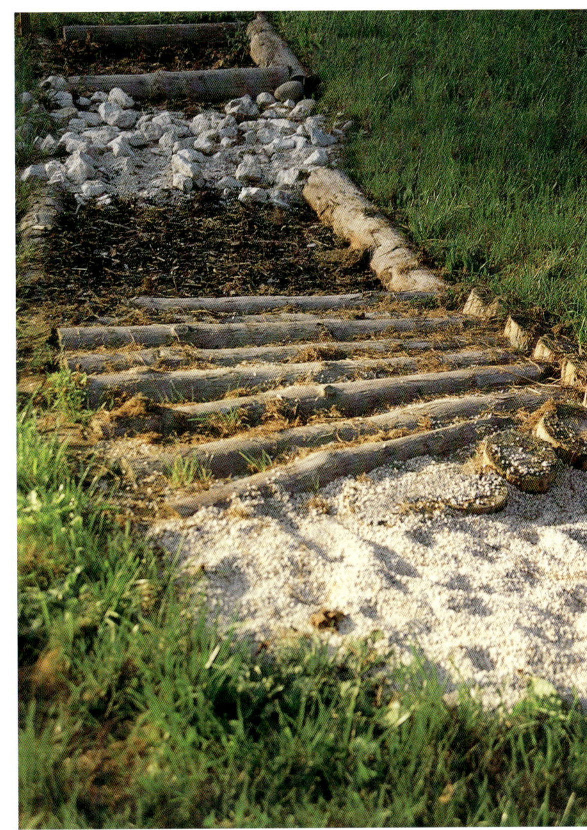

und Gefahren zu vermeiden. Hier wird der ordnende Anspruch im Vordergrund stehen. Die sekundären Wege hingegen beinhalten immer die Möglichkeit der Wahl zwischen Richtung und Freiheit. Sie führen und verführen zugleich und erlauben den Kindern, ihre besondere Form der Annäherung selbst zu bestimmen.

Nichts ist trostloser als ein Weg, der monton und zwingend ans Ziel führt. Kinder lieben Abkürzungen, aber auch gleichzeitig endlose Trödelpfade, die voller Leben sind.

Eine besondere Form des Weges ist der Tastpfad für die Füße. Solide und großzügig angelegt regt er quasi im Vorbeigehen mit seinen Reizen den Organismus an. Kinder erfahren ihre Welt vor allem durch Bewegung und über Fußerfahrung. Damit Kinder auf eigenen Füßen stehen können, wird ihr Körper immer wieder nach Gelegenheiten suchen, sich mit sensorischer Nahrung zu versorgen. Unser Verstand hat vermutlich seine Ursprünge auch in der Fähigkeit, eigene Wege zu gehen.

Der Garten der Sinne

Der Garten als Therapieraum

Der »Garten der Sinne« ist ein Therapieraum ohne Wände, ohne die Grenzen und Beschränkungen, wie sie im Haus gelten. Dadurch sind andere Erlebnisse möglich. Der Garten vermittelt neue und andere Erfahrungen. Hier ist eine Begegnung mit der Welt durch Berührung möglich, durch Hinhören, Hinschauen, Innehalten und Staunen. Das weckt Neugier, Experimentierlust und fröhliches Ausprobieren.

Als Therapieraum unter freiem Himmel verändert der Garten je nach Jahreszeit und Wetter sein Gesicht. Das Wasser kann angenehm erfrischend oder erschreckend kalt sein, der Sand sich heiß und trocken oder feucht und klebrig anfühlen. Ob das Schaufeln und Bauen im Sand gut gelingt, hängt davon ab, wie der Sand beschaffen ist. So regt der Garten das Kind an, genauer zu beobachten.

Die in engen Räumen verloren gegangenen Bewegungserfahrungen können im Garten neu belebt werden. Die Kinder können ihre Geschicklichkeit, ihre Kraft und ihren Mut beweisen, sich selbst auf die Probe stellen, sogar ein Risiko eingehen. Dabei erfahren sie Neues über sich selbst und lernen sich über die Bewegung besser kennen. Auch Stimmungen werden über Bewegungen ausgedrückt und mitgeteilt.

Kinder brauchen, um sich zu entwickeln, vielfältige Sinneserfahrungen. Sie riechen, schmecken, tasten, sehen und hören, und sie erleben mit jedem ihrer Sinne die Welt neu. Das ist für sie sehr spannend und reizt sie, die einzelnen Sinne immer auszuprobieren. Ein Stein fühlt sich im Mund anders an als in der Hand, und es klingt anders, wenn das Kind mit ihm auf den Boden klopft oder gegen ein Metallrohr schlägt. Auch das Kind erlebt sich anders, ob es an dem Stein lutscht, ihn trägt oder ihn nur ansieht. Mit jeder neuen Erfahrung lernt das Kind seine Umwelt und sich selbst besser kennen, es entwickelt sich weiter. Da sich jedes Kind entwickeln will, sucht es immer neue Erfahrungen, um so seine Fähigkeiten und Fertigkeiten zu verbessern, um seine Erlebniswelt zu erweitern und alles zu verstehen.

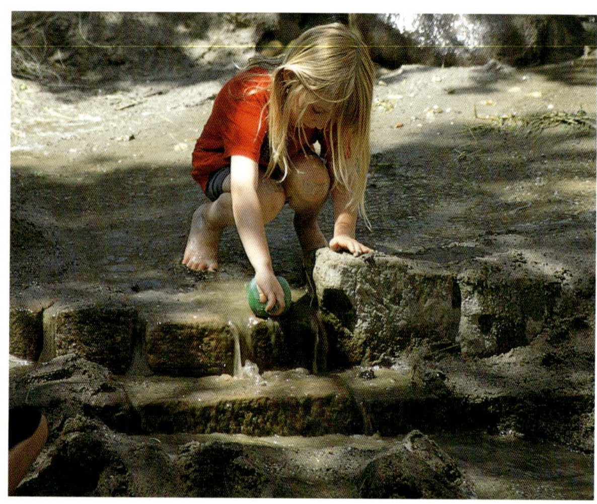

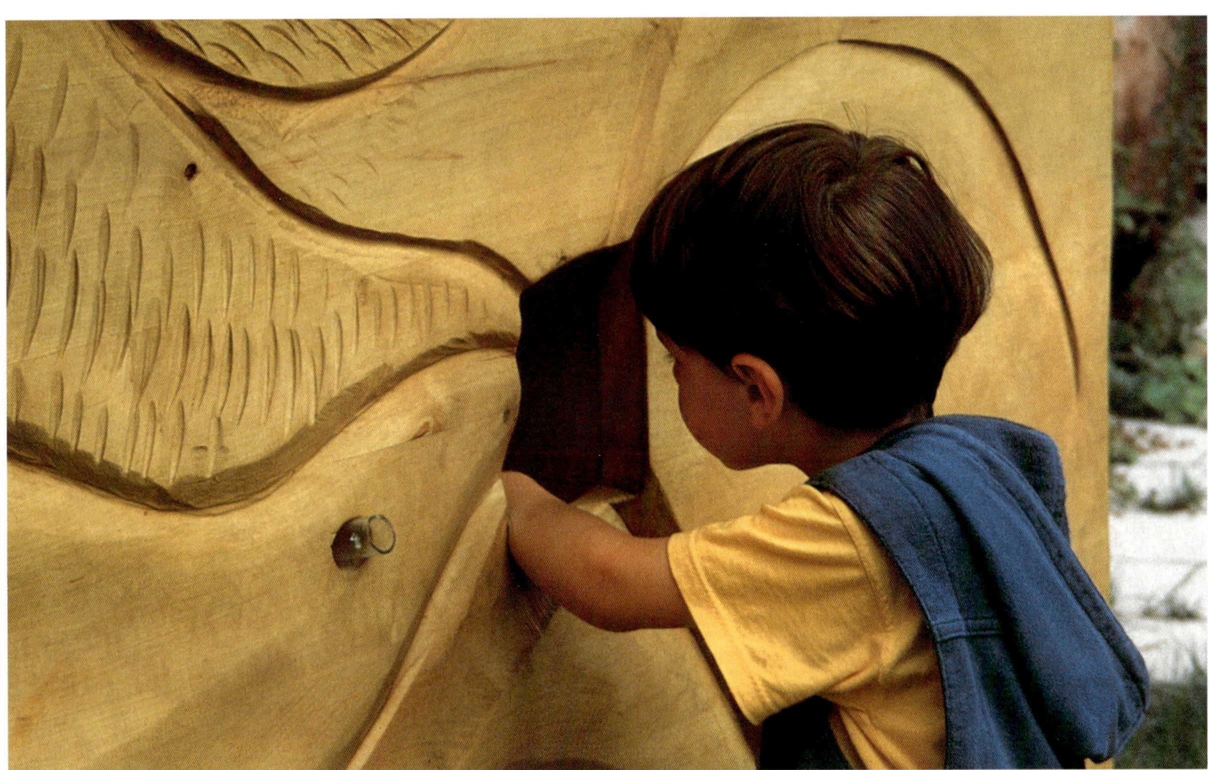

Es gibt aber Kinder, denen es nicht so selbstverständlich und spielerisch gelingt, ihre Umgebung als Lern- und Entwicklungsangebot zu nutzen. Auch sie wollen sich entwickeln. Es kostet sie jedoch mehr Mühe, weil sie ihre Welt anders wahrnehmen. Ist ihre Wahrnehmung blockiert, so ist ihr Verständnis erschwert. Dann bleibt vieles in der Alltagswelt verwirrend, nicht fassbar oder auch angsterregend, und dies beeinträchtigt zusätzlich die Entwicklung des Kindes.

Entwicklungsauffällige Kinder brauchen Unterstützung. Die therapeutischen Angebote richten sich nach den Bedürfnissen und Möglichkeiten des Kindes und sind deshalb sehr unterschiedlich. Der Garten der Sinne kann durch seine Besonderheiten therapeutische Prozesse unterstützen und neue therapeutische Wege weisen.

Wie sieht der »Garten der Sinne« aus?

Im »Garten der Sinne« sind verschiedene Stationen aufgebaut. An jeder einzelnen Station werden bestimmte Sinnesbereiche angesprochen, sodass die Kinder sie hier erfahren und entfalten können.

Das Tastempfinden ist das ausgedehnteste Sinnesorgan unseres Körpers. Immer wieder wird es im Garten angeregt. Eine speziell konstruierte Tastwand aus Holz hat glatte und raue Oberflächen und Rillen, die man mit der Hand nachfahren kann. Die Rillen verteilen sich wie Wege über die Tastwand. Wenn das Kind ihnen folgt, koordiniert es das Zusammenspiel von Auge und Hand. Alle Wege führen zur Sonne. Die Sonnenstrahlen sind mit Körnern, Muscheln und kleinen Steinen beklebt, sodass sich jeder Strahl anders anfühlt. Um mehr Aufmerksamkeit auf das Fühlen und Entdecken der Hände zu lenken, werden verschiedene Materialien für die Augen unsichtbar in Kästen, die an der Tastwand angebracht sind, versteckt. Das Kind greift hinein und errät mit den Fingern, was es dort gefunden hat.

Durch das Spüren von Sand, Gras, Wasser und von unterschiedlich beschaffenen Steinen in der Wasserlandschaft werden Hände, Füße und der ganze Körper angeregt.

Vieles im Garten lädt zum Sehen und Beobachten ein. Die einzelnen Stationen sind aus unterschiedlichen Materialien, Formen und Farben hergestellt, und manche bewegen sich sogar. Die Kinder können mit den Augen verfolgen, wie das Wasser aus einer Gneiskugel sprudelt und dann seinen Weg durch die Wasserlandschaft sucht. Große und kleine, eckige und runde Steine aus unterschiedlichen Farben und Material umgeben den in Sandstein gehauenen Weg des Wassers. Dieser Weg kann von den Kindern verändert werden, und sie verfolgen, wie das Wasser einen neuen Lauf findet.

Auch das Drehen des Windrades, auf dessen Mast ein roter, sich drehender Drache sitzt, beobachten die Kinder gern.

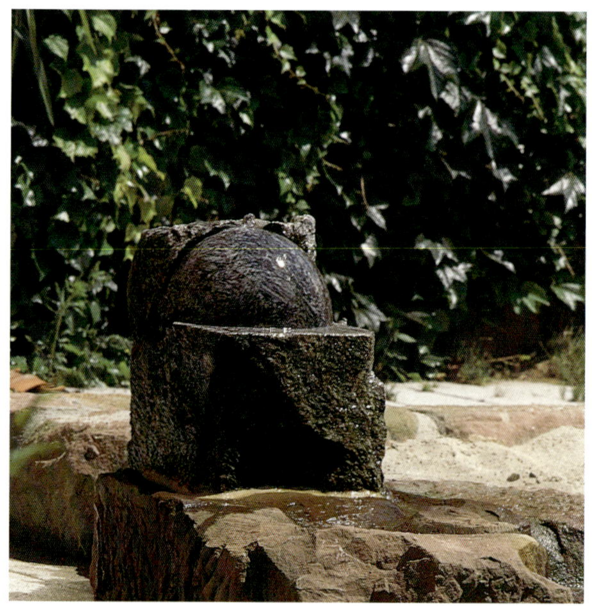

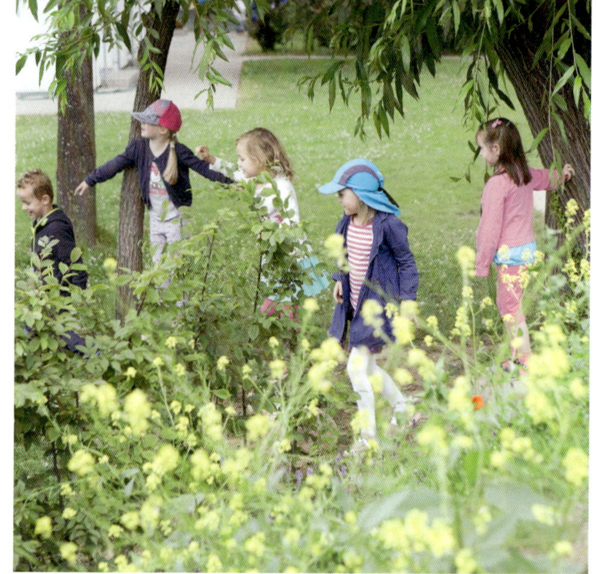

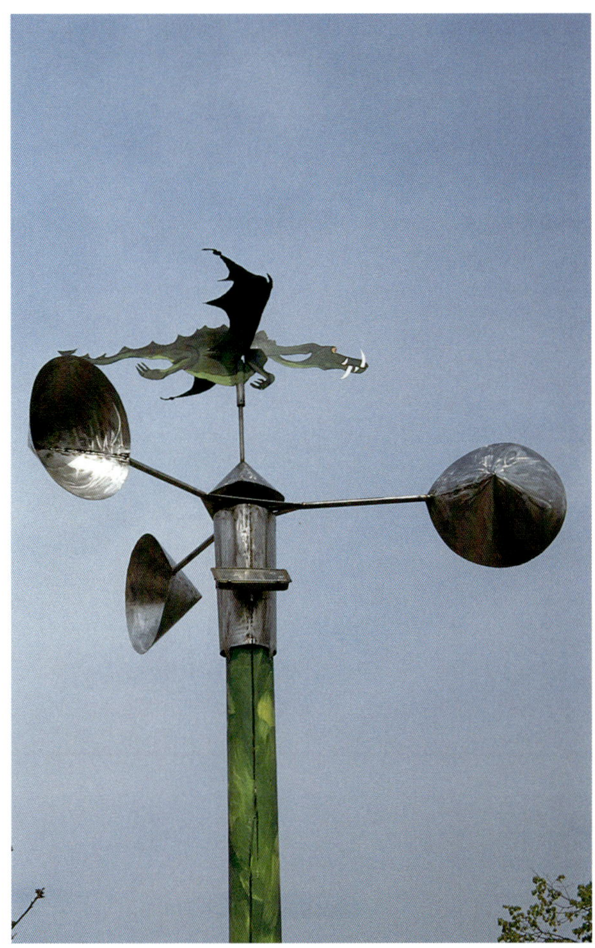

Durch die naturnahe Bepflanzung werden in unseren Garten viele Käfer, Schmetterlinge und Bienen angezogen und können von den Kindern entdeckt und beobachtet werden.

Eine Kräuterecke, duftende Sträucher, ein kleiner Gartenbereich mit Beeren und Tomaten dienen dem Riechen und Schmecken, dem Probieren und Vergleichen. Kräuter duften erst richtig, wenn sie zwischen den Fingern zerrieben werden. So erfahren die Kinder, dass ähnlich aussehende Kräuter beim Zerreiben ganz unterschiedliche Düfte entwickeln.

Das Hören erleben die Kinder bewusst, wenn sie mit einem im Windrad eingebauten Mikrophon und einem Kopfhörer den Geräuschen des sich drehenden Windspieles lauschen. Außerdem nehmen sie dann die von uns meist ausgeblendeten Geräusche in der Luft wahr, wie zum Beispiel die Bewegung des Windes in den Bäumen, aber auch den Straßenverkehr und die eigene Stimme.

In dem »Garten der Sinne« können die Kinder erfahren, was ihre Handlungen bewirken. Sie erleben Ursache und Wirkung, wenn sie den Wasserlauf verändern, mit Sand, Wasser und Steinen auf vielfältige Weise umgehen.

Die bewegliche und frei kombinierbare Kletterlandschaft, der Kletterbaum, die Vogelnestschaukel und der Kriechtunnel sprechen das kindliche Bewegungsbedürfnis an und stärken den Gleichgewichtssinn und das Körpergefühl.

So kann durch die Entdeckungsreise im »Garten der Sinne« jeder einzelne Sinn entwickelt werden. Gelingt das Zusammenspiel aller Sinne, erweitert sich der Empfindungs- und Erfahrungsbereich des Kindes und gibt ihm damit Sicherheit und ein gutes und stabiles Gefühl von sich selbst.

Der Garten ist ein Experiment. Nicht nur den Kindern wird er neue Erlebnisse und Erfahrungen bringen, sondern auch den Therapeuten.

Gertraud Finger

Die Wasserlandschaft

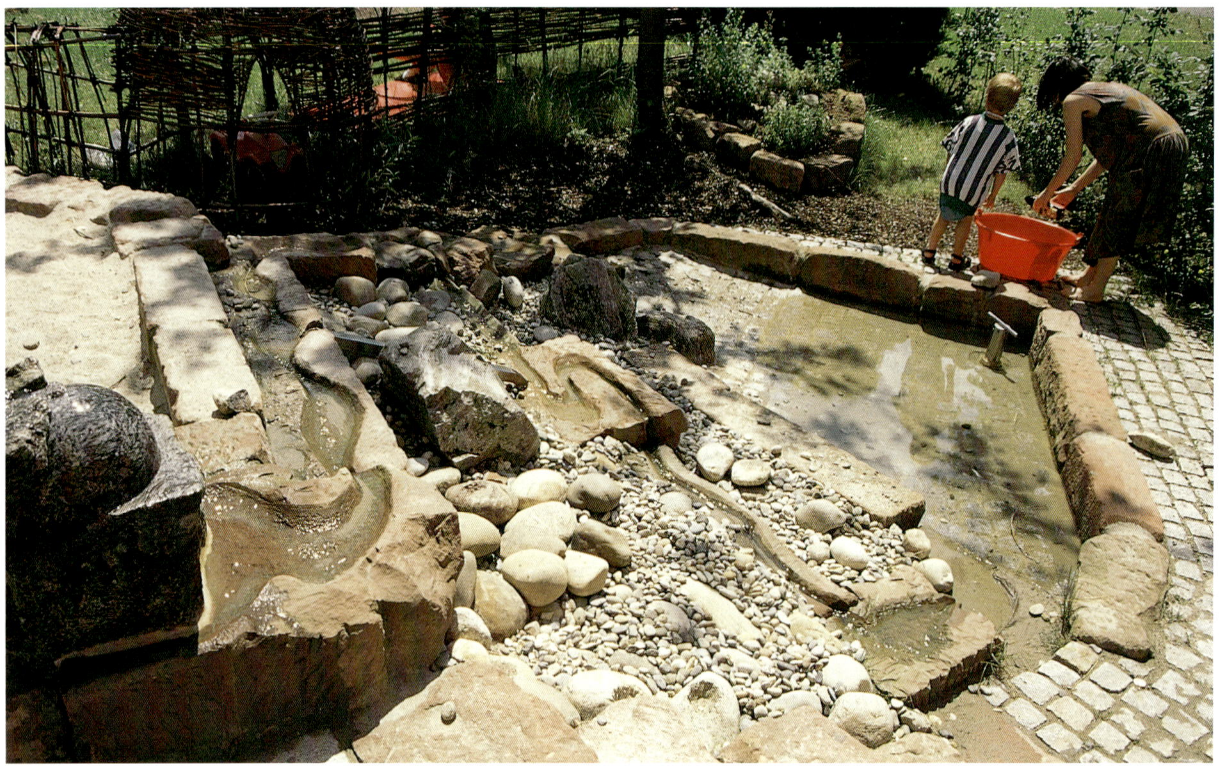

Innerhalb des »Gartens der Sinne« wollen wir ein besonderes Augenmerk auf die Wasserlandschaft richten, die in ihrer abwechslungsreichen Gestaltung vielfältige Anregungen für die Praxis gibt. In der Zusammenarbeit von Pädagogen, Planern und Künstlern konnte das Konzept erarbeitet werden.

Das natürliche Gefälle des Geländes wurde für den künstlichen Bachlauf genutzt, sodass kaum Material aufzuschütten war.

Das Herzstück der Anlage ist ein Quellstein aus einheimischem Gneis. Er wurde vom Steinmetz so bearbeitet, dass der Stein sehr unterschiedliche Material-

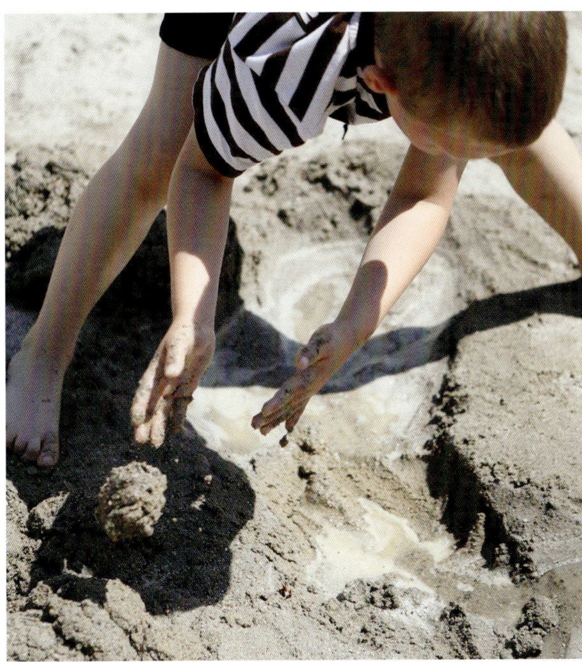

erfahrungen zulässt. Die raue Oberfläche steht in Spannung mit der glattpolierten Halbkugel. Gänzlich anders fühlt sich der Stein allerdings an, wenn aus der »Quelle« das Frischwasser sprudelt und er nur durch den dünnen Wasserfilm spürbar ist.

Das Wasser wird durch einen aus zwölf Sandsteinblöcken bestehenden, serpentinenartig angelegten Bachlauf aufgefangen. Bei der Gestaltung der Wasserrinnen wurde besonders darauf geachet, dass für die Kinder eine klare Strömungsrichtung erkennbar bleibt. Zusätzlich kann der Wasserlauf über mobile Edelstahlschieber beliebig verändert werden. Oberläufe, Abkürzungen und kleine »Wasserfälle« entstehen und fordern immer neue Reaktionen heraus.

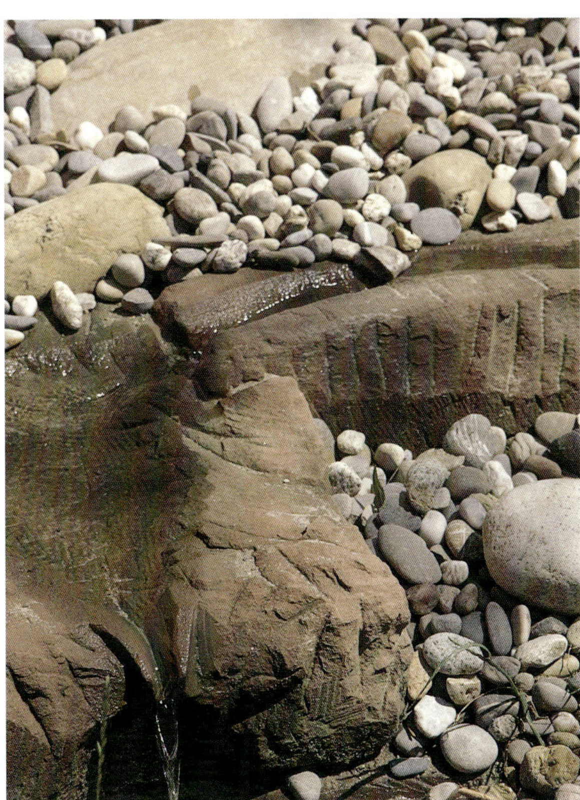

Dazwischen liegen unterschiedlich große Flusskiesel, die durch ihre Farben und Formen zum Spielen und Kombinieren anregen.

Der Abfluss befindet sich in einem gemauerten Wasserbecken und ist so angelegt, dass er bei entsprechenden Temperaturen zum Planschen genutzt werden kann.

Die Wasserlandschaft kann beklettert werden und gewinnt durch die duftende Randbepflanzung mit Duftkräutern und heimischen Pflanzen zusätzliche Reize.

Außenspielflächen für Kindergärten

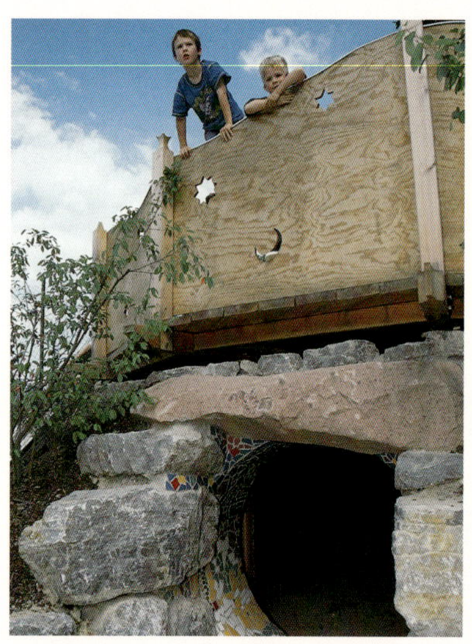

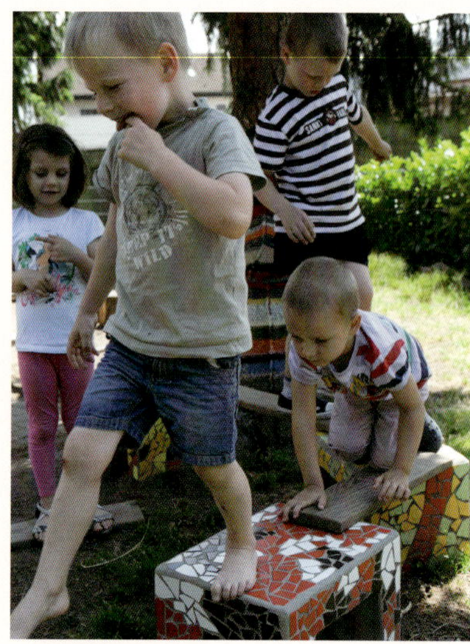

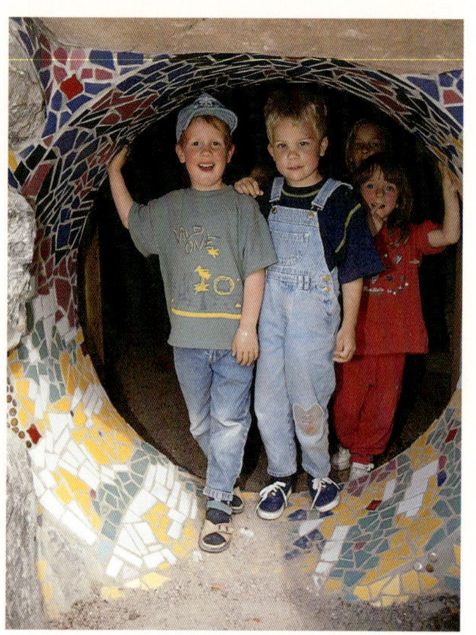

Nachfolgend unsere Empfehlung an alle Experten, die ein Außengelände in Kindergärten gestalten:

- **Pädagogische Einbettung**
  Das Außengelände muss konsequent und ganz bewusst in die pädagogische Konzeption der jeweiligen Einrichtung eingebettet sein. Es ist immer in Ergänzung und direkter Beziehung zu den Innenräumen zu betrachten. Dabei kommt es nicht immer auf die Größe der Außenfläche an, auch ein kleines Spielgelände kann bei einer differenzierten Gestaltung vielfältigstes Erfahrungsprogramm bieten.

- **Kinder als Gestalter**
  Beobachten wir das Spiel der Kinder und versuchen dessen Botschaften zu entschlüsseln. Denn Kinder sind die eigentlichen Experten auf dem Gebiet der Spielraumplanung. Sie zeigen uns zielsicher, welche Bedürfnisse ihr neues Spielgelände erfüllen soll.

- **Zäune und Einfriedungen**
  Zäune dürfen nicht ausgrenzen. Sie markieren Grenzen, schaffen Orientierung und können als ein fantasievoller Bestandteil des Spielgeländes gestaltet werden.

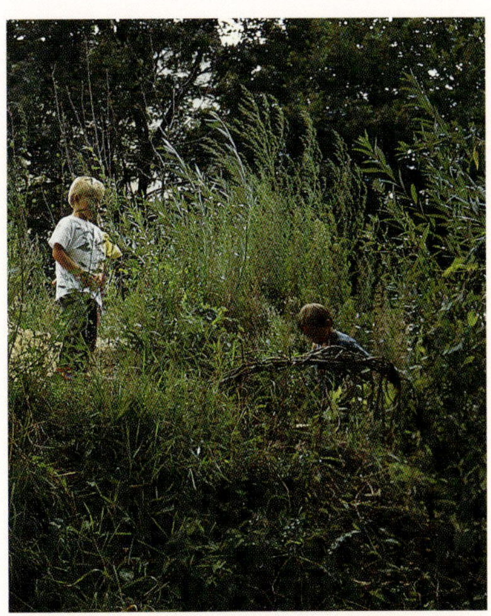

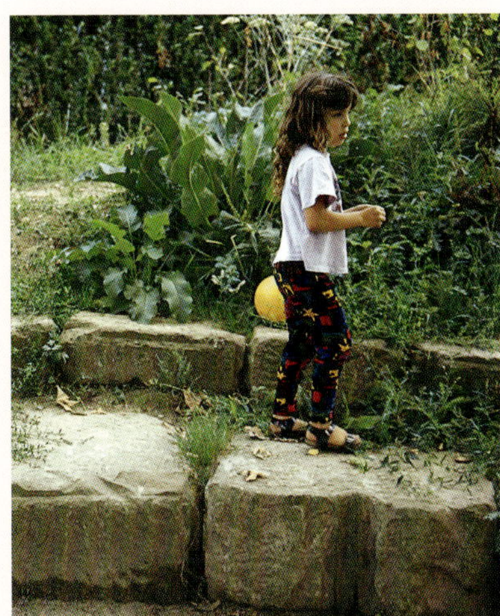

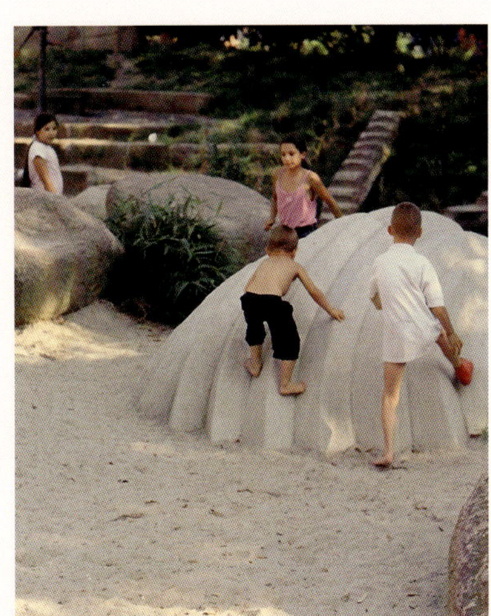

- **Ein bedürfnisorientiertes Gelände**
  Es muss Raum bieten zum Spielen, Lernen, Forschen, Experimentieren, Gestalten, Entdecken, Rennen, Toben, Springen, Klettern, Rutschen, Verstecken, zum Sitzen oder Ruhen. Diese Aktivitäten müssen allein, in der Kleingruppe oder in der Gesamtgruppe erfahrbar sein.

- **Wege**
  Wege sind vielfältig. Neben befestigten und funktionsausgerichteten Wegen führen auch kleine Weglabyrinthe, Laubengänge oder gar Hohlwege durch das Spielgelände. Dicke Baumstammübergänge oder luftige Hängebrücken überbrücken Täler, Trittsteine helfen an steileren Stellen, verschlungene Trampelpfade, die vielleicht sogar im Nichts enden, verlieren sich im Dickicht. Kinder wollen auf ihren Wegen nicht immer an ein Ziel gelangen. Der Weg kann zum Ziel werden.

- **Hoher Aufforderungscharakter und freie Zugänglichkeit**
  Das neue Spielgelände darf die Kinder nicht entmündigen oder bevormunden. Es muss nach entsprechenden Absprachen im gesamten Tagesverlauf und ganzjährig für die Kinder frei zugänglich sein. Es sollte keine Spielbereiche enthalten, die einer ständigen Beaufsichtigung bedürfen.

- **Sicherheit**
  Der Schutzgedanke darf nicht als Vorwand benutzt werden, um in einer Vollkaskomentalität alle Unfallrisiken auszuschalten. Aktuelle Untersuchungen der Unfallversicherer belegen, dass die eigentlichen Risiken in der motorischen Schwäche und Unsicherheit der Kinder zu suchen sind. Um das Selbstsicherungsverhalten von Kindern zu fördern, müssen wir auch im pädagogischen Alltag Spielsituationen zulassen, wo die Kinder eigenständige Bewegungserfahrungen ausleben können.

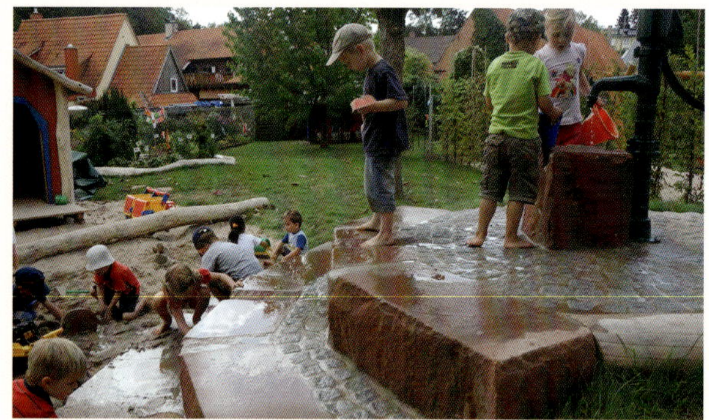

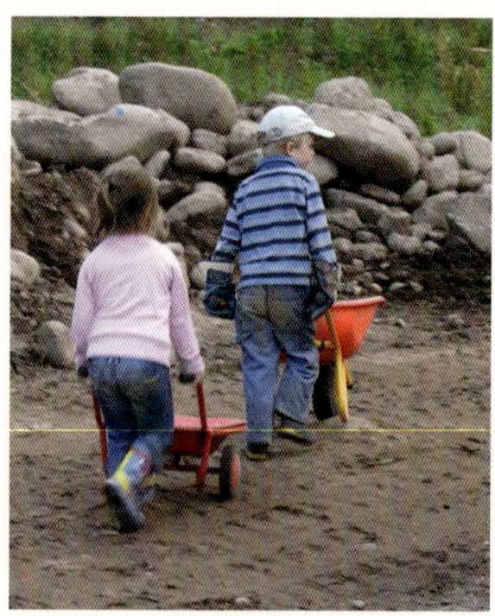

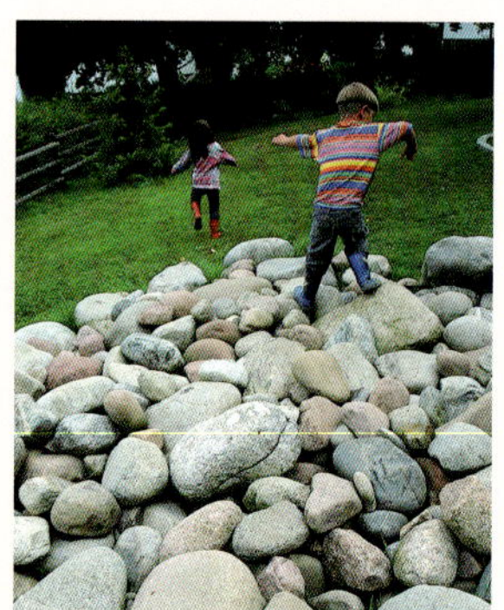

- **Rückszugsmöglichkeiten**
  Ein kindgerechtes Spielgelände benötigt kleinräumige Rückzugsbereiche. Auch im Außengelände des Kindergartens muss es Orte geben, wo sich die Spielenden dem Blick der Erwachsenen entziehen können.

- **Lebensnähe und mobile Spielmaterialien**
  Kinder spielen eigentlich überall, aber am liebsten dort, wo sie etwas über sich und ihr späteres Leben in der Erwachsenenwelt erfahren können. Mit Alltagsmaterialien wie Brettern, Steinen, Schläuchen, Röhren, Kisten und anderen Fundstücken lassen sich die vielfältigsten Aktionen arrangieren, wo die Kinder lebensnah mehr von der Welt erfahren als in jeder künstlich aufbereiteten Lernsituation.

- **Berücksichtigung der Standortgegebenheiten**
  Jede Neugestaltung eines Geländes erfordert eine individuell zugeschnittene Lösung. Kein Spielgelände gleicht dem anderen. Immer sind die regionalen Besonderheiten des Standortes wie zum Beispiel Bodenbeschaffenheit, klimatische Verhältnisse, Vegetation, Nachbarschaft und Einbindung in das Wohnumfeld zu berücksichtigen.

- **Übergangsbereiche zwischen Innen und Außen**
  Wenn irgend möglich, sollte das Außengelände von jedem Gruppenraum aus zugänglich sein. So kann der Terrassenbereich als eine willkommene Erweiterung des Innenraumes begriffen werden.

- **Ein modelliertes Gelände**
  Die sensible Modellierung ist ein unverzichtbarer Bestandteil unseres Spielgeländes. Sie strukturiert, bildet unterschiedliche Räume, schafft ein eigenes Mikroklima, fordert Bewegung heraus und bereitet somit die wahrnehmungsfördernde Grundlage für das Spiel der Kinder.

- **Bewusste Auswahl und Einbettung von Spielgeräten**
  In jedem kindgerechten Außengelände sollten die gut ausgewählten Spielgeräte naturnah in die Landschaft eingebettet sein. Spielgeräte und Spiellandschaft schließen sich nicht aus. Sie erfüllen aber erst dann eine sinnvolle und ergänzende Funktion, wenn genügend Möglichkeiten gegeben sind, damit die Kinder selbst ihren Zugang zu dieser Erlebniswelt bestimmen können.

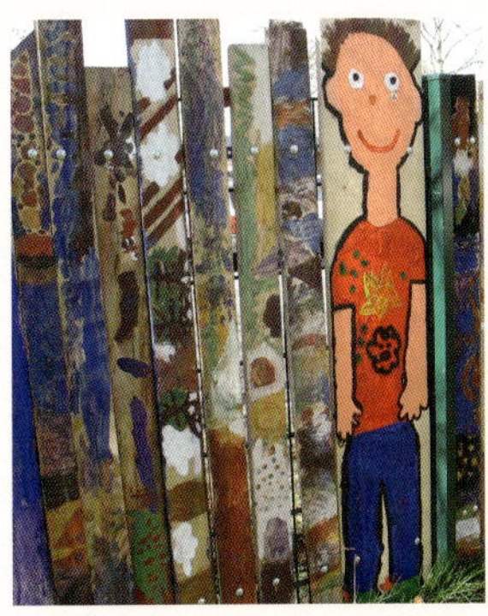

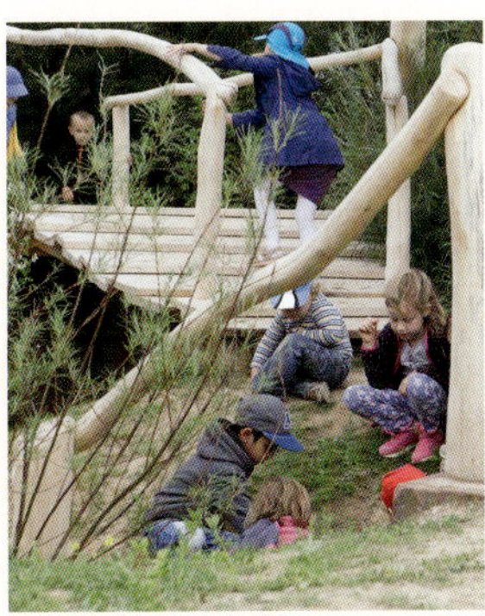

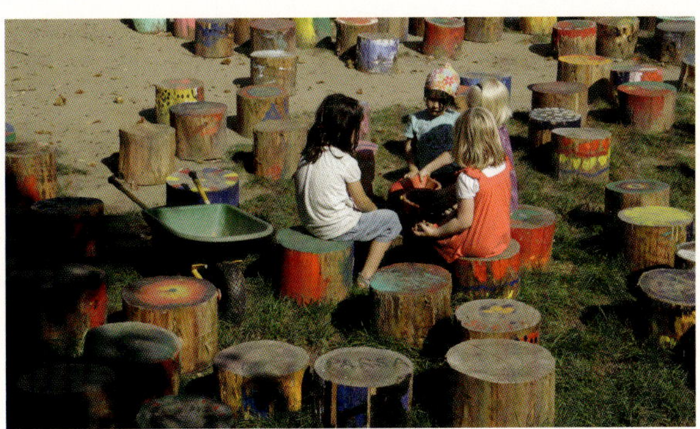

- **Ein naturnahes Gelände**
  Die Natur bietet unendlich viele Möglichkeiten zum Riechen, Fühlen, Hören, Sehen und Schmecken. Sie darf allerdings nicht zur bloßen Kulisse verkommen. Die Kinder erfahren in solch einem Gelände nicht nur Wesentliches über die Natur, sondern auch etwas über sich und das Leben.

- **Sinnliche Erfahrbarkeit**
  Düfte und Farben, Licht und Schatten, Wärme und Kühle, Geräusche, Wind und Regen, die Vielfalt natürlicher Farben und Formen und vieles mehr können auf dem Gelände täglich, zu jeder Jahreszeit und bei jedem Wetter erfahrbar sein.

- **Behausungen**
  Ob improvisierte Zeltkonstruktionen, archaische Kuppelbauten, bodenständige Blockhäuschen, luftige Baumhäuser, geheimnisvolle Höhlen, Grotten oder Überhänge, die Kinder brauchen auf ihrem Spielgelände ein Dach über dem Kopf. Gleichzeitig haben sie ein großes Bedürfnis nach Nestwärme und Geborgenheit, die sie in diesen Bauten finden und im Rollenspiel ausleben können.

- **Sand und Wasser**
  Sand und Wasser sind die unverzichtbaren Grundbausteine eines jeden Spielgeländes. Vom ersten bis zum letzten Kindergartentag sind diese elementaren Materialien für Jungen und Mädchen in allen Altersstufen vielseitig und attraktiv.

- **Kunst im Spiel**
  Künstlerische Gestaltungselemente eignen sich in ganz besonderer Weise, um alle Sinne anzusprechen und Neugierde zu erwecken. Die fruchtbare Verbindung zwischen Kunst, Architektur und Pädagogik erlaubt gestalterische Lösungen, die manch ödes Spielgelände in ein Gesamtkunstwerk verwandeln.

- **Mitbeteiligung**
  Ein wirklich gutes Außengelände ist niemals fertig! Denn Kinder lieben und brauchen das »Unfertige«. Sie werden dort zum Gestalter und Akteur, wo es noch etwas zu entdecken gibt, wo sie eigene Ideen hinzufügen können.

Erwachsene als Spielende

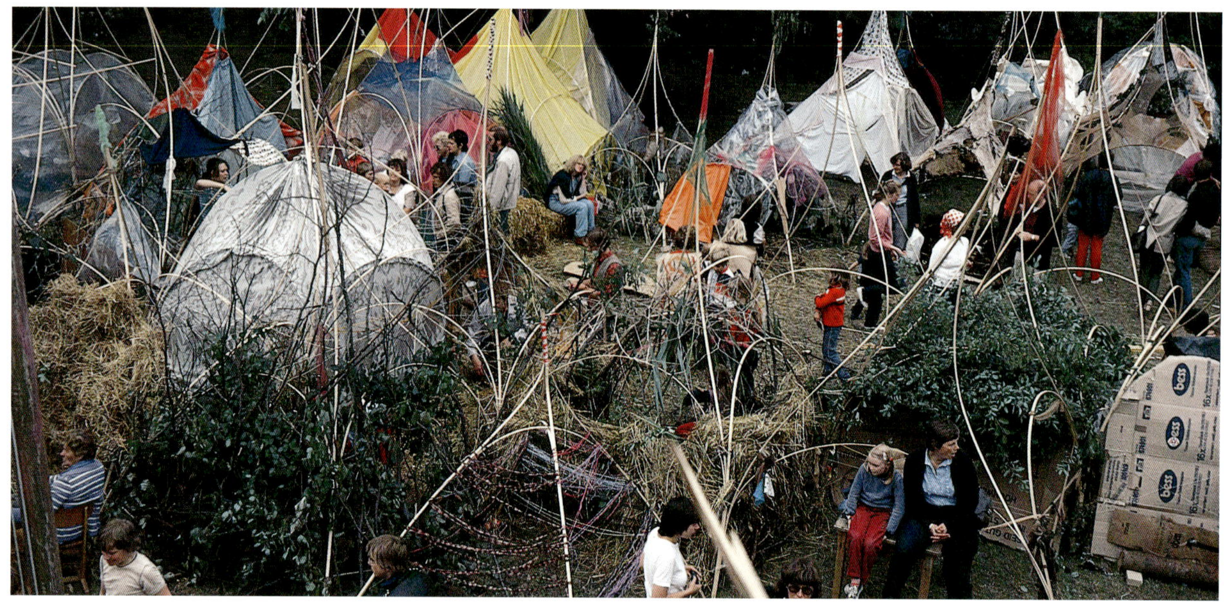

Ein Spielplatz für Erwachsene umfasst viele Bereiche kreativer und sozialer Prozesse: vom handwerklich-künstlerischen Schaffen und Bauen über erfinderische Experimente, schöpferische Techniken und Konstruktionen bis hin zu innovativem Nonsens, Spielereien und Spinnereien. Kurzum, der Spielplatz versammelt alles, alles, was das Leben lebenswert macht. Wo weder Experten noch Spezialisten, Assistenten und Handlanger nötig sind, sondern jeder unabhängig von seinen handwerklichen Fähigkeiten eingeladen ist, mitzutun, wird Bauen zum reizvollen Spiel.

Unser erster Versuch, neben Kindern auch Jugendliche und Erwachsene in Bauspielereien zu verwickeln, gelang 1982 während der DOGON-Bauaktion auf der »Spiellinie« in Kiel.

Die Vorgabe, einen eigenen Raum nur mit einfachen Hölzern und zusammengesammelten Alltagsmaterialien zu errichten, führte innerhalb kürzester Zeit zu einem Dorf von 50 Bewohnern. Die Verlockung bestand wohl vor allem im grenzüberschreitenden und abenteuerlichen, weder mit den Behörden noch dem Veranstalter abgesprochenen Angebot, in den

Bauwerken auch zu schlafen, Feuer zu entfachen und das »Dorfleben« wie einen Urlaub mitten in der Stadt zu genießen.

Spielplätze für Erwachsene

Weitere Aktionen an unterschiedlichen Orten vertieften die Erfahrungen und ließen 1993 der »Village des nomades« und 1995 »Casamundo« in Antwerpen entstehen. Hier schufen die Bewohner eines Stadtteils, hauptsächlich Jugendliche und Erwachsene aus Nordafrika und der Türkei, äußerst kunstvolle und orginelle Bazarstrukturen und Unterkünfte nur aus Ruten und Zweigen. Auf Grund der ökologischen Perspektive sind heute Projekte mit natürlichen Bau- bzw. Spielmaterialien wie Ruten, Schilf und Lehm sinnvoll und attraktiv, auch weil sie mit einfachem Werkzeug ohne spezielle Kenntnisse und Fähigkeiten zu handhaben sind. Das Material wurde lastwagenweise vom Gartenbauamt der Stadt Antwerpen jeden Tag auf den Bauspielplatz geliefert, um vornehmlich der ausländischen Bevölkerung der Stadt diese Verwirklichung ungeahnter Möglichkeiten zu gestatten. Verführerisch vor allem das Angebot, die Bau- und Kunstwerke im Rahmen eines Bazars auch wirtschaftlich zu nutzen.

Der »Village des nomades – eine multikulturelle Utopie« wurde für drei Wochen in der Kulturhauptstadt Europas erfahrbare Wirklichkeit. Menschen aus Algerien und Marokko, aus der Türkei und Belgien, aus Holland und Schwarzafrika erschufen im gestalterischen und spielerischen Miteinander ein Dorf, einen Bazar, ein Festival der Völker und zeigten, wie das schöpferische Miteinander und künstlerische Gestalten ethnische und nationale Grenzen zu überwinden vermag.

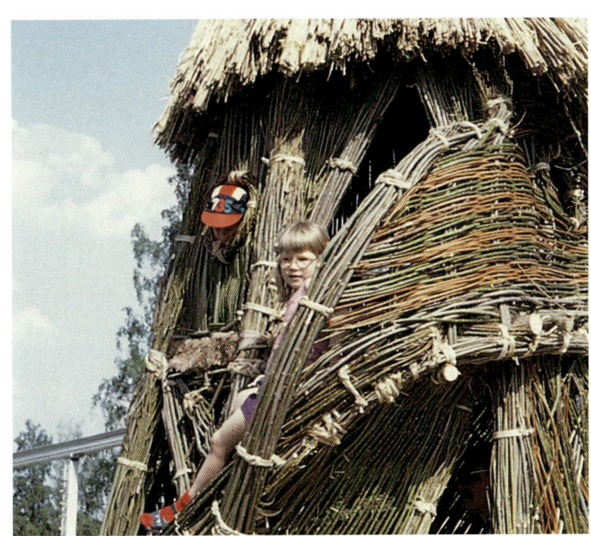

Für die erwachsenen Mitspieler auf dieser Großbaustelle boten wiederum das Dampfbad, die Tipis, Jurten und Wüstenzelte und die kulinarischen und musikalischen Genüsse die beste Voraussetzung für gemeinsame Unternehmungen.

Auf Grund des unerwarteten Erfolges konnten wir weitere kreative Angebote am gleichen Ort für die multinationale Bevölkerung anbieten.

Wieder wurden die Erwachsenen angesprochen, wohlwissend, dass sie ihre Kinder nicht zu Hause lassen würden. Berge von Lehm und Ruten, Schilfmatten und Schnur lagen nun wie Spielsachen verstreut auf der weiten Wiese, um daraus zu bauen und zu formen, was immer beliebte: lebensgroße Figuren, fantastische Gestalten und räumliche Strukturen.

Das Folgeprojekt »CASAMUNDO« sollte dann im Jahr 1995 in Antwerpen abermals die individuellen schöpferischen Leistungen zu einem gemeinsamen Bauwerk vereinen.

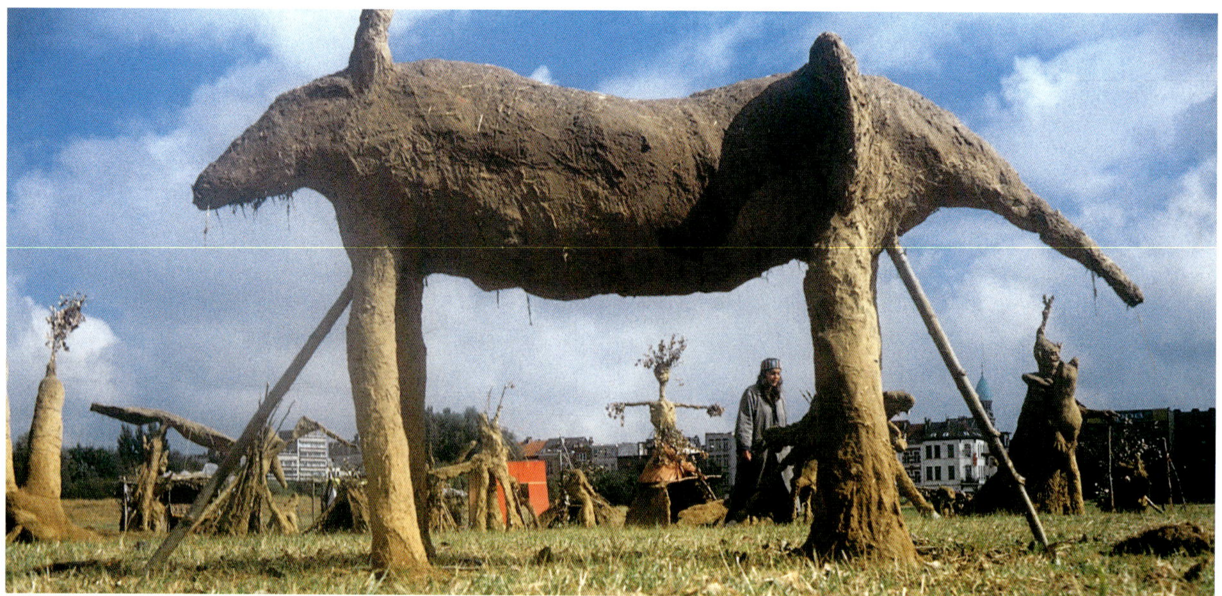

Über eine Stützstruktur aus Stahlrohren und Ferrozement wurde ein Bambusdach mit rohen Stahlblechplatten eingedeckt. Gleichzeitig wurden die Sitzbank, die Rückwand und Teile der Stützen mit Keramikbruchstücken mosaiziert. Bis zu 40 Personen aller Altersstufen arbeiteten in konzentrierter Ruhe gleichzeitig am Mosaik. Zur allgemeinen Überraschung gesellten sich auch junge Männer, die sich sonst eher in den Straßen der Stadt aufhielten, in diese kreative Runde, um ebenfalls mit Ausdauer und ohne Hast, mit anmutigen Motiven zum gemeinsamen Werk beizutragen.

Was auch immer die Gründe hierfür gewesen sein mögen, es sind vor allem die unbeabsichtigten und überraschenden, unplanbaren und unvorhersehbaren Effekte, die Leistungen und Ergebnisse ermöglichen, die weit über das Maß unserer Vorstellungen und Erfahrungen hinausreichen.

Spielen – Bauen – Leben

Die beschriebenen Erwachsenenbauspiele eröffnen die Chance, sich untereinander wieder gelassener und wie auf allen Baustellen direkt und unverschnörkelt gegenüberzutreten und kennen zu lernen.

Diese Form von Aktion und Spiel stellt unser Verhältnis zurzeit auf den Kopf, oder vom Kopf wieder auf die Füsse!

Aktive Freizeitgestaltung in Form von Bauspielen gewinnt zunehmend an Bedeutung, weil hier in örtlich und zeitlich begrenztem Rahmen alle Beteiligten ein hohes Maß an Kooperation und Solidarität erfahren. Offene und unkomplizierte Bestandteile einer Lebensqualität, die der moderne Alltag und die zweckorientierte Arbeitswelt kaum mehr bieten. Vom Ernst der Arbeitswelt zur heiteren und spontanen Gemeinschaft!

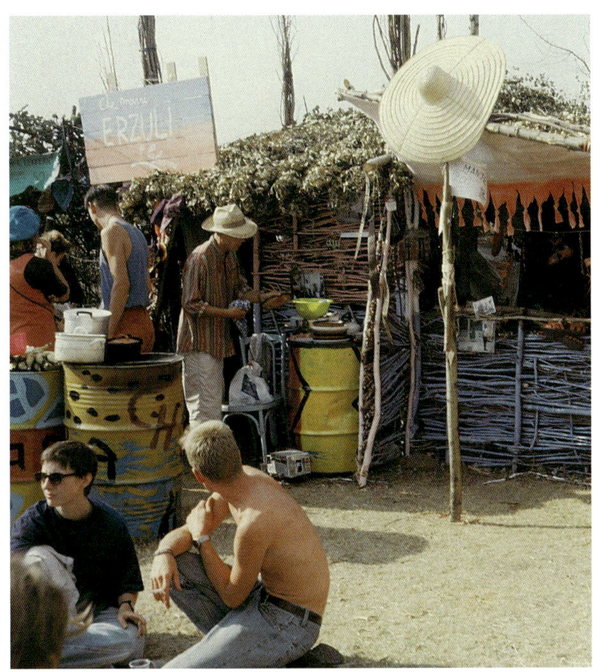

Der Erwachsene befreit sich während der gemeinschaftlichen Bauaktionen vom Druck der Konkurrenz, vom Druck der Leistung und der Zeit.

Die Betonung auf »Erwachsene« schließt Kinder und Jugendliche nicht aus, sondern gründet in der Erfahrung, dass diese völlig unproblematisch in jedes Spiel finden, das von Erwachsenen ausgeht. Die spürbaren Defizite an gestalterischen und spielerischen Erlebnissen, frei von Kommerz und Konsum, sind in der Welt der Erwachsenen am größten. So hemmt die Spielunfähigkeit und Passivität vieler Erwachsener auch die unbefangene Spiellust der Kinder und insbesondere die der Jugendlichen, die den Erwachsenen nacheifern und von dem »kindlichen« Zeitvertreib nichts mehr wissen wollen.

Mit der Idee der Bauspielplätze für Erwachsene wird somit auch der zunehmenden Trennung und Entfremdung der Generationen entgegengewirkt und ein lustvolles, schöpferisches Miteinander angestrebt.

Um das Spielerische und Heitere dieser Modellbauspiele für Erwachsene zu fördern, sind neben dem gemeinsamen Gestaltungsvorhaben oder dem anstehenden Spielobjekt erfahrungsgemäß kommunikationsfördernde Baustellenelemente von großer Bedeutung. Zudem wird das außergewöhnliche dieser Bauspielstellen für Erwachsene durch das Bereitstellen von »exotischen« Bauwerken wie Tipis, Jurten und Beduinenzelten als Aufenthalts- und Ruheräume hervorgehoben. Sie wecken Neugierde und Abenteuerlust. Eine gut organisierte Feldküche, gemeinsame Tafelfreuden und ein Höchstmaß an sinnlichen Genüssen erleichtern den geistigen Austausch, Schwitzhütten und Dampfbäder die körperliche Annäherung.

Ausgestattet mit diesen gemeinschaftsstiftenden Angeboten wird der Ort des Geschehens zu einem Gesellschaftsbauspiel, zu einem sozialen Mikrokosmos ganz eigener Natur. Ein Ort, der sich bestens zur spielerischen und modellhaften Erprobung sowie Kultivierung und Ritualisierung schöpferischer Arbeitsprozesse eignet.

Spielerisches Bauen und künstlerisches Gestalten heißen die schöpferischen Bestandteile eines intensiven Dialoges, der, vermehrt den Erwachsenen angeboten, zur Grundlage einer neuen Volkskunst erwachsen kann. Die höchste Form der Volkskultur ist wohl erst dann erreicht, wenn sich Menschen aller Altersstufen zusammenfinden, um ihr kreatives Potenzial zur Umgestaltung der Lebensverhältnisse zu nutzen.

Marcel Kalberer

Und am Schluss noch immer kein Ende

Während der Arbeiten zu diesem Buch entstand eine Fülle von weiteren Ideen; einige davon wurden bereits auf verschiedenen Baustellen umgesetzt, andere warten noch immer darauf, angegangen zu werden. Wir verstehen uns als Lernende, die versuchen, aus den Erfahrungen der vorangegangenen Aktivitäten neue Erkenntnisse herauszufiltern, die dann wiederum Grundlage weiterführender Prozesse sind.

Ideen müssen Beweglichkeit ausdrücken und dürfen sich nicht an ihrer Gefälligkeit orientieren. Solange wir unser Denken lediglich auf Machbarkeiten und Umsetzbarkeiten beschränken, haben wir nichts verstanden. Der Mut und die Kraft zum Träumen sollten unser Handeln zunehmend bestimmen. Kinder sind in dieser Eigenschaft oftmals wahre Meister und könnten in ihrem ungestümen Gestaltungswillen und Ideenreichtum so manchen Planer aus seiner Einsamkeit am Reißbrett herausführen. Es ist an der Zeit, endlich anzuerkennen, dass Kinder nicht nur als Nutzer, sondern grundsätzlich auch als Gestalter ihrer Spielorte zu begreifen sind. Spielraumplanung muss sich aus diesem Blickwinkel zudem generationsübergreifend öffnen, Prozesse iniziieren und Betroffene zu Akteuren machen. Stadtteile entwickeln sich dementsprechend zu Freiluftlaboratorien, wo in Form nachbarschaftlicher Ideenwerkstätten die Bewohner mitentscheiden und entdecken, an welchen Orten es sich gut spielen lässt.

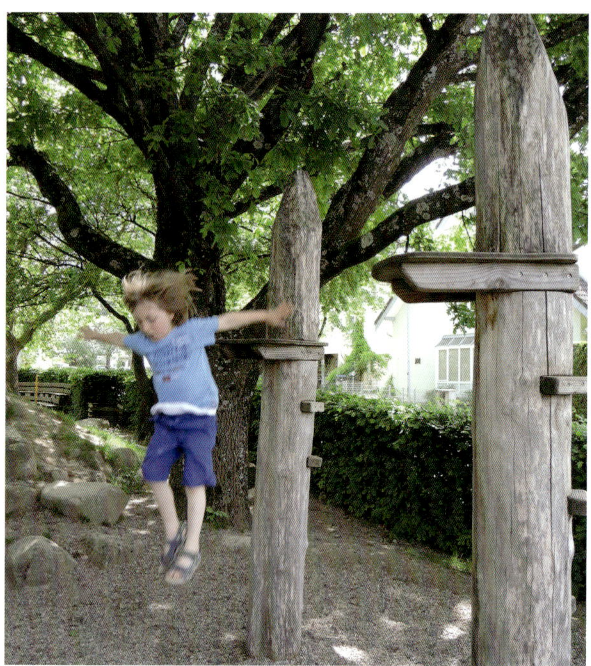

Wie diese Version in ersten Ansätzen eingelöst werden kann, haben wir in den vorangegangen Kapiteln beschrieben. Hier ist allen Beteiligten weitaus mehr zuzutrauen, als landläufig praktiziert wird. Dass diese Mitbeteiligungsmodelle in Zeiten knapper Kassen zunehmend Beachtung finden, mag niemanden verwundern. Doch wäre es fatal, jene Bauaktionen und

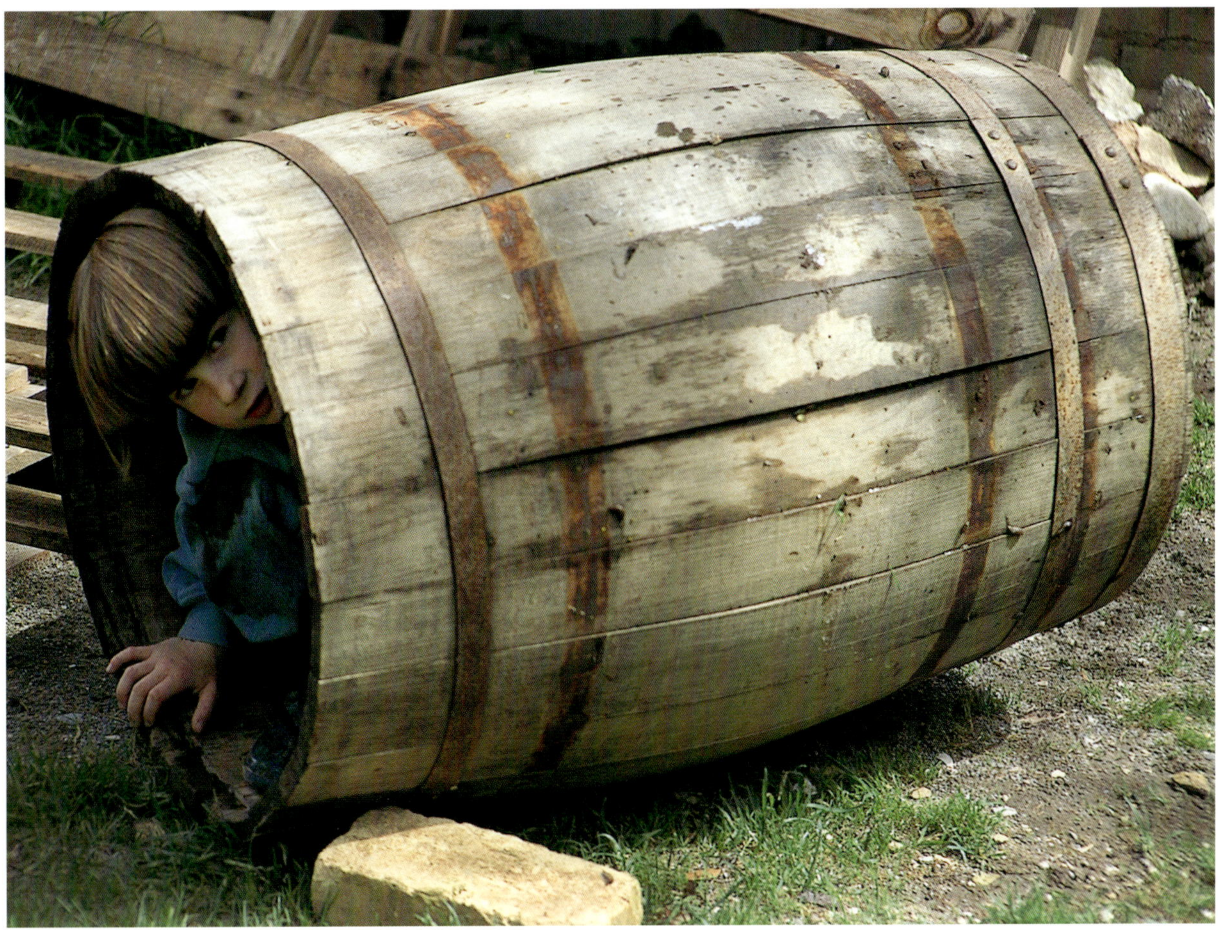

Happenings unter dem verkürzten Aspekt der Kostendämpfung zu propagieren. Die Entstehungsgeschichte dieser wundersamen Orte und verspielten Nischen belegt eindrucksvoll, wie über das gemeinsame Träumen und Arbeiten plötzlich neue Formen der Kommunikation und des persönlichen Dialoges entdeckt werden. In welch anderen Situationen gibt es heute noch die nachbarschaftliche Möglichkeit, gemeinsam mit Kindern, Jugendlichen, Müttern, Vätern, Großeltern und Anwohnern den vorhandenen Lebensraum individuell, bedürfnisgerecht und fantasievoll zu gestalten? Es wird zunehmend erkannt, dass es sich bei dieser Form der Spielraumgestaltung um eine derzeit völlig vernachlässigte Möglichkeit handelt, Menschen aus unterschiedlichen Alters- und Sozialzusammenhängen zu versammeln und ihnen Raum für Begegnung und Aktion zu geben. Mit diesem generationsübergreifenden Konzept werden traditionelle Gerätespielplätze, wo immer möglich, sinnvoll ergänzt und der Blick für zukunftsorientierte soziale Begegnungsräume geöffnet.

Wir wollen mit unseren Ideen keine Diktatur der naturbelassenen Spielplätze einläuten. Nicht jeder Spielplatz benötigt als fortschrittliches Aushängeschild ein Weidenhäuschen oder eine Wasserpumpe mit Lehmbaustelle. Solange es sich bei diesen Gestaltungselementen lediglich um eine Oberflächenmaniküre handelt, ist Misstrauen angebracht.

Gestaltungsideen für Spielräume, und seien sie noch so gut gemeint, dürfen weder entmündigen noch bevormunden. Nur durch eine zunehmende Transparenz von Planungs- und Gestaltungsprozessen im Sinne einer ernsthaften Kinder- und Bürgerbeteiligung werden bereits im Vorfeld die zukünftigen Nutzer mit all ihren Bedürfnissen und Fantasien einbezogen. Städtebaulich wird dies zur Folge haben, dass über eine entsprechende Gestaltungspraxis Spielorte entstehen, die für die Bewohner zu einer deutlichen Verbesserung der Lebensqualität im Wohnquartier beitragen. Wir benötigen weder perfekte Kinderspielplätze noch immer ausgefeiltere Spielgeräte. Stattdessen müssten sich unsere Fantasien mit der Frage beschäftigen, wo Orte anzusiedeln sind, die Kinder nicht mehr ausgrenzen, und wie Spielräume beschaffen sein müssen, die Kinder und Erwachsene gleichermaßen anziehen.

Es spricht manches dafür, dass wir das Spielerische als einen unerlässlichen Bestandteil der Zukunftsbewältigung nicht vernachlässigen dürfen. Das gilt für Kinder und Erwachsene gleichermaßen.

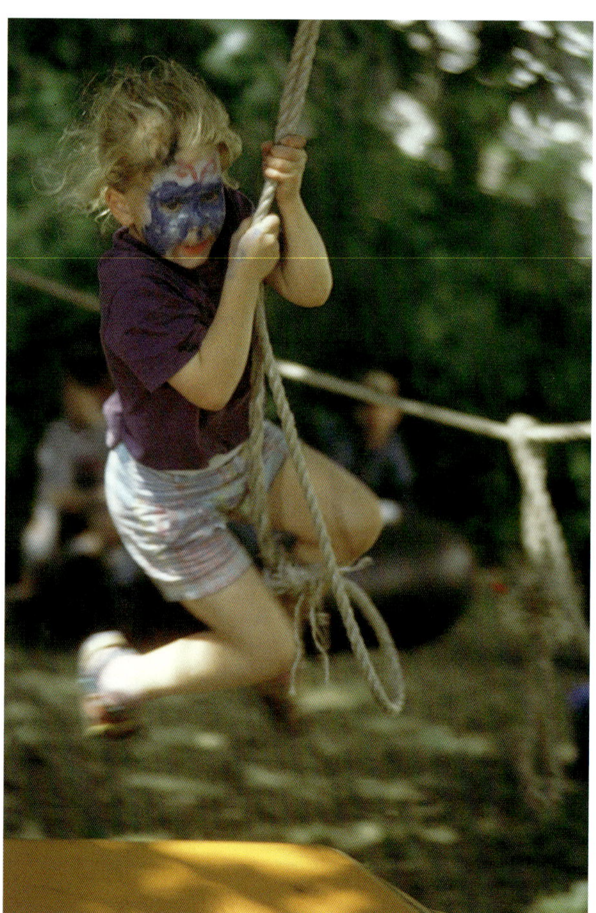

Entsprechend gestaltete Spielplätze sind daher nicht ausschließlich als reine Freizeitstätten zu betrachten, sondern entwickeln sich darüber hinaus zu einem Lern- und Begegnungsort, der die Besucher persönlich anspricht, herausfordert und aktiv einbezieht. Die Er-

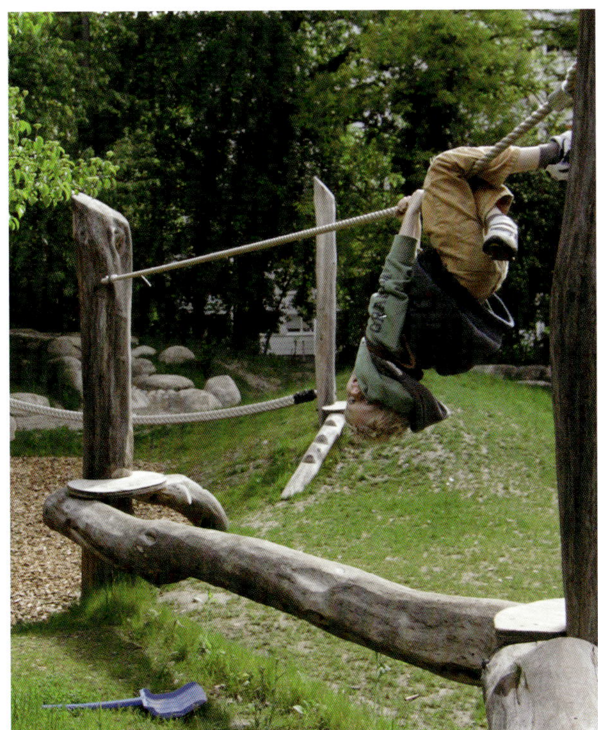

fahrung zeigt, dass latenter Reizentzug zur Verarmung der Wahrnehmungsfähigkeit von Menschen, insbesondere Kindern führt. Kinder, denen keine ausreichenden Spielräume für ihre Ausdrucksbedürfnisse gegeben werden, deren Neugierde und Bewegungsfantasien kanalisiert werden und die sich nicht in ihrer Körperlichkeit erfahren können, werden auch ihre kognitiven, sozialen und emotionalen Fähigkeiten nicht voll entfalten.

Eingeschränkte Spielerfahrung beinhaltet somit auch immer eingeschränkte Selbsterfahrung. Gerade die Jüngsten finden ihr seelisches Gleichgewicht vor allem durch vielfältige körperliche Ausdrucksmöglichkeiten und selbstbestimmte Sinneserfahrungen. In jedem Spiel liegt ein Quäntchen Welterfahrung verborgen. Sobald wir uns bei der Suche nach einer bespielbaren Umwelt als Verbündete der Kinder begreifen, werden wir Spiel und Aktion mit all ihren konkreten Materialerfahrungen auch immer dort ansiedeln müssen, wo gelebt wird und ein wirklichkeitsbezogener Kontext herstellbar ist. Spielplätze und Spielmaterialien, die von einer standardisierten Lebensferne und Künstlichkeit geprägt sind, erfüllen diesen Anspruch nicht und sind eher dazu angetan, ein System zu stabilisieren, dass auf einem mechanistischen Weltbild basiert. Da Kinder und Jugendliche in Bezug auf das Denken und Handeln in Gesellschaft, Politik und Verwaltung in erster Linie zu den »Betroffenen« zählen, sind wir aufgefordert, ihre Interessen wahrzunehmen, zu achten und anzuerkennen. Architektur, Städtebau und Spielraumplanung müssen eine Sprache entwickeln, die bei aller Funktionalität an erster Stelle daran gemessen wird, inwieweit sie Achtung vor der Persönlichkeit, dem Selbstbestimmungsrecht und dem Entwicklungsbedürfnis der Nachwachsenden vermittelt. Vielleicht sind dann keine speziell ausgewiesenen Kinderpielplätze mehr gefragt, denn noch immer gilt generationsübergreifend:

Spielplatz ist überall!

Anhang

Literatur

Spielplätze und Freiräume zum Spielen
Agde, Georg / Degünther, Henriette /
Hünnekes, Annette
Beuth Verlag 2013

Das Spielplatzbuch
Wege zu Trauminseln der Kindheit
Toni Anderfuhren
AT Verlag 2007

Kleine grüne Wunder
Bergmann, Heide / Bühring, Ursel / Groß, Andrea
Herder 1996

Raum für Kinderspiel
Blinkert, Baldo / Höfflin, Peter
Lit Verlag 2015

Aktionsräume in der Stadt
Blinkert, Baldo
Centaurus 1993

Naturnahe Spiel- und Erlebnisräume
Gründler, Elisabeth / Schäfer, Norbert
Beltz 2000

Gartengestaltung mit Altmaterial
Hamesse, Jean-Elie
DVA 1998

Spielplatzgestaltung naturnah und kindgerecht
Hohenauer, Peter
Bauverlag 1995

Das Weidenbaubuch
Kalberer, Marcel / Remann, Micky
AT Verlag 1999

Grüne Kathedralen
Die weltweite Wirkung wachsender Weiden
Kalberer, Marcel / Remann, Micky
AT Verlag 2003

Kinderwerkstatt – Naturfarben und Lehm
Knieriemen, Heinz / Krampfer, Martin
AT Verlag 1999

Organismus und Technik
Kükelhaus, Hugo
Fischer 1979

Aufsichtspflicht
Rechtshandbuch für Erzieherinnen und Eltern
Prott, Roger
verlag das netz 2015

Entfaltung der Sinne
Kükelhaus, Hugo / zur Lippe, Rudolf
Fischer alternativ 1984

Weniger Unfälle durch Bewegung
Kunz, Torsten
Verlag Karl Hofmann 1993

Sand – Wasser – Steine
Lange, Udo / Stadelmann, Thomas
Beltz 2002

Am Anfang war das FEUER
Lange, Udo / Stadelmann, Thomas
Das Feuerbuch für Kindergarten, Grundschule und Hort
verlag das netz 2007

In jedem Garten liegt ein Paradies
Lange, Udo / Stadelmann, Thomas
Eigenverlag BAGAGE

Ein Garten für Kinder
Lange, Udo / Stadelmann, Thomas
Eigenverlag BAGAGE

Ein Garten für die Sinne
Lange, Udo / Stadelmann, Thomas
Eigenverlag BAGAGE

Handbuch Ökologischer Kindergarten
Lutz, Erich / Netscher, Michael
Herder 1996

Die Unwirtlichkeit unserer Städte
Mitscherlich, Alexander
Suhrkamp 1994

Gärten für Kinder
Oberholzer, Alex / Lässer, Lore
Ulmer 2003

Gärten für Kleinkinder
Österreicher, Herbert / Prokop, Edeltraud
verlag das netz 2010

Kinder lieben kleine Tiere
Österreicher, Herbert
verlag das netz 2011

Fassen, Fühlen, Bilden
Kükelhaus, Hugo
Gaia 1978

Werkstatt des Lebens
Schärli, Otto
AT Verlag 1995

Naturspielräume erleben und gestalten
Wagner, Richard
Ökotopia 1994

Bauen und Spielen mit Lehm
Warzecha, Rainer
Luchterhand 1997

Grün kaputt
Wieland, Dieter / Bode, Peter M. / Disko, Rüdiger
Raben 1985

Seit 1992 bietet die Pädagogische Ideenwerkstatt BAGAGE e.V. ein breitgefächertes Fortbildungs- und Weiterbildungsprogramm für pädagogische Mitarbeiterinnen und Mitarbeiter in Kindertageseinrichtungen, Schulen und therapeutischen Einrichtungen an. Mit den praxisorientierten Seminaren wird eine neue Kultur des Lernens angeregt und sie unterstützen all jene, die ihre Pädagogik an der aktuellen Lebenswirklichkeit von Kinder ausrichten. Ziel der Arbeit ist es, emanzipatorische Ansätze zu fördern, die das Kind als »Akteur seiner eigenen Entwicklung« ernst nimmt und aktiv mitbeteiligt.

So entstand ein viel besuchter Lernort, der je nach Bedarf Seminarraum oder Werkstatt ist, Laboratorium oder Klausurraum, Atelier oder Spielort – an dem mit Kopf, Herz und Hand gearbeitet, geforscht und fantasiert werden kann.

Neben dem Seminar- und Weiterbildungsbereich begleitet BAGAGE vor Ort kindorientierte Lösungen beim Bau und der Umgestaltung von Innenräumen und Außenspielflächen. In dem gemeinnützigen Verein arbeiten Pädagogen, Dozenten, Künstler, Architekten und Handwerker, die mit ihren Mitmachaktionen und Bauaktivitäten die Spiellandschaft verändert und eine Vielzahl sinnlicher Spuren hinterlassen haben.

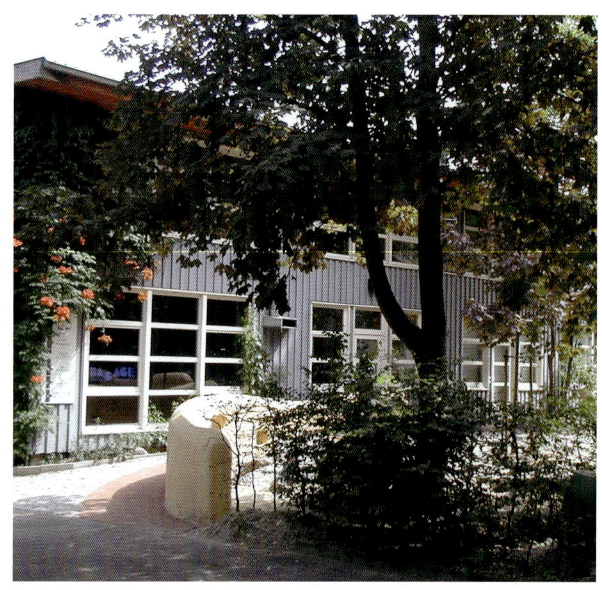

Mehr Informationen erhalten Sie unter

Pädagogische Ideenwerkstatt
BAGAGE e.V.
Habsburgerstr. 9
D-79104 Freiburg im Breisgau
Tel.: 07 61.55 57 52
Fax: 07 61.5 21 29
E-Mail: info@bagage.de
www.bagage.de